尽善尽美 弗求弗迪

中国制造专精特新管理升级丛书

流程赋能

打造不依赖个人的高绩效组织

占必考 胡坤山 著

电子工业出版社
Publishing House of Electronics Industry
北京·BEIJING

内容简介

任何商业模式的成功、高绩效运营的实现，皆来自组织的理性建设。而组织的理性必归于优秀的流程和管理体系，并以之作为基础支撑和系统保障。本书分为十章，分别从组织的理性，价值创造活动，业务流程梳理，流程系统构建，敏捷组织设计，协同作战机制，规章制度建设，追求经营效率，流程绩效管理，熵减：激活组织等方面，架构起一套系统的流程优化与管理体系建设的基本逻辑，也为基本步骤与方法。本书将从各个方面系统论述核心理论方法，并辅以实用案例和真实案例进行深度阐释，力求引领读者形成系统的流程优化、体系建设和解决企业问题的思路，使企业成为不依赖个人的高绩效组织，最终实现企业的战略目标。

本书可作为企业中高层管理者、组织发展专家（OD）、流程管理者及咨询管理人员的参考用书。

未经许可，不得以任何方式复制或抄袭本书之部分或全部内容。
版权所有，侵权必究。

图书在版编目（CIP）数据

流程赋能：打造不依赖个人的高绩效组织 / 占必考，胡坤山著. —北京：电子工业出版社，2022.3
（中国制造专精特新管理升级丛书）
ISBN 978-7-121-42948-4

Ⅰ.①流… Ⅱ.①占… ②胡… Ⅲ.①制造工业－工业企业管理－组织管理－研究－中国 Ⅳ.①F426.4

中国版本图书馆 CIP 数据核字（2022）第 027387 号

责任编辑：杨　雯
印　　刷：三河市鑫金马印装有限公司
装　　订：三河市鑫金马印装有限公司
出版发行：电子工业出版社
　　　　　北京市海淀区万寿路 173 信箱　邮编：100036
开　　本：720×1000　1/16　印张：20　字数：297 千字
版　　次：2022 年 3 月第 1 版
印　　次：2022 年 3 月第 1 次印刷
定　　价：88.00 元

凡所购买电子工业出版社图书有缺损问题，请向购买书店调换。若书店售缺，请与本社发行部联系，联系及邮购电话：（010）88254888，88258888。
质量投诉请发邮件至 zlts@phei.com.cn，盗版侵权举报请发邮件至 dbqq@phei.com.cn。
本书咨询联系方式：（010）57565890，meidipub@phei.com.cn。

"专精特新"从精细管理入手

刘九如

习近平总书记2021年7月主持中共中央政治局会议分析研究当前经济形势、部署下半年经济工作时，提出要"发展专精特新中小企业"。由此，工信部发布规划，明确"十四五"期间，将重点培育孵化带动百万家创新型中小企业、培育10万家省级专精特新企业、1万家专精特新"小巨人"企业。

所谓专精特新"小巨人"是指专业化、精细化、特色化、新颖化的中小企业，是既专注于制造业各领域细分市场，又在质量、品牌、技术、创新和市场占有率方面有突出表现，真正做到质量创新能力强、市场占有率高、掌握关键核心技术、质量效益优的行业"排头兵"。因此，经济效益好、专注细分专业领域、具备较强的创新能力和优秀的企业管理是专精特新"小巨人"推荐评选的基本条件。截至2021年7月底，工信部评选发布了三批专精特新"小巨人"企业共计4762家。

中国是制造大国，制造业由大变强，是新阶段制造业高质量发展的主要任务。目前我国制造业原创产品少、高端产品少、专利产品少，在工业软件、航空发动机、芯片、农业机械等方面与先进国家差距较大，在传感器、实验精密设备、高压柱塞泵、高端电容电阻、高端轴承钢、精密抛光等专业制造领域仍被国外产品垄断。化解这些难题，不能仅靠大企业和科研机构，也不能靠规模化或举国体制，有效的解决办法，就是在量大面广的中小制造业企业中培育专精特新"小巨人"企业。

培育专精特新，首要的就是鼓励创新。创新是专精特新的灵魂，是其最鲜明的特色。我国经济发展到今天，科技创新既是发展问题，更是生存问题。工信部的相关统计数据显示，现有专精特新"小巨人"企业平均研发强度为 6.4%，平均拥有发明专利近 12 项。这些企业长期深耕细分市场，创新实力强、市场占有率高、掌握核心技术，处于产业链供应链的关键环节，对补链强链、解决"卡脖子"难题等具有重要支撑作用。

此外，培育专精特新"小巨人"要从精细管理入手。精细精益化运营和数字化管理既是创新的基本前提，也是"小巨人"脱颖而出的关键。建立精细化管理思维，帮助企业在经营管理中建立精细高效的制度、流程和体系，实现生产精细化、管理精细化、服务精细化，真正向专精特新迈进，需要企业自身建立标准，树立标杆，不断强化质量基础，提高资源利用效率，化解管理粗放问题；同时也需要借鉴众多成功企业的经验，对标自身短板，持续改进提升。

"中国制造专精特新管理升级丛书"集合了华为、三星、海尔、三一重工、富士康等知名企业中高管的管理经验，遵循制造企业转型升级的成长逻辑，从"夯实基础管理—推进精益管理—走向智能制造"三个阶段，多层面、多维度地解构了制造企业转型升级的关键要点，为专精特新"小巨人"的培育提供了良好参照。

第一阶段：夯实基础管理。围绕工作现场生产要素的有效管理、质量控制和管理、"五星"班组建设等基础管理问题，精心策划实操性强、实效性高的研究课题，帮助企业系统掌握做好现场管理、质量管理、班组建设的方法和工具，夯实制造企业转型升级的基石。

第二阶段，推进精益管理。围绕理性组织打造，将精益理念、改善理念与流程和管理体系建设方法、工具等有机融合在一起，帮助企业快速习得精益管理、组织理性建设的具体实践方法，以之作为制造企业转型升级的系统保障。

第三阶段，走向智能制造。围绕推进信息技术与制造技术深度融合、强化供应链管理能力，持续普及供应链管理和精益智能制造的前沿理念与先进方法，引导企业加快构建智能制造发展生态，全面实现高质量发展。

本套丛书即将出版的《6S精益管理》《精益质量管理》《全员精益文化》《激发一线活力》《流程赋能》《智能制造落地》《精益采购与供应商管理》等书籍，涵盖了制造企业管理的方方面面，对于培育专精特新"小巨人"、助力制造企业转型升级有重要的指导作用，其中的思想智慧、方式方法，值得广大制造企业经营者、管理者深度学习与借鉴。（本序作者系电子工业出版社总编辑兼华信研究院院长、工信部电子科技委产业政策组副组长）

前言

在这个速变且动荡的时代里，市场环境呈现出快速变化的状态及高度的不确定性，企业组织的内部管理条件与要求亦日趋复杂。每个企业以往的资本或资源积累都可能遭遇价值锐减的问题，企业迫切需要积累更强大的实力，提升企业组织的综合效能，为未来发展寻求更多的可能性。

而无论是应对激烈的市场竞争，还是维护企业的正常运营，流程始终是一个不可或缺的要素——它几乎渗透到企业管理中的各个环节。任何一项企业战略的实施，都必然对应着一套有形或无形的运作流程。如果流程体系存在不足之处，那么必然会掣肘企业的正常运作，自然就谈不上企业增值目标的实现了。

目前，很多企业已然认识到了流程的重要性，并大张旗鼓地给企业建立了一套套流程体系，输出了一堆堆制度标准文件。但是，我们在咨询服务中发现了一些问题：在部分企业中，流程管理仅仅是一次性工程，走个过场了事；还有部分企业虽在开展流程优化，但仅限于流程局部或分支部分，不能以全局视角统筹流程管理体系，对于"通过流程优化实现企业增值目标"还存在着很多困惑。

要想切实解决这些现实问题和管理困惑，企业必须具备足够的组织能力与组织理性，积极面对内外部环境中随时可能发生的变化，并从组织结构、流程体系、管理体系等诸多方面，实施具有目的性的调整和系统性的革新，持续、系统地优化组织流程与资源调配模式，从而保障企业持续稳定地输出，圆满达成企业的预期价值目标。基于此，我们特别策划了本书。

本书分十章，分别从组织的理性、价值创造活动、业务流程梳理、流程系统构建、敏捷组织设计、协同作战机制、规章制度建设、追求经营效率、流程绩效管理、熵减：激活组织等方面，架构起一套系统的流程优化与管理体系建设的基本逻辑，它们也是基本步骤与方法。本书将从各个方面出发，系统论述核心理论，辅以实用工具、方法和真实案例进行深度阐释，力求引领读者厘清系统的流程优化、体系建设和解决企业问题的逻辑，真正认识到贯穿企业经营的主线是什么，企业价值实现应遵循着怎样的路径，企业应该选择用哪些方法来实现更高效的运作，企业又该如何长期保持活性并快速地实现未来的战略目标。

我自工作以来，就一直从事精益生产和流程管理，有着多年为大中型企业提供精益咨询服务的经历，服务过三星、海尔、OPPO、新北洋等知名制造型企业，在流程优化与组织建设方面拥有丰富的项目操作经验。同时，本书的写作还得益于我的咨询伙伴胡坤山老师，他的专业知识和业务经验为本书提供了丰富的内涵。衷心希望本书能够帮助更多企业在流程优化与管理体系建设过程中实现持续升级，使企业成为不依赖个人的高绩效组织，逐步实现企业的长期战略目标。同时，希望以本书为载体，与广大的读者朋友们进行更广泛、更有深度的思想沟通，在此基础上逐步设计出一套更具有现实指导性的知识体系。

因作者水平有限，书中难免存在疏漏错误之处。如果您发现书中有不足之处，还请提出宝贵的意见和建议。

占必考

目录

第1章
组织的理性

1.1 认识组织理性 2

1.1.1 组织无能与"黑天鹅"事件 2

1.1.2 组织能力与组织理性 5

1.1.3 组织理性来自组织严肃 6

1.2 组织的理性建设 8

1.2.1 组织的科学理性 8

1.2.2 组织的制度理性 9

1.2.3 组织的道德理性 11

1.3 流程：组织理性的关键影响因素 13

1.3.1 客户价值与流程指向 13

1.3.2 面向客户的流程建设 15

1.3.3 流程体系贯穿于组织结构之中 16

1.4 新时期的流程化组织 19
1.4.1 流程的刚性与柔性管理 19
1.4.2 组织活力保障与流程动态运作 21
1.4.3 环境嬗变与流程优化的持续性 22

第 2 章 价值创造活动

2.1 行业价值链分析 26
2.1.1 界定行业价值链的长度与企业在其中的位置 26
2.1.2 行业价值链的关系选择 28
2.1.3 互联网影响与价值链一体化 32

2.2 企业内部价值链分析 33
2.2.1 识别企业价值活动 34
2.2.2 确定价值活动类型 37
2.2.3 分析活动间的联系 38
2.2.4 确认企业的关键活动 40

2.3 商业模式与流程设计 42
2.3.1 商业模式与价值链分析 42
2.3.2 基于价值链的商业模式创新 45
2.3.3 商业模式、流程与管理体系建设 46

2.4 战略价值实现与价值活动组合 48
2.4.1 战略解码与流程价值输出 48
2.4.2 控制价值创造活动的支持要素 50
2.4.3 推进战略任务与价值目标实现 52

2.5 价值创造与流程优化 53
2.5.1 用合理的流程保障价值实现 53

目录 XI

2.5.2 让流程活动指向价值目标 55
2.5.3 取消或减少非增值性活动 56

第 3 章
业务流程梳理

3.1 流程梳理工作安排 60
3.1.1 建立流程梳理组织 60
3.1.2 系统整理流程信息资料 63
3.1.3 深度总结流程运作经验 65

3.2 创建业务蓝图 67
3.2.1 科学定义业务蓝图 67
3.2.2 保障业务蓝图的实用性 69
3.2.3 重视业务蓝图的灵活性 70

3.3 打造"端到端"流程 71
3.3.1 以客户需求为导向的流程规划 71
3.3.2 从输入到输出的全面贯通 74
3.3.3 保障战略目标的全面落地 77

3.4 初步规划流程 79
3.4.1 流程与业务的对接 80
3.4.2 厘清业务逻辑关系 82
3.4.3 规划关键流程与支持流程 84

3.5 系统描述流程 86
3.5.1 翔实描述流程状态 87
3.5.2 提炼流程控制点 89
3.5.3 明确流程角色与权责 93

第 4 章
流程系统构建

4.1 流程系统规划 98
4.1.1 流程与流程的有机融合 98
4.1.2 稳步推进流程系统建设 99
4.1.3 打造高效流程系统的原则 101

4.2 流程分解 103
4.2.1 流程分解的基本逻辑 103
4.2.2 实施横向流程分类 104
4.2.3 实施纵向流程分级 107

4.3 识别组织流程 110
4.3.1 列示企业流程清单 110
4.3.2 评估组织流程的重要度 113
4.3.3 判断组织流程的优先级 115

4.4 保障流程效能目标 116
4.4.1 推动流程的均衡化运作 117
4.4.2 设计流程管道活水属性 119
4.4.3 流程接口与责任边界设置 121

4.5 建设流程 IT 系统 124
4.5.1 打造流程信息化平台 124
4.5.2 保障流程数据信息采集的效果 128
4.5.3 系统数据共享与开放权限设计 131

第 5 章
敏捷组织设计

5.1 以流程为导向的组织适配 136
5.1.1 组织与流程匹配的必要性 136
5.1.2 流程型组织的基本架构模式 137
5.1.3 流程型组织系统的敏捷规划 140

5.2 敏捷组织的架构设计 141
5.2.1 敏捷的组织层级与跨度规划 141
5.2.2 组织管理层级的设置 143
5.2.3 基于业务导向的虚拟团队组建 144

5.3 基于流程的岗位设计 145
5.3.1 岗位与流程、组织架构相衔接 145
5.3.2 业务系统整合与关联工作分析 147
5.3.3 岗位职责体系化设计 149

5.4 系统管控与动态适配 151
5.4.1 前端拉动后端的一体化模式 151
5.4.2 市场感知与自适应性组织 154
5.4.3 以精兵组织拉动敏捷反应 156

5.5 平台赋能与体系支撑 157
5.5.1 从管理功能到服务功能的转化 157
5.5.2 构建资源集中调配平台 158
5.5.3 打造强大的后台支撑体系 160

第 6 章 协同作战机制

6.1 组织分权与授权管控 164
6.1.1 关于集权与分权模式的选择 164
6.1.2 设定组织授权的范围与尺度 166
6.1.3 保障授权过程与结果可控 167

6.2 协同意识与协作实时化 169
6.2.1 从集体协同意识到协同实践 169
6.2.2 做好定责定员与缺岗补位管理 171
6.2.3 用技术手段实现高效协同 173

6.3 沟通与反馈 175
6.3.1 建立高效沟通与反馈机制 176
6.3.2 通过信息共享辅助协调管理 176
6.3.3 分析并消除流程协同的障碍 178

6.4 打造流程响应机制 179
6.4.1 市场预测与危机预警 179
6.4.2 面向变动因素快速响应 181
6.4.3 优化组织联动反应机制 182

6.5 项目化运作 183
6.5.1 组建高效运作的项目团队 183
6.5.2 团队内部责任分配与高效协作 184
6.5.3 打造协作型项目管理模式 186

第 7 章
规章制度建设

7.1 流程系统的规范化设计 190
7.1.1 厘清流程的内在逻辑 190
7.1.2 绘制规范的流程图例 191
7.1.3 细化流程运作标准要求 194

7.2 流程配套体系建设 196
7.2.1 设计流程管理制度与表单 196
7.2.2 设计流程绩效指标体系 197
7.2.3 整合流程标准化文件 199

7.3 流程规章制度宣贯与应用 200
7.3.1 培养规则意识 201
7.3.2 流程规章制度宣贯 202
7.3.3 系统学习与灵活应用 203

7.4 建立流程约束机制 204
7.4.1 以热炉法则保障合规管理 204
7.4.2 客观处理流程违规行为 205
7.4.3 遵循公平公正的约束原则 207

7.5 流程风险防控 208
7.5.1 流程运作的可视化设计 208
7.5.2 准确识别流程风险点 209
7.5.3 将例外管理转为例行管理 212

第 8 章
追求经营效率

8.1 经营效率分析 216
8.1.1 什么是经营效率 216
8.1.2 经营效率与资产管理效率 216
8.1.3 流程管理与投资回报率 218

8.2 组织效率提升 219
8.2.1 重视组织效率的影响因素 219
8.2.2 探索流程管理与效率提升的方法 221
8.2.3 把握组织效率提升的基本原则 223

8.3 优化组织结构 223
8.3.1 探索适合的组织结构模式 223
8.3.2 组织结构的双向调整 225
8.3.3 多种结构模式的灵活应用 227

8.4 提高流程效率 228
8.4.1 流程优化问题分析 229
8.4.2 流程优化的实践方法 232
8.4.3 流程优化的实施过程 235

8.5 提高岗位效率 237
8.5.1 以训战提升工作能力 237
8.5.2 选用精益的工作方法 238
8.5.3 借助智能工具提高效率 240

第 9 章 流程绩效管理

9.1 打造价值创造链管理循环 244
9.1.1 以创造客户价值为导向 244
9.1.2 以获取合理利润为驱动 245
9.1.3 价值管理的持续循环 246

9.2 让流程绩效融入绩效管理体系 247
9.2.1 架起组织绩效与员工绩效的桥梁 247
9.2.2 构建基于流程的绩效管理体系 249
9.2.3 让流程绩效管理制度化 250

9.3 让流程持续创造价值 252
9.3.1 流程绩效是流程优化的前提 252
9.3.2 量身定制流程绩效指标 254
9.3.3 将流程责任与绩效捆绑 257

9.4 流程绩效与价值评价 259
9.4.1 选择合适的流程绩效评价主体 260
9.4.2 围绕流程目标，开展流程绩效评价 260
9.4.3 建立流程绩效持续改进机制 267

9.5 流程绩效与价值分配 269
9.5.1 价值分配向奋斗者倾斜，导向冲锋 270
9.5.2 推行获取分享制，多劳多得 272
9.5.3 拉开员工之间的收入差距 273

第 10 章
熵减：激活组织

10.1 熵增定律与熵减活动 276
 10.1.1 熵增定律 276
 10.1.2 熵减与耗散结构 277
 10.1.3 打造活力引擎模型 279

10.2 保持组织的开放性 280
 10.2.1 建立开放集成的组织模式 280
 10.2.2 与外部合作，交换能量 281
 10.2.3 实现全球能力的系统布局 283

10.3 流程优化与体系迭代 284
 10.3.1 强化流程责任人的革新意识 284
 10.3.2 组织流程的持续优化 286
 10.3.3 把控流程体系的迭代效率 289

10.4 组织优化与人才适配 290
 10.4.1 人才能力的持续升级 290
 10.4.2 训战结合与循环赋能 292
 10.4.3 主动淘汰不进步者 294

参考文献 296

第1章
组织的理性

任何组织都必须具备理性,这样,它会变得有力量、有秩序、可持续,才能够始终走在一条正确的轨道上。很多企业之所以难以建立优秀的组织能力,恰恰是因为其缺少组织理性,成员的内在确定性不足。因此,企业要学会两件事:一是遵循规律,尊重常识,提供高价值产品和服务,"做正确的事";二是构建流程化的组织,规范规则、制度和流程,建立规则意识,建设科学的管理体系,让全体员工"正确地做事"。

1.1 认识组织理性

每个组织都有着不同的组织能力。组织能力强者，更有力量去应对错综复杂的环境，具有超强的竞争优势；组织能力弱者，往往无法抗拒突发事件与不可预期的风险，难以稳步走向未来。

那么，组织能力源于何处？它主要来自激情与理性两种力量。一个高绩效的优秀组织，并不单有着燃烧的激情，更重要的是具有相对的理性。保持组织理性，这是组织成功的基础性要素。

1.1.1 组织无能与"黑天鹅"事件

对于企业来说，保持发展方向的正确性并据之形成支撑企业持续发展的组织能力，是它在当下所面临的极大挑战。事实上，小企业之所以难以维系生存，大企业之所以难以求得发展，其根本原因往往皆在于一点——组织无能。

1. 细数组织无能表现，探索优化空间

在企业中，组织无能的现象可谓类型多样，高频发生。在多年咨询工作中，我们遇到了很多相关的问题。现就这些表现进行汇总，以供大家自查（见表1-1）。

表1-1 组织无能的表现

组织无能的表现	现象描述	自 查
价值判断失误	不关注市场需求和客户消费观念的变化，自顾自地运作（沉迷于超前高端研发或开发过时产品），对价值创造的判断不够准确	是□ 否□
领导决策较为随意	领导随意拍脑袋决策，听不进正确建议；员工不敢自主决策、承担责任，事事请示汇报，导致领导成为救火队长	是□ 否□
缺少理性约束机制	个别优秀人才的地位凌驾于组织之上，组织处于无序运作状态，缺少理性约束机制。一旦优秀人才离开企业，企业便会因失去核心力量而走向衰败	是□ 否□

续表

组织无能的表现	现象描述	自查
一线人员孤军奋战	组织缺少集中配置资源的能力,难以发挥其独特的资源优势,导致组织的综合能力相对较弱	是□ 否□
内部协同不力	组织内部成员缺少全局意识,不接受整体统筹运营和协同运作,而是各自为政,导致组织的内耗问题严重	是□ 否□
组织运作效率低	组织机构臃肿,结构层级过多,流程环节冗余,人浮于事,组织运作效能低下	是□ 否□
组织绩效欠佳	未能针对价值创造、价值评价、价值分配等建立科学的价值管理体系,士气低落,组织绩效不高,创造力不足	是□ 否□
持续赋能与变革能力欠佳	整个组织对外部的反应较为迟钝,员工懒散惰怠,奋斗精神衰竭,难以实现有效的自我激活、赋能与变革	是□ 否□

如果依照表1-1内容逐一核查,你是否发现自己所在的企业或组织存在上述一种或多种问题?事实上,即便是那些以稳定为标签的优秀组织,也会因这些问题而频频遭遇"黑天鹅"事件。

2. 以强大的组织能力迎战"黑天鹅"影响

2020年,因受到新冠肺炎疫情的影响,各媒体不断爆出诸多企业"账面现金撑不过几个月"的新闻。据不完全统计,仅在第一季度里中国就有46万家企业宣布破产或倒闭。

2020年的新冠肺炎疫情对于大部分企业来说,都是一场未在预期范围内的"黑天鹅"事件。而在未来,类似的不确定事件可能会越来越多,企业迎接挑战的难度也会越来越大。比如,一些企业的业务发展得非常快速,但组织管理体系难以快速匹配业务流程,这种不匹配的状态会使企业战略难以达成。再如,一些企业从未做过极端条件的经营假设,故而一旦受到某个事件暴击,必然会因无力应对而直接告败、倒闭。

【案例】华为基于极端假设的未雨绸缪的组织建设

2019年5月,美国商务部工业与安全局将华为技术有限公司及其部分非美国关联公司列入实体清单。基于此,所有受美国《出口管制条例》管控的物项向被列入实体清单的华为相关实体出口、再出口或境内转移等,均须向美国商务部申请许可。2019年5月17日，海思总裁何庭波向全体员工发出一封信，宣布华为从2004年开始打造的"备胎"自此转"正"。"备胎"计划使得华为得以在国际重压下获得喘息的机会。2020年，在4000元以上旗舰机的中国手机市场排名当中，华为获得旗舰机市场份额的第一名，市场份额达到44.1%。

2020年8月，美国制裁措施升级，华为在全球21个国家/地区的38家分支机构都被加入实体清单。根据美国单方面宣布的新规定，只要工厂采用美国的芯片制造技术，就必须获得美国政府的许可，才能向华为公司供应芯片。2020年9月15日之后，台积电不得不暂停为华为代工麒麟芯片，而其他企业也未能获得为华为供应芯片的出货许可。这意味着华为将陷入无高端芯片可用的尴尬境地。2020年11月17日，华为公开宣布：向深圳市智信新信息技术有限公司整体出售荣耀业务资产。

为了应对美国的制裁举措，华为基于1+8+N策略对终端进行了如下调整：优化产业组合，增强产业韧性，比如成立Cloud & AI BG，大力发展华为云业务；以用户为中心，打造全场景无缝的智慧体验。比如，华为消费者BG（Business Group，业务集团）正式成立了一个新部门——全球生态发展部，主管华为移动服务生态（HMS）建设，以摆脱对谷歌移动服务（Google Mobile Services，GMS）的依赖。在上述调整的基础上，华为在未来会着力打造平板、PC、VR、智慧屏、AI音箱、智能穿戴等产品，以此在一定程度上弥补因手机销量下滑所导致的营收损失。

2021年5月18日，华为内部发文进行多项人事调整：余承东继续担任消费者BG CEO职务，同时被免去华为云CEO一职，改任新成立的智能汽车解决方案BU（Business Unit，业务单元）CEO。余承东在担任消费者BG CEO的同时，兼任业务群下辖的智能汽车解决方案BU CEO，这属于管理层"高配"设置。而华为在"造车"赛道上投入重兵，用最优秀的人才去"啃最难啃的骨头"，这一全力出击之举措将为华为创造新的营收增长点。

在过去的30年里，华为从未停止过探索新型组织形式，提升自己的组织能力；它基于看似"不可能"，"脑洞大开"地去构想未来，持续迎接新的挑战和更多可能性，从根本上避免了自己成为下一个被击倒的企业。

事实上，面对着错综复杂、动荡不定的外部环境，不单是华为，任何企业都必须锤炼足够强大的组织能力，主动预测诸多可能诱发"黑天鹅"事件的因素，并抗击由此带来的负面影响。

1.1.2　组织能力与组织理性

强大的组织能力可以成为企业的竞争优势来源。科学地架构组织，并规定组织中每个人的活动、责任担当以及从产品开发、生产到营销等各项活动之间的关联规则，将在极大程度上影响整个组织的行动效率和效果。我们知道，很多企业之所以难以做大、做强，大多是因组织能力受限所致。但是，为什么这部分企业会出现组织无能、效率低下、效果不理想的现象呢？

事实上，组织能力在很大程度上会受到组织理性的影响。所谓"组织理性"，是指以组织的理性权威取代了某个成员的个体权威，建立起客观公正的组织基础氛围。组织理性是与组织目标的实现手段、组织成员的组织地位合法性息息相关的。

当然，我们也可以更直接地理解和判断组织理性状态：

（1）遵循基本的组织规则与秩序。每一位工作者都可以深刻感知到自己是组织成员之一，其思想和行动都能自觉服从组织要求的理性规则和经验惯例，工作者群体在工作中逐渐形成了整体理性。

（2）有积极主动的意愿与踏实可靠的能力。工作者有明显的意愿和足够的工作能力，去按照工作要求行事，其个人价值观、心态认知、工作行为都是与工作内容、工作流程、整体目标的客观要求相契合的。

（3）有实实在在的、可评估的价值输出。组织将无形的知识输出或有形的实物输出，作为工作者的价值成果评估依据。工作者可以凭借自己的专业能力和实际价值贡献，自然而然地成为相对独立的职业工作者，保证自己在组织中的地位和价值收益。

当组织出现上述状态时，我们就可以判断：该组织具有了组织理性。

当然，组织理性是相对的。因为，组织不可能掌握所有信息，也无法穷尽所有想象。所以，在组织规划与管理体系建设过程中，要设计可供调整的空间，预先进行应变性考量，竭尽所能地保障组织的理性状态。

1.1.3 组织理性来自组织严肃

组织理性从何而来？彭剑锋教授在《毛泽东的八字组织管理理论，企业跨越四大"死亡黑洞"的有力武器》一文中指出，组织理性来自组织的严肃性，来自理性的思维和理性的制度与流程。对于这一观点，我们可以从以下几方面做出更进一步的理解。

1. 对组织规则心存敬畏，守得住底线

任何企业都应用正确的价值观，去坚守应该遵守的原则，不随意突破底线；凡是破坏规则者，都应使之付出对应的成本代价。唯有尊重规律、尊重常识、心存敬畏，方能守住规矩、保住底线，进而保障企业或组织的有序运作并推动其持续发展。

2. 令行禁止，让制度成为文化

制度之于企业的意义在于，它使那些难以避免的企业管理矛盾，从"个体之间的对立"转变为"人与制度的对立"，从而有效地约束企业上下人员的行为，减少对立或降低对立的尖锐程度，并逐步形成具有企业或组织特色的制度文化。当人们内心认同这一制度所承载的理念，能够对人们的行为切实产生一种独特的影响力时，制度便具备了特有的生命力。

3. 实事求是，回归客户价值本质

一些企业之所以离客户越来越远，常常是因其大搞形式主义、官僚主义，不能实事求是地去决策，无法输出客户真正需要的东西。事实上，只有当企业经营者们能够认真地对待这个问题时，他们才会努力保障所有组织行为仅紧紧围绕客户需求而展开，才会逆向提升组织活动的价值。

4. 打造庄重、平等、认真、严谨之风

在企业中，着力打造组织的庄重感和仪式感，这不仅是对某个人的尊重，也是对所有人的尊重、对整个组织的尊重。同时，也应保持人人平等、身先士卒、认真严谨的态度，严肃对待组织中的各项日常工作，这是打造高绩效组织氛围的基础。

【案例】华为组织理性建设之路

2002年12月，通信巨头思科全球副总裁亲自"造访"华为总部，声称华为产品侵权。为解决此事，华为立即组建团队，赶赴美国应诉。他们一边积极与美国政府保持沟通，一边与《财富》《华尔街日报》等主流媒体进行交流。当对方听说"华为自1998年起，就聘请一流的国际顾问公司为自己做财务、审计、管理等服务"时，他们震惊不已。随即，美国媒体采访了普华永道、摩托罗拉、IBM等华为曾经邀请过的顾问公司，它们对华为给予了很高的评价。几经激烈交锋、反复举证，思科公司与华为终于在2003年10月达成和解。而作为当时在国际市场上籍籍无名的中国企业，华为之所以能够在此次世界专利大战中扳回局面，从根本上来说恰恰得益于其强大的组织理性。

1998年8月，华为与IBM公司正式启动"IT策略与规划"项目，展开了大刀阔斧的改革。短短几年之间，华为从一群散兵游勇晋级为一支职业化、规范化的铁军。这群认知与管理水平晋级后的华为人，在进军国际市场的过程中始终对法律、制度、规则心存敬畏，对公司发展事务认真严谨。同时，华为人也对客户价值抱持着足够理性的认知。任正非说："客户是华为生存下去的唯一理由。"华为长期贯彻着以客户为导向的核心价值观，系统架构客户服务管理体系，切实满足客户需求。可以说，保持组织理性，是华为在国际市场攻城略地的成功因素，也是其走到今天的关键所在。

值得注意的是，个体理性与组织理性是有所区别的。组织严肃面向的是组织整体，要围绕如何让所有成员呈现积极行为，实现组织业绩的最大化，而不单单是某个个体有杰出表现。同时，组织严肃性也并不等同于呆板僵化，组织严肃性是基础，持续激活是增长动力，融合平衡才是真正的组织理性。

1.2 组织的理性建设

"现代管理学之父"彼得·德鲁克曾言，企业是社会的一个"器官"，企业人也是社会人，管理必然受到社会中的观念、传统、习惯等因素的制约，即管理面对的是一个完整意义上的人，企业组织面对的是整个社会。所以，企业组织的运行不仅要符合"经济合理性"，同时还要符合"社会合理性"。

基于此，丛龙峰教授在《企业成长中的组织理性建设》一文中提出了组织理性建设的三个重要方面，分别是科学理性、制度理性、道德理性。他认为，这三个方面是组织理性建设的基点，同时也是人与组织管理的基本原则。

1.2.1 组织的科学理性

中国学者陈春花在《管理的常识》中提出，管理只对绩效负责，管理不是依据对"人本身"的好坏判断来进行的，而是对"人做事"的行为标准和行为效率来实施的，即管理是"管事"而非"管人"。

我们可以这样理解：企业作为一个经济性组织，组织成员必须围绕绩效展开整体性努力，随着业务增长、规模扩大、人员增多，企业需要对"如何做事"确定标准，通过控制绩效过程来保障绩效结果。这套管理规范依赖于科学管理方法，因而可以将之称为"科学理性"。

科学理性的直接表现就是人们从仅凭直觉做事发展至采用科学的方法去做事。"科学管理之父"泰勒提出，"与任务有关的所有要素都要最终实现标准化"。自泰勒之后，人类做事的方式不再如以往一样凭直觉，而是在科学研究的基础上进行标准化作业，接受科学理性的约束，从而实现秩序保障和效率提升。

【案例】麦当劳的科学做事方法

麦当劳的餐饮连锁店遍布全球六大洲 119 个国家，拥有分店 3 万家以上，2020年营业额达到210.77亿美元。麦当劳之所以能够"分店开遍全球"，如机器般精准运营和复制式扩张，是源于其拥有的一套标准化管理手册。

以麦当劳的烹调标准为例，其汉堡包的上下面包坯的厚度为16毫米；牛肉饼重47.32克，直径9.85厘米；如果炸薯条烹饪完成超过7分钟、汉堡包烹饪完成超过10分钟、冲好的咖啡超过34分钟，皆应做废弃处理。麦当劳用这套规范的管理方法，指导工作人员学会科学做事，由此确立起企业运营的科学理性，使整个组织群体能够快速获得高绩效。这也构成了麦当劳的经营优势之一。

在企业管理实践中，那些优秀且领先的企业往往是采用知识经营模式的企业。它们将对市场的理解和现实经验逐步转化为企业的标准化运营知识，从而使企业中的个体在行动时有所依据，更为高效地达成业绩目标，维持企业更高水平的管理状态。

当然，形成科学做事的标准和个体按照标准做事，是两回事。通常情况下，员工并不会自动自发地按照标准去行事，而需要企业组织层面进行长期教育和提出要求，使员工认同这种工作方式，逐渐形成科学做事的习惯。

1.2.2 组织的制度理性

制度理性是组织理性建设的第二个重点。

纵观那些成功的企业，其制度理性往往表现得非常突出：它们不依赖于个人权威，而是重视组织权威；不依靠人来管，而是依靠制度来管；组织成员不再是看领导或上级的脸色行事，而是自然而然地以规则、制度和程序行事，真正实现从"人治"到"法治"的转变。

而为了实现这种状态，企业必须在很长的时间里着力强化制度内容的渗透力和约束力，直至制度从纸面文本状态切实转变为组织成员的行为自觉状态。

【案例】华为：好的制度是企业文化之载体

自创立品牌以来，华为在业界始终以注重制度而著称。而当年为了强化制度管理，华为在内部建立了一种有生命力的文化。华为在1995年聘请了数位中国人民大学知名教授，经过多次研讨起草了《华为公司基本法》。

任正非曾经感慨地说："希望《华为公司基本法》能够在20年后，即使没有什么价值了，也能够指导华为人的工作，能够将企业成功的基本原则和要素系统化、规范化、制度化，将企业家的智慧转化为企业的智慧，并且不断传承下去。"时至今日，华为的每个管理环节即便在脱离原来的管理者后，仍然能够实行规范化运作，实现了"无生命式管理"。而这种成就恰恰得益于《华为公司基本法》的有效落实。

在组织管理实践中，要想实现华为公司这种突出的制度理性状态，绝非一件容易的事。事实上，即便那些大型企业，也曾在制度理性建设的过程中，遭遇过一些艰难和为难的情况。

【案例】万科公司艰难的制度理性建设过程

万科公司在建设组织的制度理性时就遇到这样的问题：1998年年初，A公司销售经理与一位下级主管因工作问题发生激烈冲突，导致业务无法开展。随后，销售经理当即决定辞退该主管，并向副总做了汇报。

根据万科当时的《职员手册》的规定，当上司与下属因工作发生冲突，无法达成共识时，下属应该首先服从上司的决定，遵照执行，由此而带来的风险和后果由上司承担，但下属保留越级上诉的权利。而该主管不服从安排，以至于工作无法继续开展，显然违反了公司的制度要求且造成损失，应该予以辞退。该主管表示不服，随后飞抵深圳总部进行投诉。

总部人力资源部调查后认为，虽然A公司的做法不符合公司程序规定，但此时已然公告，故为了维护分公司的管理权威而维持原处理结果。而职委会认为，A公司的做法不符合公司程序规定，未保障员工的利益，应及时纠正。双方为此争执不下。

最后，此事交由当时的董事长兼总经理王石处理，最终裁定：撤销辞退决定，即销售主管返回公司上班，但受到了降职降薪的处分。然而，此事过后不久，销售经理便提出了辞职。

上述案例的发生过程可谓一波三折。这种现象在很多企业中是具有普遍性的。企业对于制度的坚持，有时候并不像喊喊口号那么简单，事实上更多时候处于左右为难的状态。

对制度的有效贯彻与执行，是企业打造制度理性的最大难点，而例外行为则是对制度理性的最大威胁。在这个过程中，如何处理例外行为，将其转化为例行管理，同时保障制度权威的树立和组织合法性基础的夯实，是每个企业在理性建设中必须平衡与把握的重点内容。

1.2.3 组织的道德理性

彼得·德鲁克认为，管理是一种实践，管理要面对的是一个社会，一个人性的世界。在组织建设中，企业必须把工作中涉及的人力当成"人"来看待，而人是有道德感和社会性的生灵，因此组织必须设法让工作本身符合人的特质，把自由意志还给员工，让他们感到自我雇佣、自我驱动、乐在其中，从而发挥人力资源最为独特的创造性，心甘情愿地为企业组织做出贡献。

我们在责备下属不遵规守纪，或是执行力低下的时候，有没有想过或许是制度本身有什么问题？

【观点】恶法非法与组织的道德理性

恶法非法这一管理思想的源头，可以直接追溯到自然学派的一个重要观点。2000多年前，古希腊思想家亚里士多德最早对法治做出明确的界定，提出法治有两项核心要素，其中之一就是良法，认为良法是法治的根本和内在基础，构成了法治优于人治的内核。自此以后，良法在理论上成为法律思想的源泉，成为对社会政治法律制度设计和评价不可缺少的理论范式。良法理论的基本观点认为，法律的良善性，亦即法律的道德性，是法律本身所具有的使法律之所以能成为法律的基本属性，它构成了法律得以产生、形成、实施、遵守、监督的合理根据，构成了法律权威性、合法性、普遍性、规范性的理性基础，构成了法治的精神支柱。法律必须首先符合正义、理性等道德要求，人们才能对它表示认同，法律才能发挥出特有的优势和功能。

将社会法的内涵引申到企业管理中，有着同样的思想价值和指导意义。"日本经营之圣"稻盛和夫认为，在组织建设过程中必须以心为本，以道德理性实现组织上下的同心同气。他说："员工不是赚取利润的机器，而是有血、有肉、有情感的人，对员工的管理不能用冰冷的、毫无人性的原则，更重要的是用心去尊重、爱护和关心他们。"日本京瓷公司曾基于这一思想而获得了经营的成功并在全球危机之时渡过了难关。

【案例】稻盛和夫的道德理性思想与实践：以心为本

京瓷公司创立之初，曾发生过一次员工集体要求改善待遇的事件。经过三天三夜的谈判，事件最终以稻盛和夫的承诺而结束。虽然稻盛和夫曾为员工采取这种方式而伤心，但是在他苦思冥想了几个星期以后，终于想明白了："年轻员工是把自己的一生托付给了公司，所以公司首先要明确，要保障员工及其家庭的幸福。我必须带头为员工谋幸福，这是我的使命！"

1974年，受石油危机影响，日本经济极不景气。京瓷公司当年的利润减少了50.36亿日元，纯利润下降了11.31亿日元。当时，裁员成为大多数企业渡过难关的首选措施。而稻盛和夫却宣布："即使只靠苔藓生存下去，也绝不裁员、绝不停工。"为了渡过难关，他把管理层工资降低，并采取了节能降耗等措施。公司员工被稻盛先生的行为所感动，遂下定决心与公司风雨同舟、全力以赴，最后公司重新步入了正轨。

稻盛和夫的这种思想还体现在稻盛和夫以及公司高级管理人员与员工进行心贴心的交流，组织对公司发展做出杰出贡献的员工们去海外旅行，稻盛和夫还将自己17亿日元的股份转赠给1.2万名员工。稻盛和夫以关爱之心对待员工，深入员工心底，换回的是员工为公司全身心的付出，甚至在他们去世后也希望葬在"京瓷公司员工陵园"。

所以，企业应认识到一点：企业雇用的不是"人手"，而是整个人。基于个人对自身工作状态的自主权，企业应避免单纯的"利润至上"的追求,而应着力打造道德理性,使管理符合人性,进而使"人"愿意"被利用"并发挥所长。

一般而言,组织的道德理性程度越高,员工越容易在这个组织中寻找到价值支点和文化归属,其幸福指数和忠诚度越高,发挥出的潜力和能量会越大,自然也越容易形成"上下同欲者胜"的积极局面,进而持续推动企业朝着更为健康的方向快速成长。

在实践中,组织应认真对待前文所述的三个方面,保障组织建设的"合法""合理""合情",从"依靠人推动"转为"依靠制度运行",从"人治"转为"法治",系统把握人性要素的合理性,进而系统推进组织的理性建设。

在这三重理性建设的过程中,有一个必须把握的重要因素,就是流程。企业或组织机构需要以流程为线索,打通组织运作的脉络,保障事务运作的规范性与顺畅度,是为"科学理性"的保障;同时,辅以管理体系建设,保障事务管理的可控性,并在较长的时间里持续而有效地激活组织,是为"制度理性""道德理性"的保障。

1.3 流程:组织理性的关键影响因素

流程是企业或组织为了给客户创造预期的价值成果,集合各种资源要素(人、机、料、法、环)而组织规划的一系列活动。企业或组织必须依循科学的流程体系进行整体化运作,如此才可能形成组织理性,进而达成企业或组织目标。可以说,流程是打造组织理性的关键影响因素,也是基础性要素。

1.3.1 客户价值与流程指向

流程是企业业务的载体,是价值的获取点。企业必须准确认知客户价值需求,而后去打造业务内容。美国管理思想学家、"流程再造"理论提出者迈克尔·哈默曾这样说道："为客户创造价值的是流程，而不是哪个部门。"要想让业务持续运作，企业就必须设计流程；而要让多部门或岗位协同运作，企业就需要实施流程管理。因此，企业的流程必然归于客户价值，流程管理必须真正为客户创造价值，这是流程与流程管理的本质。

几乎每个企业都在倡导以客户为中心，实现客户价值，但是在真正的实践中，大多数企业仍然把"以客户为中心"停留在理念层面，它们没有办法快速地响应客户的需求。一种非常典型的现象就是：每个部门各自负责自己的一个领域，每个员工各自执行某一类工作任务，然后再将所有工作任务衔接在一起。这时，这些工作非常低效，周期极长，很难快速、正确、低成本、便捷地去满足客户需求。

而纵观那些真正优秀的企业，它们从"实战"中捕捉客户需求，从全流程视角审视流程建设，保障全流程的运作都是指向客户价值实现的。

【案例】华为流程与客户价值需求的关联

2013年4月，华为的客户经理陈栋与某客户签订了地铁通信项目合作协议。签单成功的背后，陈栋除了喜悦，更多的还是如履薄冰。他回忆称，当时缺乏先例，对合同签订流程也不懂。例如，在合同中定义罚款时，他们发现地铁的产权和物权转移与运营商不一样，以往与运营商合作的罚款的经验无法借鉴。项目组希望签下这个项目，但也担心自身对新行业项目的理解不够充分而造成严重的后果。

为此，陈栋与项目组私下咨询懂行的人，获取他们的经验；还通过各种渠道获取类似项目的合同文本条款逐一比对，以明确行业内的统一标准，必要时争取与对方沟通。在这样的边找方法边学习的实践中，他们完成了合同签订流程的梳理和集成。陈栋与项目组在项目交付中，从实际情况出发，梳理交付过程中涉及的各类事务，以确保用最佳流程来匹配需交付的业务。

在交付初期，由于对行业的理解不深，问题逐渐浮出水面。例如对于采购，行业内一般都是项目经理采购制，而华为采用的是研发合作制，由没有参与项目的研发人员决定中标对象。在此次地铁通信项目中的信息指示牌的采购上，中标的不是当地的供应商，这为后续的交付、维护都带来不便。陈栋与项目组成了第一个"吃螃蟹"的人，在各方面的锤炼和打磨中，他们不断自我摸索和完善业务流程，后来集成出像运作运营商业务一样得心应手的流程。

在这个过程中，陈栋与项目组立足于客户的现实需求，打磨出一套适合新行业的流程。事实上，任何企业都应力求让流程归于客户价值本质，基于客户需求去探索并设计流程。

华为创始人任正非曾说："我们必须要在一个主航道上，以价值为中心，尤其要以客户价值为中心，聚焦价值创造。"因为，这样打造出的流程，才是切实的、能直接满足客户需求的流程，才是真正高效的、精益的流程，继而才能实现组织的科学化、制度化，公平公正，呈现组织整体的理性状态。

1.3.2 面向客户的流程建设

流程之于企业，就如同经络与血脉之于人。人需要打通经络、血脉通畅才能充满活力，而企业或组织同样需要流程通畅才能生机勃勃。要想有这样的流程状态，企业或组织在进行流程建设时，不宜随意而为，也不可搞形式化工程；而要以始为终，疏通流程过程，厘清流程不畅的节点，如此才能快速响应客户需求，高质量地提供客户需要的产品与服务。

笔者在企业调研时曾听闻一位采购员抱怨道："难道我在下采购订单之前，还得先看看全面风险管理小组发的《内控手册》，接着看看质量团队发的《程序文件》、平衡计分卡项目组发的《行动计划》，然后再看一下 ERP 项目组写的《采购流程操作手册》，最后再决定怎么下达采购订单吗？"这位采购员反映的实际上是一种"管理体系孤岛"的现象：虽然身处同一企业之中，但是不同主体下达不同的流程文件，彼此之间缺少直接关联。这便导致人们在工作时不知自己该向谁汇报、对谁负责，颇感束手束脚、无所适从。

事实上，对于企业来说，无论最终导入了多少种管理理念，设计了多少个文件，企业都应当将它们整合成一套完整规范的管理体系。而企业成员只需要严格按照这一套制度和流程中所规定的要求去开展工作，即可以满足所有管理流程和目标的要求，这是最理想的企业管理状态。

为此，业界研究并提出了一个概念：面向客户，打造端到端的流程。通用电气认为："商业本质上是由相关联的端到端的流程组成的。"IBM公司认为："商业是信息驱动的端到端的流程管理。"而华为公司认为："端到端流程就是要建立一系列以客户为中心、以生产为底线的管理体系。"

【案例】华为对"端到端流程"的解读与践行

华为对端到端流程的本质给出了精辟描述："端到端流程就是要建立一系列以客户为中心、以生产为底线的管理体系，端到端流程就是在摆脱企业对个人的依赖，使要做的事，从输入到输出，直接端到端，简洁并控制有效地连通，尽可能地减少层级，使企业的运作成本最低，效率最高。要把可以规范化的管理都变成像扳道岔，使岗位操作标准化、制度化、简单化。就像一条龙一样，不管龙头如何舞动，其身躯内部所有关节的相互关系都不会改变。"

2005年，任正非在一次发言中更为生动地解读了华为的流程建设："华为是一个包括核心制造在内的高技术企业，最主要的包括研发、销售和核心制造。这些领域的组织结构，只能依靠客户需求拉动，实行全流程贯通，提供端到端的服务，即从客户端再到客户端。"

当企业内部机构不够完善、流程存在障碍之时，部分员工就会难以及时、准确地捕捉到客户需求。所以，企业要想持续为客户创造价值，就要打造端到端的流程，持续梳理流程控制点，实现流程贯通，使组织更加灵活地响应并满足客户需求。

1.3.3 流程体系贯穿于组织结构之中

企业中最核心的元素是业务流程，它以业务为需要，以满足客户需求为根本。只有在流程体系中为客户创造价值的组织，才能得到成长的机会。因此，流程的优先级高于组织结构。尽管流程和组织结构有着明晰的对应关系，但是当流程与组织结构不匹配时，企业需要先行调整组织结构。也就是说，企业的组织结构要与流程适配。如果企业的组织结构与流程并不适配，往往会导致企业难以对客户需求和市场变化做出快速而灵活的反应。

【案例】美国汽车制造商的组织结构与流程未融合的结果

美国社会学家布鲁斯·菲利普斯发现，20世纪70年代末期，美国几大汽车制造商打算生产"满足客户需求的汽车"来占领底特律市场。它们一般是按顺序来研发新汽车的，也就是各部门严格按部门责任一个连着一个地完成各自环节。这一过程为市场部提供调查数据，研发部门设计出"新产品"，然后把图纸转交给工程部，工程部在生产样品时需要重新修正。随后，工程部把样品与相关数据移交给制造部，制造部在制造过程中会重新设计以便于组装新车，最后把新产品送交公司市场部。可是市场部却几乎卖不出去，主要原因是在几年前这种产品便已经过时了。而在日本，汽车制造商从设计到生产出成品车的周期仅为美国汽车制造商的一半，结果底特律市场就被日本汽车制造商快速占领了。

尽管美国汽车制造商想生产"满足客户需求的汽车"，但它的组织结构并未切实面向客户需求，而是内部各自为战，单独完成任务，导致其最终生产出来的产品未能充分满足客户需求，继而在市场竞争中迅速被竞争对手所超越。

这个发生在50年前的案例给人们以极大的启示。在这一时期，虽然一些优秀的企业经营者已经开始关注客户需求，并在20世纪60年代初步探索了流程化组织模式，但是这种组织模式的实际应用效果与覆盖范围仍显示出明显不足。

伴随着越来越深入的研究与反思，人们开始认识到：流程体系应贯穿于组织结构之中，未来的组织应是流程化的组织，将需要的部分予以保留，将多余的部分予以裁撤。在这样的组织模式下，每个个体的主观能动性会得到真正激发，他们会更快速地响应客户需求，提升企业的运营效率，同时保持或降低产品与服务的成本。

【案例】华为的管理目标是建设流程化组织

1998年，IBM对华为公司当时的管理现状进行了全面诊断后，给出的解决方案是华为必须迈向流程化组织，因为当时华为的职能型组织是很难支撑华为走出中国迈向世界的。于是从1998年与IBM合作集成产品开发（IPD）体系变革开始，华为的流程化组织建设也正式起步了。

2004年，任正非在与尼日利亚员工座谈时再次强调："我们所有的目标都是以客户需求为导向，充分满足客户需求以增强核心竞争力。我们的工作方法，其实就是IPD等一系列流程化的组织建设。明确了目标，我们就要建立流程化的组织。有了一个目标，再有一个流程化的组织，就是最有效的运作了。"那么，这个过程又是如何展开的呢？图1-1呈现了华为依据流程打造组织的基本逻辑。

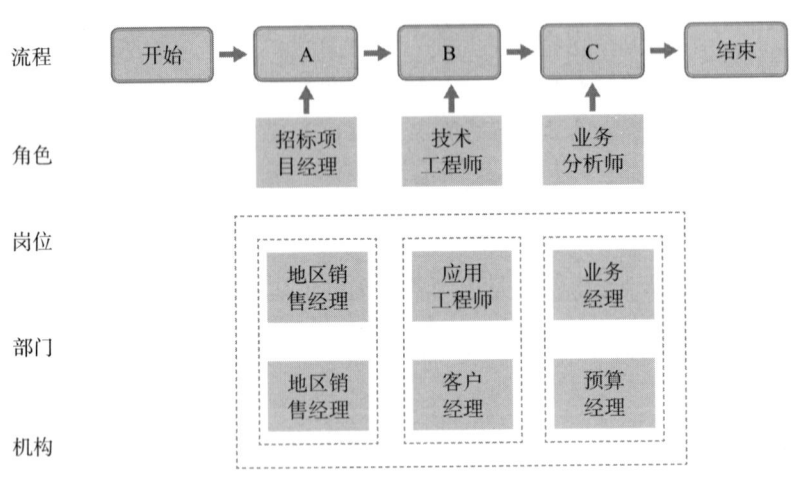

图1-1 依据流程打造组织的基本逻辑

华为的"布阵点兵"心法强调："根据战略决定要不要设组织。根据业务流决定如何设组织。根据生命周期设置组织导向。根据组织导向挑选合适的干部。"这四句话直指组织建设的本质，其第二句所阐述的便是流程与组织之间的紧密关联：在布阵（组织设计）时，要关注从客户需求起始的"业务流"，通过厘清业务流的上下游关系，让组织和组织之间形成合力，彼此之间多递"投名状"，自然而然地形成协同型组织；在对流程进行梳理并优化后，整合组织各项职能和资源，向流程化组织持续进化。

时至2021年，华为创立已有30多年。这些年来，华为紧密围绕客户需求，逐步探索并建立起流程化组织，以系统的管理制度实施规范化管理，及时为客户提供满足其需求的优质产品与服务，以高水平的组织理性推动着公司的持续进步与发展。

如今，客户端对企业的需求时时刻刻在发生着变化。企业要想快速识别和把握客户需求，必须足够重视流程之于组织的重要作用。企业必须避免官僚化，打掉部门墙，让所有活动纳入流程之中，让流程贯穿于组织结构之中，辅以对应的管理体系，打造领先的、优秀的流程化组织，从而夯实组织高效运作与优质经营的堤坝，这也是实现组织理性的一个基本原则。

1.4 新时期的流程化组织

近年来，许多企业家和专业人士在积极探索更适合当下的企业流程管理模式，助推企业实现更长足的发展。在很多优秀的企业中，流程管理不再局限于单个流程的管理或优化，不再局限于完全刚性的制度保障，也不再停留在多年前的状态；而是全方位优化、系统性变革，因应时代需求而持续迭代流程管理模式，打造新时期的流程化组织。

1.4.1 流程的刚性与柔性管理

在市场竞争日趋激烈的今天，"打造以市场为导向，以客户为中心的企业"，成为很多企业开展流程管理工作的目标或愿景。它们设计了一套自己的流程体系，并投入运作，从而为企业的管理和业务水平提升做出了重要的贡献。在流程管理过程中，企业必须重视两个方面：流程的刚性和流程的柔性。

流程的刚性体现在流程对于标准化工作的支持。具体而言，企业会通过描述与固化流程，对企业业务与管理工作进行形象化的描述和清晰的界定，维护运营方式的相对稳定性，从而保障企业流程得到刚性的贯彻与执行。

但是，在这个高度市场化、科学技术飞速发展的时代，客户的需求和企业运营方式随时都有可能发生变化，外部环境（如政治、经济、文化和技术等的变化）都会影响企业的战略和业务规划。这就要求企业能够根据外部环境的变化，及时地调整企业战略。为了保证企业的持续盈利能力，匹配供应商能力和市场需求等方面的改变，企业需要随时对流程做出恰当的调整。

而流程的柔性，恰恰体现在应对业务调整时流程的便利程度上。企业需要依循科学合理的基本原则，根据外部市场变化来进行业务分析和流程设计；能够随机应对管理方面的变化（如人员的调整、部门的整合等），快速做出调整，从根本上规避因随意调整流程而给企业造成连锁性的不良反应。

【案例】流程缺失刚柔特性而引发不同的问题

有一家企业从数十人的规模逐渐发展到数千人规模，但是生产基地、研发中心及各综合部门的分布相对分散，以人本化管理为主，并无流程规范予以管控，日常经营相对随意。于是，企业里不可避免地存在一些责任推诿、内耗严重的问题。为了解决这些问题，该企业将日常工作固化到流程手册和信息系统中，设计了明确的业务流程和精细化的标准，各部门和人员的工作在很大程度上得到了规范。

后来，企业的部分业务内容出现了变化，而流程手册和信息管理系统却没有针对性地做出调整，甚至以往设置的流程控制点和审批权限对实际业务的开展造成了极大的障碍。如此一来，刚性的流程成为企业进一步发展的掣肘点。

上述案例呈现的两类问题，是由流程管理的两面性失衡所引起的。流程管理同时拥有"刚""柔"两面性，二者皆有利弊。因此，在实践中应对这两方面都予以重视，多加平衡，进而获得流程管理的最佳效果。

1.4.2 组织活力保障与流程动态运作

组织活力是企业在市场竞争中保持优势的决定性因素之一。然而，我们常常看到一些企业在管理实践中存在着这类现象：虽然企业针对自身的业务积极地打造了业务流程，却常常不能对突发事件做好应急处理。与之相对的是，一些发展中的企业，虽然流程规范度欠佳，但是业务问题处理得非常高效。从根本上来说，这两种现象体现的便是组织的活力状态。

为了保障组织的活力，企业不仅要重视流程体系，还要根据企业的实际情况与发展目标，建立一套适用的流程长效管理模式。流程长效管理模式通常由四个部分组成，即流程体系与管理体系构建、流程运作、流程评价、流程优化，如图1-2所示。

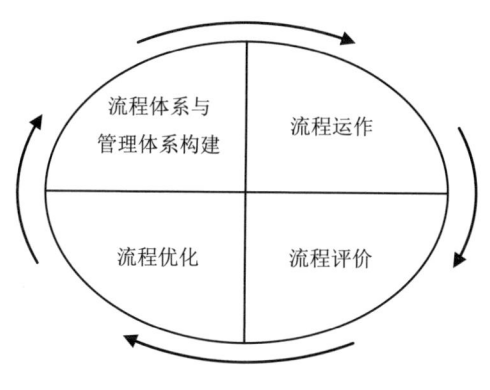

图1-2 流程长效管理模式

其中，流程体系与管理体系构建是打造流程长效管理模式的初始环节。这是一个相对复杂的工作项，包括了价值创造活动、业务流程梳理、流程系统构建、敏捷组织设计、协同作战机制、规章制度建设等多个子环节，力求使流程运作有据可依。价值创造活动、业务流程梳理、流程系统构建、敏捷组织设计可归为流程体系建设，而协同作战机制、规章制度建设则属于流程体系的辅助支撑体系建设。

流程运作的主要任务不仅仅是按照流程要求运作，更重要的是追求经营效率；流程评价的主要任务是通过建立价值管理循环体系来提升组织绩效；流程优化的主要目的是激活组织，使流程和组织更柔性、更灵活。这四个部分共同构成了企业或组织流程管理的闭环，保障流程长效目标的实现。

在管理实践中，如果企业规模越大、流程体系越精细化，那么企业获得的向既定方向发展的推动性力量就越强大；但同时也可能遇到"大物僵化""尾大不掉"之类的难题。然而，如果企业能够打造科学的流程长效管理模式，则可以为企业的流程体系赋予足够的刚性和适当的柔性，让流程管理工作能够更好地推进企业战略的达成和客户需求的满足。因此，打造系统的流程长效机制，应被作为流程管理工作中的重要组成部分。

1.4.3 环境嬗变与流程优化的持续性

在管理工作中，一些管理者常常抱怨："前年刚设计的流程体系，怎么一转眼就运作不畅了呢？是流程本身的问题还是执行人的问题？"实际上，如果能够确认企业在上一年里运作正常，而员工也能够始终按照流程要求去执行，那么问题的发生就不能归咎于流程本身或流程执行者。

我们要知道，流程本身并不具备自我进化的功能——它无法主动、及时地自我改变。在流程优化这件事上，很难实现"以不变应万变"。而当市场竞争环境发生变化（如出现新的竞争格局，市场份额下滑，价格有压力，竞争对手在质量、成本、速度等方面有优势）、技术发生变化（如产品及业务加速多样化，技术创新极快，不确定性极大）、外部大环境发生变化（如监管环境压力加剧，资本市场有要求）、企业经营策略发生变化或者协作伙伴的技术条件发生变化时，企业的部门或负责人必须做出迅速反应，及时调整流程和规范。只有面向未来和变化，持续不断地实施优化，才能使企业获得持续生存与发展的机会。

【案例】一位快消品行业管理者的苦恼

一位工作在快速消费品（简称快消品）行业的管理者曾说了这样一段感受："我们曾经在全国推出过一个名号响亮的产品，但是，如果按照这个流程体系再推出一个产品，难度很大。因为在当前的市场环境中，如果想推出一个新品，需要考虑到的因素非常多，比如，产品终端、媒体付费、广告版本、产品考核期、产品投入产出比等，哪个因素也不能少。销售部每次完成阶段任务考核之后，都需要对原来计划的广告投放和促销细节等进行调整。过去的新品上市流程，往往难以再次满足新一轮的现实需要……"

他所在的企业曾经有过新产品上市的成功，其最初的新品上市流程曾一度成为业内同行学习的榜样；但是，如今它计划再推出一个新品，却遭遇了极大的掣肘……仅仅过了两年时间，它就必须开始优化流程了。

可见，流程管理的过程是一个不断优化甚至再造的过程。即便是一家已经取得成功的企业，如果它不能长期持续地进行流程改进，最终也会遭遇困境，无法实现永续经营。企业唯有面向业务需要，持续优化流程，才能使其流程及时应对外部变化，才能推动自身朝着更好的方向进一步发展。

综上所述，在如今这个多变的时代里，企业要想有足够的能力去迎接变化，就必须具备足够的理性。而这种组织的理性建设，需要企业重视流程和关联因素所产生的影响，并成功打造流程化组织。在实践中，一方面，企业要通过流程体系和管理体系建设，对确定性的事物进行有效管理，将例外管理转变为例行管理，以确保组织成员正确地做事；另一方面，要通过文化意识宣导，对不确定性事物进行引导，使人们对流程运作与优化的价值与作用形成准确的认知，积极贯彻企业的目标要求。

第 2 章
价值创造活动

企业竞争的本质是价值的竞争，而流程是一个以价值创造为核心的持续活动过程。所以，如何规划价值创造活动是企业必须优先考虑的主题。为此，企业首先要明确企业在外部价值链中的位置和企业的内部价值链，规划适宜的商业模式，然后以实现预期价值为目标，规划合理的价值创造活动过程，并基于未来战略打造价值活动体系。

2.1 行业价值链分析

行业价值链分析是指企业从行业角度，去审视自身与供应商和经销商的关系。通过行业价值链分析，企业既可以明确自己在行业价值链中的位置，发现向前或向后进行价值链整合的方式，以及进行价值链整合可能给企业造成的威胁和影响；也可以进一步探索利用行业价值链的更好方法，保障预期价值输出，实现降低成本的目的。

2.1.1 界定行业价值链的长度与企业在其中的位置

行业价值链是指整个行业从原材料输入到客户收到最终产品这个过程中，所经历的各种有价值的活动。比如，对于一个生产实物产品的行业，其价值链通常是由上游资源供应、中游加工制造、下游销售三个部分组成的。能够真正实现全封闭产业链、实现上中下游一体化的企业，数量少之又少。

1. 行业价值链分析的两大部分

行业价值链分析通常可以切分为两个部分进行：

一是对上游供应商及其与企业价值链之间的关联进行分析。对于这部分的分析，有助于企业打造战略伙伴关系，抢占市场竞争中的战略优势地位，探寻降低成本的机会。为此，企业需要系统掌握上游供应商的实际盈利情况，准确评估供应商价值链与本企业价值链之间的关联是否具有足够的合理性，进而进行战略调整。

二是对下游客户价值链与企业价值链之间的关联进行分析。对于这部分的分析，有助于企业打造合作伙伴关系，形成相对稳定的市场销售渠道，增加本企业产品市场上占有的份额，同时实现相对成本的降低。

2. 界定价值链长度的必要性

迈克尔·波特指出："在特定产业中，企业的价值链深藏在一个更大的活动群中，我们称之为'价值系统'。"换句话说，企业价值链是处于一个产业及社会价值创造体系或价值网络之中的。而在价值链上，各环节的利润空间表现出明显的不均衡性，如图2-1所示。

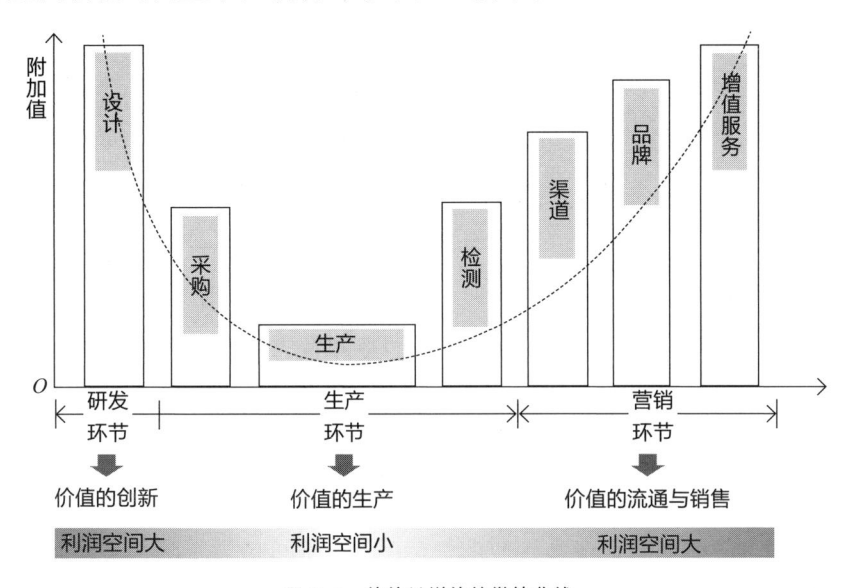

图2-1 价值链增值的微笑曲线

在整条价值链中，研发环节和营销环节的附加值较高，而生产环节的附加值最低，处于微笑曲线的最低处。这体现在现实中就是，从产业分工的角度来看，生产企业利润微薄，产品研发和营销销售的企业获利丰厚；从企业员工收入的角度来看，生产工人工资最低，研发、销售的员工工资最高。

这就意味着，企业需要界定自身适宜的价值链长度，即在从上游至下游的全产业链中，自己应处于产业价值链上的哪个位置，划定经营活动的范围。

【案例】苹果公司的价值创造模式

多年来，苹果手机始终在全球最畅销的手机排行榜上位列前茅，虽价格不菲，却风靡全球。然而，如此畅销的苹果手机却并不是苹果公司自主生产的。苹果公司的运营采用的是"微笑曲线"价值创造模式，并选择了价值最丰厚的价值链两端，着眼于构建产品设计、品牌建设、营销渠道、客户管理等方面的软实力资产，而把自身不具备优势且难以管理的生产环节外包给了合作伙伴。这样一来，苹果公司降低了库存水平和固定资产投入，减少了自身投资和管理生产的成本，同时又获得了较高的利润。

【案例】富士康代工造车

2021年2月24日，富士康与Fisker（菲斯克）联合发布公告称，富士康将为Fisker代工，共同开发一款高端电动车型。Fisker是一家电池动力汽车企业，曾与特斯拉在美国高端电动车市场中势均力敌。据称，选择富士康代工，可以大大提高Fisker的研发与产出效率，大大节省其在生产制造方面所需要的大量固定资产投资及成本，同时又可以将新车推向市场所需的时间缩短一半。而对于富士康来说，代工造车业务可能成为其接下来新的利润增长点。而从微笑曲线来看，代工汽车，利润空间较小。

苹果与Fiske处于价值链顶端，利润空间较大；富士康以代工起家，处于价值链低端，利润空间相对小。但是，这都是各企业综合考量个体因素与市场因素之后的抉择。

对大多数企业而言，因技术发展、市场竞争、行业壁垒、趋势发展等诸多因素的限制，其业务往往只能定位于全产业价值链上的一个或几个环节，而难以全方位兼顾。所以，明确自己适合站在价值链上的哪个环节，是最为重要的考量因素之一。

2.1.2 行业价值链的关系选择

从行业价值链的运营角度来说，通常由价值链中的权力拥有者（如龙头企业、各地政府等）对分散在各国或各地的价值创造活动进行协调和组织，来决定由哪个企业进入哪块市场，参与哪些环节的活动，获得哪部分的价值。所以，企业也需要明确自己所在行业的价值链特征与本企业的优势能力，进而确定本企业在行业价值链上的最理想位置。

常见的几种行业价值链有独立型价值链、关系型价值链、市场型价值链。

1. 独立型价值链

在独立型价值链模式下，企业自己研发产品，自己开展生产，自己承担产品检验费或自设检验中心以自证产品质量，自己开设销售网点进行销售。从企业自身的角度来看，似乎这已经形成了一条完整的价值链。

【案例】好孩子的价值链分析

好孩子是一家世界级母婴品牌，主要从事儿童用品和母婴产品的研发、制造及全渠道分销和零售，产品覆盖安全座椅、婴儿床品桌椅、推车、儿童玩具等诸多类型。以安全座椅的制造为例，好孩子堪称"国内儿童安全座椅品牌的领头羊"。在中国大众还不知道儿童安全座椅时，好孩子便已经建立起了世界一流的儿童汽车安全座椅制造基地，投资建立了全球行业最先进的儿童汽车安全座椅撞击实验室，配备世界上最为先进的高端检测设备和高素质的专业检测队伍，确保好孩子的每款汽车座椅都设计合理、质量可靠、达到世界级水平。目前，好孩子的安全座椅已经推出了6/7/8系产品，分别满足时速60/70/80km的碰撞，而欧洲碰撞测试标准仅为50km/h。目前，好孩子选择独立型价值链模式，以便更强势地控制产品从研发到输出的全过程质量，这是其取得商业成功的重要因素。

不过，采用独立型价值链模式，如果企业考虑价值链升级，那么就必须对企业的运作进行全线调整。而占据了独立价值链的企业往往只能依靠自己的能力去进行价值链升级，或者在价值链的部分环节上进行小范围的调整、分享或合作，以此获得外界的助力。相对而言，企业承担的市场压力较大。同时，企业要确保自己的管控体系足够强大，规避企业力量分散可能造成的发展难题。

2. 关系型价值链

在关系型价值链模式下，价值链上各个环节的企业皆依赖龙头企业的存在而存在，并为龙头企业的升级与发展提供全力支持，龙头企业与各个环节的企业之间互相依赖，保持着良好的关系。

【案例】奥飞动漫与合作伙伴共建积极的关系型价值链

奥飞动漫是采用关系型价值链模式的典型企业。奥飞动漫与自己的合作伙伴多属于亲戚朋友关系。作为价值链的龙头企业，奥飞动漫每年从营收中提取一部分经费支出，帮助合作伙伴进行工艺升级，支持合作伙伴提升管理水平。与此同时，奥飞动漫还积极拓展价值链，目前已扩展到产品、动漫、电影、游戏等多个相关环节。

在这种价值链模式下，只要龙头企业一直存在，那么整条价值链就不会消失。而作为龙头企业，它既可以强行带动各个环节企业进行产业升级，也可以选择对它们进行技术封锁，把它们压制在价值链最低端，甚至可以选择把某些企业踢出价值链。

如果站在支持环节的企业的角度来看，身处关系型价值链中会使其长期处于受制状态。为了避免自己陷入受制状态，它必须抓紧时间提高自身能力，主动对自己进行持续升级，使自己拥有较强的竞争力。

3. 市场型价值链

在市场型价值链模式下，价值链上各环节的企业并无非常突出的表现，彼此之间是纯粹的市场交易关系，它们有能力提供当下这个环节的完整服务。因此，各环节的企业之间的地位是相对平等的。

平等关系的建立是因为合作企业自身的实力强大。如果彼此之间能够达成长期合作意向，那么将为它们的持续升级产生较大的助益。而且，如果该价值链上的某个环节从当地转移出去，那么对合作伙伴而言并没有太大影响，不必跟随离开。从理论上讲，市场型价值链模式是相对理想的模式，也是企业未来努力的方向。

【案例】特斯拉与中国供应商的产业链定位与协调

2021年年初，特斯拉公布了2020年生产和交付数据：2020年特斯拉全年共生产了电动汽车509 737辆，首次实现年度产能超过50万辆；2020年全年交付了499 550辆，较2019年增加了36%。马斯克称，受益于"中国速度"和"中国制造"，特斯拉上海超级工厂正在朝着年产100万辆电动汽车推进。

特斯拉供应链分为量产传统零部件、量产创新零部件，以及北美创新零部件三大类。由于汽车产业链多数零部件的运输成本都比较高，所以在面向中国市场时，特斯拉采取"在中国国内采购"的模式是具有明显优势的。

这也意味着，特斯拉作为行业龙头型企业，其产品在中国市场的畅销，必然会带动行业价值链上其他企业的参与；而那些提供电池、热管理系统、电驱动系统等的供应商企业，如果它们的研发实力强、规模优势较大，那么也会在这条价值链上找到适合自己的位置，从而获得更大的技术发展空间和产品溢价空间。

在价值链分析的过程中，企业需要慎重考虑如表2-1所示的几个问题，以最终进行更为准确的定位。

表2-1 行业价值链分析的相关问题

分　析	问　题
行业价值链定位分析	①企业在行业价值链中处于什么位置？是处于高价值区，还是低价值区？ ②企业是否对行业宏观环境有着系统而清晰的了解，能够充分利用行业机会？ ③企业资源是否被投放在行业关键成功要素上？ ④企业是否洞察行业发展趋势，并提前布局，制定合理的市场计划？ ⑤企业是否了解行业发展周期、行业规模、行业进出壁垒、产业盈利水平和产能负荷等情况，并据之形成准确的决策？
产品和市场定位分析	①企业的目标客户群是否清晰，是否了解客户需求、消费习惯以及触及客户的渠道，是否能够提供有价值的产品和服务？ ②企业当下的市场布局如何，市场策略是否明确？ ③企业的产品组合是否合理，是否每种产品都有对应的生命周期管理策略？ ④企业是否有清晰的客户价值主张，并规划了合理的内部流程以实现客户价值？
竞争环境和竞争策略分析	①企业是否清楚了解行业的竞争情况，能说出自己的竞争对手（如行业的前三位企业、对标企业）吗？ ②企业是否针对竞争对手而设计了明确的竞争策略？ ③跟竞争对手相比，企业的竞争实力如何，优劣势表现如何？
自身资源能力分析	①企业是否清晰认识到自身具有的独特资源和能力？ ②企业是否清楚自身的团队领导力和组织文化状况？内部流程和效率等方面是否存在问题，存在哪些具体问题，是什么原因导致问题发生的？

企业应知己所长，合彼所优；知内因素，知外环境；基于整体效应实现，去开创新的发展空间和合作机会。唯有如此，才能推动整条行业价值链的和合运作，打造多方共赢的局面。

2.1.3　互联网影响与价值链一体化

在规划企业价值活动的流程时，保障企业内外部价值链的一体化运作是必须遵循的首要原则。进一步来说，企业既要注重内外价值链的衔接，同时又要融入上下游价值链，对内外价值链进行整体优化。

【案例】京东集团的价值链分析

针对消费品行业的价值链建设，刘强东提出了一套非常独特的理论——"十节甘蔗"理论，即针对消费品行业的品牌商和零售商两大群体，分为创意、设计、研发、制造、定价、营销、交易、仓储、配送、售后十个价值创造环节，如图 2-2 所示。其中，创意、设计、研发、制造、定价这五个环节归于品牌商链条，营销、交易、仓储、配送、售后这五个环节则归于零售商链条。

创意	设计	研发	制造	定价	营销	交易	仓储	配送	售后
品牌商					零售商				

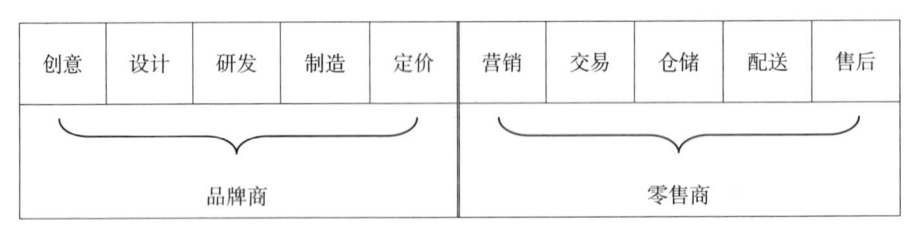

图 2-2　消费品行业的品牌商和零售商两大群体

刘强东认为，从短期来看，这十节"甘蔗"中每一节甘蔗的长度都会发生变化；但是从长期来看，这十节"甘蔗"的总长度是相对固定的。他还进一步解释道："当进来的品牌过多时，竞争变得激烈，利润减少，那么这根甘蔗就变动了。在这种情况下，就要对行业进行并购整合。比如，整个电子商务行业之前有 40 多家公司，现在只剩下十多家了。所以从长期来看，市场规律导致了行业和品牌的利润相对固定在一个合理的水平上。"基于这一理论，京东多年来不断向上游拓展，努力整合并延伸到其他环节，以期"吃掉更多的甘蔗节数"。

刘强东还多次公开强调，效率、成本和用户体验是当今商业的金科玉律。从 2017 年起，京东便开始基于"零售即服务（RAAS）"的战略顶层设计，基于价值链进行组织与流程重构，在系统了解人员、货品与企业的基础上，协调全产业链，通过技术手段去推动"效率提升、成本降低和用户体验升级"目标的实现。

事实上，很多企业的内外价值链早已变得不再界限分明，不仅限于京东。近年来，互联网的发展对企业价值创造活动产生了极大的影响。在信息连接机制和平台的作用下，外部价值链可以变成内部价值链，内部价值链亦可变成外部价值链。或者更准确地说，在互联网背景下，外部价值链具有了内部价值链的属性，反之亦然。

【案例】小米的价值链边界状态

小米公司是以手机起家的。而最初小米手机之所以受到年轻消费者的喜爱，有一个重要的原因就是其内部价值链的开放状态——小米让消费者主动参与价值创造过程，并根据消费者在体验、使用过程中提出的各种问题，进行系统软件的迭代和产品功能的改进。

被称为"小米生态链之父"的刘德，从2014年开始把小米做手机成功的经验复制到其他行业。于是，小米从手机切入，到手环、移动电源等周边产品，到电视、电饭煲、空气净化器等家电，再到牙刷、毛巾等日常消费用品……打造出一个小米特有的生态链，对物联网提前展开布局。他表示："我们那时觉得未来的5~10年里，可能我们所有用的设备都是互联互通的。"可以说，小米的价值链边界已日渐模糊，这种状态不仅给消费群体带来更多的方便，同时也大大地提高了公司的商业效率和价值收益。

可以说，内外部价值链边界的模糊，是企业对价值创造活动进行组合时必须考量的一个重要变量性因素，也是一种优化、完善价值链的有效方向和途径。

2.2 企业内部价值链分析

在企业的诸多活动中，并非所有活动都在创造价值，只有部分特定活动才会真正创造出价值来。这些真正创造价值的活动，被人们视为价值链上的"战略环节"。而企业在竞争中呈现出的优势能力，特别是那些长期保持的优势能力，往往来自这些"战略环节"上的优势。因此，对企业来说，确认、特别关注和培养那些支持企业竞争地位的价值活动是非常重要的。

按照迈克尔·波特的逻辑，一个企业要想长期占据竞争优势，主要取决于其内部价值链状态，以及企业在行业价值链上所处的位置。企业要确保其价值输出是符合客户需求的，并从价值链角度去梳理流程，避免价值在流程中流失。

2.2.1 识别企业价值活动

在迈克尔·波特的价值链理论中，企业价值创造活动被分为主要活动（流程）和辅助活动（流程）。其中，主要活动是指那些涉及产品实体的创造、分销、配送以及售后的支撑性与服务性活动；辅助性活动则是指那些让主要活动得以顺利进行的活动。他在价值链理论里提到的"企业基础设施"相当于我们常说的"公共管理与服务"，覆盖了一般管理、会计、法律事务等诸多功能。

1. 主要活动

主要活动包括进料统筹、生产作业、出货运筹、营销与销售、服务五大部分，如表2-2所示。

表2-2 主要活动的分类

活动类型	说 明	评价内容
进料统筹	与接收、存储和分配相关的活动，如原材料搬运、仓储管理、库存量控制、车辆调度等	原材料与库存控制系统的健全程度，原材料仓库的运作效率
生产作业	将投入品转化为最终产品形式的相关活动，如机械加工、部件组装、产品包装、设备维护与检修、设施管理等	与竞争对手相比的设备能力水平，恰当的生产工艺自动化，生产控制体系之于提高质量与降低成本的有效性，车间生产与工艺设计的效率表现
出货运筹	与集中、存储和将产品发送给客户有关的各种活动，如产成品库存管理、原材料搬运、送货车辆调度等	产成品分销的时间规划与效率表现，产成品仓储活动的效率表现

续表

活动类型	说　明	评价内容
营销与销售	与提供客户购买产品的方式和引导客户购买相关的活动，如广告推广与促销、销售组织、渠道选择、渠道关系、产品定价与报价等	市场调研结果的有效性，销售促进与广告的创新表现与效果，分销渠道的实力表现，销售组织的激励与竞争，客户的品牌忠诚度，在同类品市场上的占有比例
服务	增加或保持产品价值的相关活动，如安装、维修、培训、零部件供应等	倾听客户需求的方式，恰当的产品保证政策，零配件备存与维修服务的提供能力等

2. 辅助活动

辅助活动包括采购、技术发展、人力资源管理、企业基础设施四大部分，如表2-3所示。

表2-3　辅助活动的分类

活动类型	说　明	评价内容
采购	购买用于企业价值链各种投入的活动，既包括对生产原料的购买，也包括与支持性活动相关的购买（如研发设备的采购等）	投入资源的可替代程度，采购原材料的及时性、成本、可接受的质量水平，制定的租赁和购买决策标准，与供应商的关系
技术发展	每个价值活动都涉及技术，无论是在流程建设还是在改善产品和工艺中，都会体现出技术	研究与开发活动的成功（产品与工艺创新的领先程度），研究与开发活动的质量与进度情况，实验设施的质量情况，鼓励创造与创新的工作环境的能力
人力资源管理	包括涉及所有类型人员的招聘、雇佣、培训、开发和薪酬支付等各种活动。人力资源管理对基本活动和支持性活动起到辅助作用，并支撑着整个价值链	招募、培训与提高所有组织成员技能水平的有效性，鼓励与挑战组织成员的报酬机制的适当性，组织成员的激励制度与满意度
企业基础设施	包括总体管理与计划、财务、会计、法律、质量管理等活动	在制定战略与日常决策中信息系统支持的水平，迎战新市场机会与潜在威胁的能力，与价值链相关活动的整合能力，获得低成本支出与流动资本的能力，公众形象与表现

迈克尔·波特认为，每一项主要活动都会涉及采购、人力资源管理和

技术发展的组合。由此可见，这三项辅助活动是嵌入主要活动（流程）之中的。"技术发展"中的技术，主要指各项主要活动所涉及的基础性、平台性技术，以及工艺技术、设备技术等。而这个价值创造活动分类理论的提出，也使人们认识到企业各种价值创造活动的目的、属性和特征都是有差异的，必须予以区别对待。

3. 分析四种价值创造活动

在迈克尔·波特理论的基础上，一些学者对企业价值创造活动提出了新的分类，同时揭示了各类活动之间的逻辑关系，并且结构化地表达出来。表 2-4 是施炜对迈克尔·波特价值链做出改进之后提出的四种价值创造活动[1]。

表 2-4 四种价值创造活动

价值创造活动类型	细化分类	目标
牵引性活动	战略管理 年度计划与预算管理	三重价值目标：客户价值、企业价值、人力资本价值
增值性活动	价值流	
要素性活动	人力资本流 资金流 技术流	
支持性活动	信息流 财务管理 风险控制活动 公共关系管理 行政事务管理	三重价值目标：客户价值、企业价值和人力资本价值

注：在表中，称作"流"的，大多属于业务活动，即直接为客户创造价值的活动。称作"管理"的，主要属于管理活动，即对业务活动进行计划、协调、组织、控制及领导的活动。

在表 2-4 中，牵引性活动是指牵引着企业业务运行、发展方向并控制着企业业务过程的各类管理活动。其中，"战略管理"活动通常是以 3～5 年作为一个循环周期，进行综合性规划的；而"年度计划与预算管理"活动则是对战略管理活动的进一步分解。

---

1 施炜. 管理架构师 [M]. 北京：人民大学出版社，2019.

增值性活动是企业创造特定业务价值时依循的主流程和其中最为重要的业务活动内容，也称"价值流"。就制造类企业而言，增值性活动主要包括研发、生产与销售等内容；就服务类企业而言，则主要包括服务项目（产品）的设计、服务运行等内容。

要素性活动是企业核心竞争力的来源。人才资本、资金、技术是创造客户价值时所必需的三大要素，也是企业能力基础中最为重要的构件组成。三大要素的开发、供给和配置等业务活动，对增值性活动发挥着重要的支撑作用，离开了要素性活动，增值性活动将难以运作。

支持性活动是支持增值性活动和要素性活动开展的各种管理类活动和业务类活动，具有服务属性。以"信息流"为例，它既是企业管理的工具，也是智能化、信息化时代价值流的内在因素。

各种企业价值活动以不同的功能，发挥着不同的属性，共同支持着企业价值的最终输出。

2.2.2 确定价值活动类型

如果从价值活动输出的直接程度来看，我们还可以对价值活动的类型做进一步细分。事实上，无论是主要活动，还是辅助活动，都可以分为直接价值活动和间接价值活动。

直接价值活动是指直接为客户创造价值的各种活动，例如产品设计、零部件加工、安装、销售等。间接价值活动是指那些使直接活动持续进行成为可能的各种活动，如设备维修与管理，工具制造，原材料供应与储存，新产品开发等。

间接价值活动是属于企业不得不完成的活动。因为这种活动虽然不能直接给客户带来价值满足，却保障了企业直接价值活动能够有效进行，是直接价值活动的前提条件。而它们之所以归属在间接价值活动之列，则是因为这些活动只能通过直接价值活动的改善和提高，给客户带来价值满足，而不能独自满足客户的价值需求。

【案例】发电厂重要活动的属性

在发电厂中，生产作业活动可以直接为电网提供发电服务；燃料采购活动是为了满足发电厂的原料供应，保障生产运作启动的；设备检修则是为了保障生产运行环节的顺利进行，为发电服务的。

表 2-5 活动属性的区分

活动	主要/辅助	增值/要素/支持	直接/间接
生产作业	主要活动	增值性活动	直接价值活动
设备检修	主要活动	支持性活动	间接价值活动
燃料采购	辅助活动	要素性活动	直接价值活动

这里需要指出的是，要想合理划分这些价值活动的分类（主要活动与辅助活动；增值性活动、要素性活动与支持性活动）和类型（直接活动和间接活动），必须先对活动的本质与细节加以仔细分析，明确这些具体的价值活动或环节对企业最终价值输出的影响，是否是企业战略意义上的核心环节。

2.2.3 分析活动间的联系

从价值链角度来说，流程活动是从任务视角细分而来的。一般来说，我们从行业视角分解出行业价值链，从关联方视角分解出企业价值链（也称企业价值流），再从企业运营视角分解出主干流程，从任务视角分解出分支流程，如图 2-3 所示。

在这组价值关系里，无论哪一种分支流程，都不是各种独立活动的随机集合，而是由一系列相互依存的活动所构成的系统结构。在企业内部单元的价值活动之间，往往都有着非常广泛而密切的关联，如生产作业与企业内部物流的关联、生产作业与设备维修活动的关联、质量控制与售后服务的关联，等等。

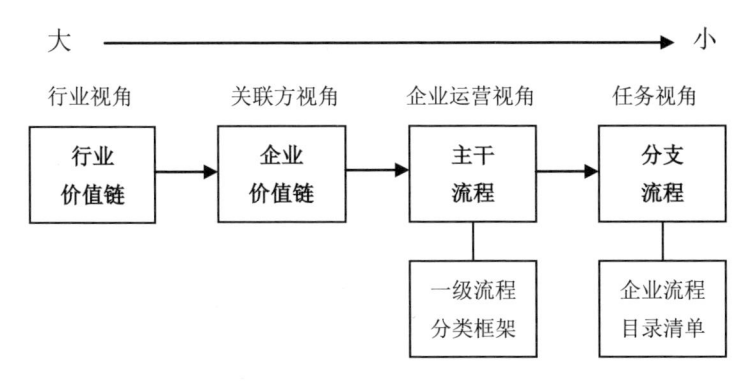

```
大 ───────────────────────────► 小
行业视角     关联方视角    企业运营视角    任务视角
┌────────┐  ┌────────┐  ┌────────┐  ┌────────┐
│  行业  │→ │  企业  │→ │  主干  │→ │  分支  │
│ 价值链 │  │ 价值链 │  │  流程  │  │  流程  │
└────────┘  └────────┘  └────────┘  └────────┘
                            ↓            ↓
                        ┌────────┐  ┌────────┐
                        │ 一级流程│  │企业流程│
                        │分类框架│  │目录清单│
                        └────────┘  └────────┘
```

图 2-3 价值链与流程活动的关联

其中，主要活动和辅助活动间的各种关联，是最常见的关联状态。通常，企业会通过辅助活动来保证基本活动。例如，为了保证产品合格，企业会采购高质量的原材料或零部件，或者明确规定产品工艺生产的最小公差，或者对产成品进行全面质量检查，有时也会用对原材料的检查来替代产成品检查活动。而企业的竞争优势，恰恰取决于这些价值活动之间的内在关联状态。

【案例】三星电子在产业链定位与价值活动上的融合交叉战略设计

在 2021 年第二季度的全球智能手机市场销量排行榜上，三星位列世界第一。事实上，三星手机不仅销量可观，从利润率角度来说也一直在同行业中名列前茅。为什么三星的整体产业在退出中国市场之后，依然有如此强劲的表现呢？其实，这和它的价值创造战略是息息相关的。

三星电子采取的是全链贯通的运作模式。它将产生高价值的业务活动由三星自己掌握，然后将附加值少的活动采取外包形式交给其他企业。比如，它把手机制造分解为若干板块，屏幕、摄像头、电池都是其自主生产的，包括部分芯片也是由三星半导体生产的，而其他低价值活动则交由其他企业（如富士康）代工，然后将代工的半成品收回，再由自己测试组装成完成品。即便是手机外壳，三星虽然将其交由其他企业来制作，但是外包企业要从三星采购原材料。这就意味着，如果外包厂家意图提高外包价格，那么三星也可以随之提高原材料价格，以此确保自身的最终收益处于预期范围内。与此同时，三星还在其他企业的价值链上充当着外包角色。比如，三星也会将自主研发的手机屏幕提供给其他手机制造企业。

可以说，三星电子将行业价值链与企业内部价值活动融合在了一起，由此占得价值优势，这也是其能够在如此激烈的智能手机市场上名列前茅的主要原因之一。

事实上，对于任何企业来说皆是如此。要想实现总体经营目标，获得竞争优势，那么就需要在各项价值活动关联上进行最优化的选择和设计。例如，在考虑产品设计与服务成本时，为了获得差别化优势，可能会选择成本高昂的产品设计、严格的材料规格或严密的工艺检查，以减少服务成本支出。

有时候，企业也会通过协调各活动间的关系，增加产品的差异化或降低成本。例如，企业为了给客户按时发出货品，会进一步协调企业内部的生产加工、成品储运和售后服务等活动之间的关联状态。

而无论是优化细则，还是协调活动关系，企业都需要建立自己的信息系统，借助大量信息去认识这些形式多样的关联，进而增强旧有的关联，创造并发展出新的关联。

2.2.4 确认企业的关键活动

不同的企业活动会产生截然不同的经济效果和价值收益，即便是活动与活动之间的关联也会对企业竞争优势的确立产生不同程度的影响。所以，企业应针对各种活动进行区分，权衡利弊，合理取舍，最终确定企业核心活动或非核心活动的组合安排。

【案例】华为的价值指向与商品化思维

华为公司创始人任正非曾说："客户是企业生存的唯一理由。"所以，华为公司将以客户为中心作为核心价值观，让一切经营活动都指向客户需求价值创造，所有部门及员工在工作时都秉持商品化思维方式。

以华为产品经理的任务为例，其不能仅局限于所在部门或个人的工作方式，而要以客户为中心，以客户需求为导向，对研发、中试、生产、售后服务、产品行销等环节进行系统规划，构建技术、质量、成本和服务等方面的价值优势，实现最终产品（或服务）的商品化运作，由此架构起一套贯穿整条产品生命线的价值链管理体系。

在此过程中，华为会调动一切可以调动的因素，挖掘这些价值创造要素并予以激活。为了鼓励员工关注客户需求，切实为客户创造价值，华为建立了特别的绩效标准，其中有一条就是：只有最终对客户产生价值贡献的才是真正的绩效。只有对客户产生价值贡献的活动，才是华为认可的价值创造活动。

在华为实践中，华为对自身的价值导向是非常明确的。在这个价值导向的指引下，华为将对客户产生价值贡献的活动确定为关键活动，并对关键活动以及相关驱动因素予以有效控制。

在确定关键活动之后，要对其进行针对性、系统性的分析。图2-4是对"故障问题处理流程"进行的关键活动分析。

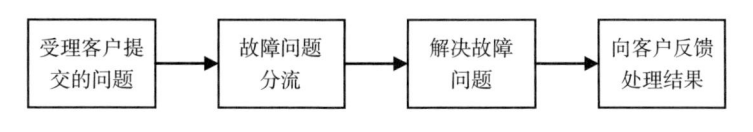

受理客户提交的问题 → 故障问题分流 → 解决故障问题 → 向客户反馈处理结果

图2-4 关键活动分析

这个故障问题处理流程是一家企业安排在客户购买设备之后的业务处理流程。这条流程以"客户提交故障问题"为起点，以"问题彻底关闭"作为流程终点。而位于起点与终点之间的四个活动，就是四个关键活动。通过对四个关键活动的有效运作，企业可以及时响应客户需求，快速解决客户提交的故障问题，改善客户满意度，同时也可以降低内部处理问题的成本。

当然，对于不同的行业、不同的企业而言，价值导向、价值创造活动乃至关键活动并不完全相同。所以，我们对企业所处行业及企业自身状况要有系统而深入的认知和了解，从而保障企业价值链上具有战略意义的关键活动的开展。

2.3 商业模式与流程设计

彼得·德鲁克曾经说过，当今企业之间的竞争，不是产品之间的竞争，而是商业模式之间的竞争。所谓"商业模式"主要是指客户价值的定义、传递、获取的整个过程。

成功的商业模式，通常通过某种产品和服务独特性的组合，来为客户提供独特的价值。这种组合要么可以向客户提供额外的价值，要么使得客户能用更低的价格获得同样的利益，或者用同样的价格获得更多的利益。若追根溯源，这一切都是企业通过有效的价值创造活动来实现的。

2.3.1 商业模式与价值链分析

从本质上来说，商业模式是企业为客户创造价值以及获取收益的逻辑和方式。施炜先生曾将其概括为"价值与收益的对称"。在价值板块中，包括目标市场选择、客户价值定位（主张）、价值生成机制、价值流以及价值网络等要素；在收益板块中，包括收入模式、定价方式、现金流途径、成本结构、资源投入等要素。他还综合当下企业的实践，将商业模式概括为三种类型：纯价值链型商业模式、用户资源型商业模式和平台型商业模式。

1. 纯价值链型商业模式

在这种商业模式下，企业通过价值链活动，为目标客户提供价值，进而获取收益（见图 2-5）。选择这种商业模式的企业以生产制造型企业为多。

| 外部价值链 | ↔ | 价值创造 | ↔ | 价值主张 | ↔ | 价值输出 | ↔ | 目标客户群 |

图 2-5 纯价值链型商业模式

【案例】红领集团的纯价值链型商业模式

红领集团是一家大规模个性化定制制造企业。该企业主张：客户不仅可以在一分钟内拥有专属于自己的"版型"，还可以自主设计西装细节内容，并在 7 日后收到自己的个性化定制西装，成本仅是非定制西装的 1.1 倍。红领运用的是以客户需求为导向的纯价值链型商业模式。其价值链自上而下如图 2-6 所示。

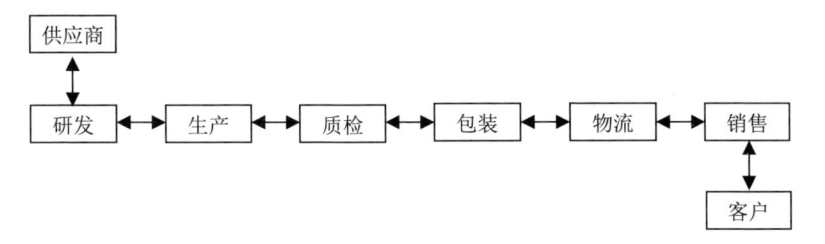

图 2-6　红领集团的价值链结构

在整条价值链上，供应商以上的部分实为外部价值链，与企业内部价值链衔接。从研发到物流，构成了企业内部价值链，为价值创造过程。从销售到客户，为价值输出过程。销售环节既是价值输出端，同时也是客户需求输入接口端。

2. 用户资源型商业模式

这种商业模式通过连接机制（网络、社群、线下现场等）为客户提供初始价值，积累客户资源；在此基础上，延伸产品服务种类、扩大价值范围，从而获取多元收益，如图 2-7 所示。为了吸引流量，企业最初会通过免费或超低价格策略，向客户提供价值。

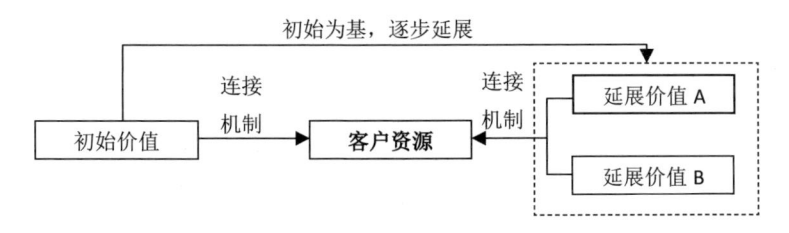

图 2-7　用户资源型商业模式结构

【案例】腾讯的微信服务业务模式

腾讯通过网络、社群等连接机制，为客户提供初始价值，包括通话交流、金融支付、订阅号等在内的多种免费服务，由此积累了大量的客户资源。在这些客户资源的基础上，腾讯逐步延展产品服务种类，扩大价值范围，为客户提供更多的价值输出。张小龙在2021年的"微信之夜"活动中公开说道："每天有10.9亿个用户打开微信，3.3亿个用户进行了视频通话；有7.8亿个用户进入朋友圈，1.2亿个用户发朋友圈，其中照片6.7亿张，短视频1亿条；有3.6亿个用户读公众号文章，4亿个用户使用小程序；微信支付已经如同生活用品。"

很明显，在这种用户资源型商业模式下，企业有多条价值链。在价值链的前段，企业以初始价值吸引客户流量、积累客户资源；在价值链的后段，企业以初始积累资源为基础，为客户提供延展性的产品或服务，并积累更多用户资源。而一个用户资源集合体往往是若干条价值链的集合。所以，这种商业模式也适合使用价值链分析逻辑，去规划价值活动和流程系统。

3. 平台型商业模式

这种商业模式具有明显的服务属性，主要通过服务平台，向多类客户群体提供服务。在复杂的平台型商业模式下，平台上聚集并相互发生联系的客户群体有许多。一般而言，客户群的种类越多，平台模式就会越接近生态模式。

在这类商业模式中，常见平台包括以下几类，如表2-6所示。

表2-6 常见的平台类型与示例

平台类型	示例
有形或无形的基础设施	高速公路、通信管道
平台型商业服务设施	线下购物中心
电子商务服务平台	软件商店、网络购物平台
互联网和移动互联网平台	操作系统、浏览器、社交网络、门户网站等

在这种模式下，平台与任何一个客户群之间的关系都是价值关系，都是以价值链方式为客户创造价值的。以线下购物中心为例，它集合了多条价值链，包括为客户服务的价值链、为入场商家服务的价值链、为广告商服务的价值链等。因此，选择平台型商业模式时，仍然要以价值链为基础

来选择价值创造活动和规划流程细节。

2.3.2 基于价值链的商业模式创新

任何商业模式最终都会被分解为一条条的价值链。所以，企业也可以以产业价值链升级为基础，围绕产业价值链的升级、融合、挖掘、分解与重组，去探索商业模式创新的方法和路径。

1. 向价值链上的高价值区块移动

如果企业在产业价值链上掌握着主导权，则可以通过品牌、营销渠道、运筹能力提升工艺、制造、规模的附加价值，朝着价值链微笑曲线两端的区块位置移动与定位，以此实现持续发展并获得超额利润。

【案例】联想的价值链位置向高价值区块移动

联想集团围绕计算机及信息服务产业价值链，从加工代销的低端环节出发，向"重研发、重服务"的高端环节演进，由此改变了大规模低成本制造的模式，通过服务实现增值，创造新的盈利增长点。

2. 分解价值链领域

企业可以从拓宽价值链的角度，抓住价值链细分环节，进而形成新的细分领域与发展业态。

【案例】腾讯拓宽价值链并嵌入服务

腾讯建立中国规模最大的网络社区，"为用户提供一站式在线生活服务"。腾讯以这个便捷的沟通平台为基点，改变了数亿网民的沟通方式和生活习惯，并借助这种影响嵌入了各类增值服务活动。目前，腾讯通过免费的方式提供基础服务，将增值服务作为价值输出和盈利来源。这种方式使其迅速发展成为全球市值较高的互联网企业。

3. 挖掘价值链单一环节

价值链上的任一环节都有可以挖掘的业务空间，这种挖掘又为企业开辟了新的盈利源与盈利面，甚至由此形成了一种颠覆性的商业模式。

【案例】芭比娃娃的单一环节深耕

芭比娃娃（美国玩偶）售价大约为10美元。而芭比娃娃销售商在售出玩具后，会跟踪消费者，帮助儿童与芭比娃娃建立感情。此外，它们会定期提醒芭比娃娃的小主人给芭比娃娃买新衣服，"芭比娃娃的职业身份80多种，其身份越多，那么在同伴中的地位就越高"。而系列套装的价格通常为四五十美元。于是，这个看似普通的儿童玩偶，成了世界玩具市场上畅销最久、附属品消费额极高的玩具之一，给美泰公司创造了丰厚的收益。

由于企业在前期产品设计中为芭比娃娃设计了丰富的人性，所以它在销售环节便有机会更深入地挖掘价值，促使客户为价值买单，从而形成了盈利率较高的商业模式。

4. 实现价值链融合

近年来，基于创新驱动、消费驱动、绿色驱动、服务驱动所形成的产业融合，为商业模式创新开辟了广阔的空间，并由此产生了许多新兴业态。比如，随着高新技术产业与传统产业的融合，诸多企业在电子交易、商旅管理、在线教育、第三方支付等方面，展开广泛的商业模式创新。

2.3.3 商业模式、流程与管理体系建设

哈佛商学院克莱顿·克里斯滕森教授曾说过，商业模式是一个创造和传递客户价值和企业价值的系统。也就是说，商业模式的关键要素不应局限于功能性价值主张、成本收益模式，而应转化为围绕客户价值主张，建立持续优化的流程系统，围绕各类资源实施科学的管理体系建设。

1. 客户价值主张：商业模式的核心

从传统意义上讲，企业的价值主张往往偏于功能型价值主张，注重产品和服务带来的功能性体验。一些企业常陷入这样的误区："只要产品够好、服务够完善、技术能力够强大，那么就一定会有客户来买单。"而事实上，企业的产品最终却卖不出去。这是为什么？因为，客户不需要这个

产品，或者企业未能让客户认识到自己需要它。所以，企业应当更深刻、更准确地定位客户价值主张。

一般而言，企业的竞争优势来源于出色的、有价值的、创新的客户价值主张。所以，企业要明确客户遇到的现实问题和实际需求，提出解决方案，再从客户价值角度去判断解决方案的合理性。

【案例】大疆科技的价值主张转变

大疆科技是全球领先的无人飞行器控制系统及无人机解决方案的研发和生产商。大疆早期的产品研发和生产基本是围绕飞行控制技术展开的，其早期价值主张就是：通过产品和技术创新，生产出满足客户使用价值需求的产品。

而随着资本的日积月累，大疆成功过渡到成长期。大疆改变了过去的价值主张，形成了一种情感型价值主张，开始专注定制化产品和人性化服务，为无人机工业、行业客户以及专业航拍领域，针对性地提供性能最强、体验最佳的智能飞控产品和解决方案。

如今，大疆的客户已经遍布全球100多个国家，逐步涉及航拍、遥感测绘、公共安全、电力巡线、影视广告等诸多领域。诸如农业方面的大疆植保机系列，能精确喷洒农药，提高了作业效率；近年热播的综艺节目《最美中国》等也应用了大疆无人机产品和服务，简化了拍摄工序，降低了拍摄成本，增强了节目效果。

2. 以流程创新保障商业模式的可行性

在企业实践中，流程建设与制度配套一直是许多企业的软肋。部分企业领导过于仰仗个体能力和权威，而忽视了流程建设与制度配套，进而导致企业内部机构臃肿、节奏缓慢、人浮于事、产品质量不达标等诸多问题。企业即使有大型资本力量的加持，也很难走得更远。

而科学、合理、可持续发展的流程体系，可以保障企业战略和盈利模式得以落地和贯彻，保证企业的执行力和创造力。所以，优秀的、与时俱进的流程体系和配套制度被视为企业商业成功的重要保障因素。

3. 借助管理体系实现配置优化与商业盈利

企业资源配置的重点在于运用不同的资源，创造不同的价值。仍以大疆科技为例，这家企业的价值链活动主要有研发、生产、商业化、线上线下销售、售后服务。这家企业在对领先客户进行调研后，确定了产品设计的主要方向，筹集资金后再行研发；产品入库后，通过媒体网络的力量组织开展营销活动；在客户使用之后，再根据信息终端提供跟踪式解答服务。这不仅是大疆提供的服务内容，同时也构成了大疆的关键流程与资源配置模式。

在此过程中，企业需要特别考虑自身的关键资源情况，即企业掌握着哪些可用资源、优势资源，或者自己需要哪些重要资源；现在的关键资源是否是可持续的优势资源。要想在未来一段时间里培育和保持企业的资源优势，企业就需要在流程体系顺畅的基础上，搭建良好的管理体系，让资源在合适的位置被充分应用，保障资源配置的高性价比，进而实现商业盈利目标。

2.4 战略价值实现与价值活动组合

战略是在商业模式确定的基础上，将商业模式各个要素拆分成可以执行的活动。战略决定着价值创造活动的组合模式和流程的价值增值方式。企业需要通过非增值性活动、牵引性活动、支持性活动等方面的有效规划，把握各类活动的驱动要素，逐层分解价值实现过程，以系统的流程去推进战略任务的贯彻落地，最终获得真正意义上的价值竞争优势。

2.4.1 战略解码与流程价值输出

在战略导向型企业中，所有价值创造活动都在企业战略的指导下进行。企业战略大致分为组织战略和业务战略两个层次。组织战略主要涉及业务整合、结构转换等内容；业务战略主要是对特定业务发展逻辑的基本规划。从根本上来说，战略的核心思想是阐释如何实现价值创造，从而获得价值竞争优势。

【案例】华为的战略解码

作为一家长期坚持以客户为中心、以目标为导向、重视规范化运作的企业，华为非常重视战略规划与战略分层解码，以此实现规范化流程运作和有效的流程价值输出。2010年，华为公司引进IBM的业务领先模型（BLM），随后又于2012—2013年开始施行战略解码。图2-8可以说是华为战略解码最核心的部分。

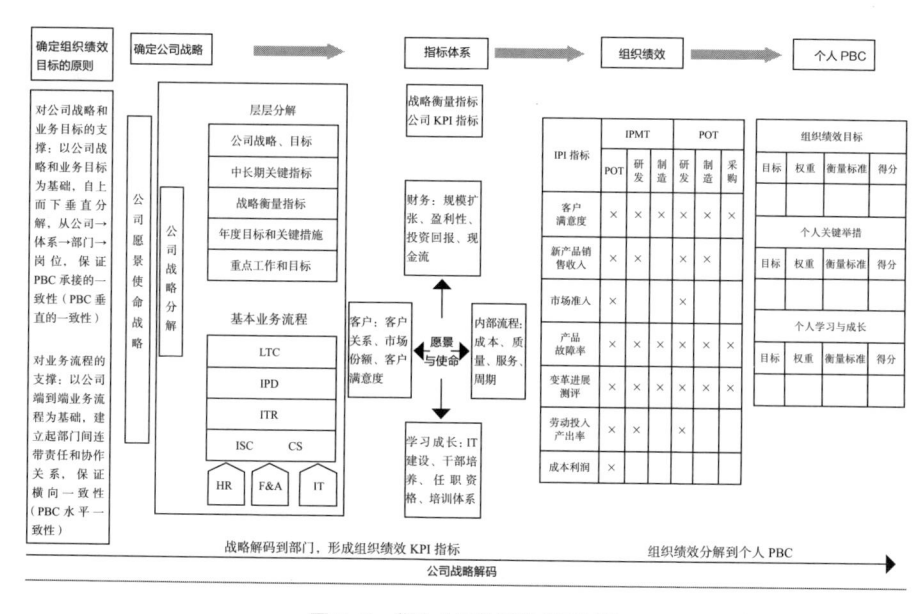

图2-8 华为公司的战略解码过程

从图2-8中可见，华为战略解码的核心原则是"价值创造决定价值分配"，它以公司战略为起始点，将公司战略分解到各个部门，直至转化为部门业务目标。而所有业务流程都指向价值收益，当所有KPI集合之后便构成了公司整体价值输出。

这种以战略为导向的逐层解码逻辑，可以使得企业长期锁定战略方向，明确战略实现策略，规划直接有效的战略实现路径，进而更有力地掌控价值创造过程，确保流程运作过程的顺畅推进。

【案例】某航空公司面向流程的战略解码

表 2-7 是某航空公司所设计的战略解码路径。

表 2-7　面向流程的战略解码路径

战略方向：运营优化	战略目标	指　标	目标值	备　注
财务 利润和投资回报 ← 增加收入 / 用更少的飞机	・利润提升 ・收入增加 ・飞机数量减少	・利润增长率 ・收入增长率 ・飞机架数	・增长 30% ・增长 20% ・减少 5%	
客户 吸引和保留更多的客户 ← 准时 / 低价	・客户量增加 ・飞机准点到位 ・价格更低	・客户数 ・准点率 ・市场调查排名情况	・增长 12% ・排名第一 ・排名第一	・提高客户量的措施 ・强化质量管理
内部 快速的地面周转	・提高地面周转频率	・待飞时间 ・准点起飞率	・30 分钟 ・90%	・优化循环时间
学习 地勤和调度能力	・提高地勤能力	・地勤人员培训率	・第一年 60% ・第二年 85% ・第三年 100%	・培训地勤人员

很明显，这是通过战略解码来逐步分解战略目标并最终确定 KPI 绩效指标的过程。这个分解过程完全聚焦流程的各个环节，借助流程价值的输出最终实现了企业战略的切实落地。我们在前文提到的各种增值性活动、要素性活动、支持性活动，最终都需要在战略导向下做进一步细化分解，从关键驱动因素分解到子级驱动因素，直至分解为精细化、可操作的业务活动和控制条件，最大限度地保障流程价值的稳定输出。

2.4.2　控制价值创造活动的支持要素

包含价值创造在内的各种关键驱动因素，会为价值创造活动提供不同程度的保障和支持，并推动战略任务与价值目标的实现。与战略主题有关的关键驱动因素，会构成一个企业的价值创造活动体系。表 2-8 呈现了某服装制造企业的价值创造活动和部分要素分解过程。

表 2-8 某服装企业的价值创造活动与要素分解

价值定位与活动	说　明
价值定位	时尚，快速，价低
价值流：敏捷柔性	产品开发，生产制造，分销零售
关键驱动因素	开发类因素，制造类因素，零售类因素
开发类因素	自设印染，智能剪裁，自动物流等
制造类因素	面料选择，花色设计，产能布局，环保措施等
零售类因素	分销布局、产品介绍、人员培训、激励规则
要素性活动	资金流的驱动要素，人力资本流的驱动要素，技术流的驱动要素
支持性活动	信息流的驱动要素，管理活动的驱动要素

在服装制造企业中，产品开发、制造、零售三大环节，都属于增值性活动，且都有其各自的关键驱动因素。它们与要素性活动、支持性活动都是密切关联的。增值性活动的关键驱动因素，向要素性活动、支持性活动中的子活动提出具体的要求，从而形成了这些子活动的关键驱动因素。

以制造环节为例，因人工操作无法处理过于繁多的品种、规格，所以需要在这一环节里引入智能裁剪。智能裁剪需要以信息技术为基础，这便牵引了支持性活动中的信息流；而信息流则根据智能裁剪的要求，在数据传递、操作系统、信息界面等方面做出相应的安排，配合柔性制造过程。而且，上述每个一级关键驱动因素都可衍生出二级驱动因素。

从表 2-8 中可以明显看到，这家服装制造企业规划了一系列关键驱动因素，如开发类因素、制造类因素等；而对于制造类因素，又进一步分解为面料选择、花色设计、产能布局、环保措施……从前文中华为的战略解码过程也可以明显看到，其从战略开始，逐层级分解，到各层级组织 KPI，到个人 PBC，最终呈现出自上而下的一致性。

可见，企业的价值创造活动都是一个关联密切的整体性活动，以目标客户、客户价值主张或价值定位为核心，各类活动之间、多层次驱动因素之间呈现为相互关联的状态。

2.4.3 推进战略任务与价值目标实现

关键驱动因素的多层次延伸，同时也会推动战略任务的逐层级分解，最终形成更为细化的战略任务体系。而流程体系以战略任务为目标与方向，是实现战略任务并输出价值的路径。所以，如果企业的流程体系是科学的，那么它便会在一系列价值创造活动中自然而然地完成战略任务与价值目标。

【案例】IBM 的战略调整与 BLM 模型

自 1911 年成立以来，IBM 公司将自己定位为"计算机硬件制造商"，以销售各类计算机主机为主要业务。但随着个人电脑及网络技术的发展，IBM 公司在大型计算机方面出现严重亏损，而在个人计算机方面却实现了微利，其中服务的销售收入为 19 亿美元，增长率高达 48%。于是，郭士纳决定将服务作为 IBM 的重要业务，加强对中小企业的服务；改变服务模式，主动参与客户经营；构建远程服务系统，缩短用户等待时间；剥离非核心业务，突出服务业务。为了推动战略转型，郭士纳还对 IBM 组织结构进行重大改革，缩减层级，使组织扁平化。

2002 年，郭士纳在离开 IBM 之前创立了业务领先模型（BLM）（见图 2-9），以期避免 IBM 重蹈覆辙。

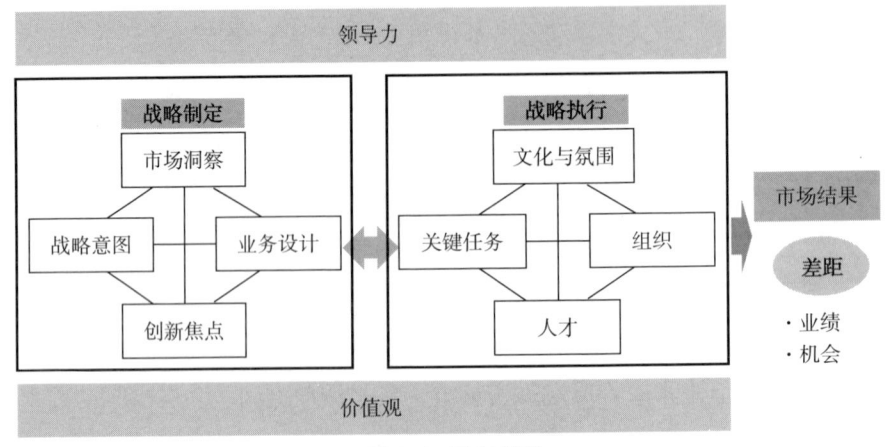

图 2-9 BLM 模型

BLM模型中包含了五个模块，分别是市场结果和差距、领导力、价值观、战略制定、战略执行。看市场结果和差距，是因为企业对市场业绩差距和机会差距的感知可能造成企业的不满意，从而触发战略调整；领导力和价值观贯穿从战略到执行的全过程，并表成两道堤坝；战略制定时需要考虑市场洞察、战略意图、创新焦点、业务设计这四个因素；战略执行时需要考虑关键任务、组织、人才、文化与氛围这四个因素。

这套模型提供了一套结构化的范式，使企业在面对复杂的市场问题时，能够快速形成清晰而完整的解决思路；同时，能够构建系统完备的管理机制，以确保企业战略价值的持续输出和战略目标按预期实现。

对于企业来说，以一套战略规划和业务转型的高阶思维为指导，是保障其战略价值输出的关键所在。企业必须为自己探索出一套领先的、适合自身的战略管控模式，高屋建瓴地规划企业的未来战略，在此指引下去科学规划业务方向和业务流程，组织合理的企业价值活动，逐步推进战略任务与价值目标的实现，稳固占据市场领先地位。

2.5 价值创造与流程优化

流程是由一系列价值创造活动组成的，是传递给客户并最终作用于市场的价值流通渠道。要想让局部优势转化为更大的和合优势，进而提升组织实力，保障并提升流程的输出价值，企业就必须有一套科学合理的流程。

2.5.1 用合理的流程保障价值实现

企业的静态组织不会产生任何价值。要想创造价值，就必须使用科学合理的流程。

1. 不合理的流程导致价值流失

流程设计无法满足业务需求，是企业流程运作中出现价值流失问题的一个重要原因。对于业务要求复杂的企业来说，必须考虑对流程的全方位管理，比如流程规划、流程执行和流程成本分析等。一旦流程设计不当，势必极大地影响流程执行者的工作效率，继而导致流程运作中的价值流失。

【案例】生物制药企业流程中的价值流失

在生物制药生产中，"加热""大罐发酵"与"提纯"是连续进行的，必须严格遵守，否则产出的就是废品。但是，如果流程设计不当，在一道工序中出现少许时间的间隔，产品的质量就不过关。如果整批产品被判为不合格，那么整条流程创造的价值等于零并损失大量的成本。通俗地讲，产品价值因流程设计中不被关注的间隔而完全流失掉了。

组织与流程不匹配将出现的问题有：组织设计变化无常，频繁调整；以领导者为中心，容易形成山头主义；部门墙厚重；利益保护，缺乏自我批判；企业战略难以落地，等等。

2. 合理流程有助于实现价值目标

合理的流程，不仅可以提高企业管理的规范化程度，提高工作效率，改进工作质量，还可以缩短流程处理时间，更好地均衡作业人员的负荷。可以说，企业可以用流程创造价值，并实现价值提升，如图2-10所示。

更快：
加快订单完成时间
缩短内部运作时间

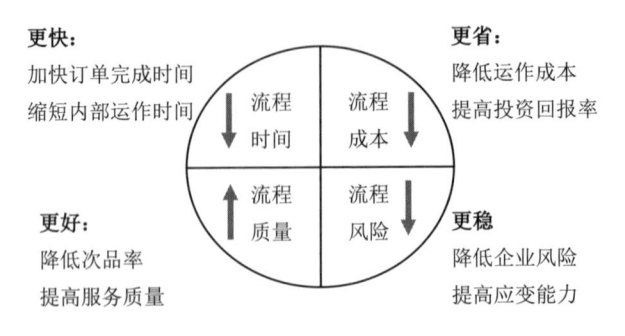

更省：
降低运作成本
提高投资回报率

更好：
降低次品率
提高服务质量

更稳：
降低企业风险
提高应变能力

图2-10 合理流程的优势

优秀的流程可以在流程时间、流程成本、流程风险、流程质量这四个方面发挥广泛的作用。比如，缩短内部运作时间，让效率更高；降低运作成本，让成本更低；降低流程风险，让企业运作更稳定；提高产品和服务质量，让企业向客户端输出更高的价值，等等。

以服务行业为例，服务效率是企业获得超强竞争力的关键，客户不仅希望所得到的产品符合标准，还非常注重所接受的服务效率。所以，一些企业会引进专业的工作流管理软件来辅助流程管理。

【案例】麦当劳的服务流程

麦当劳通过制定相关制度、改进设备以及改善服务流程来提高服务效率，满足客户需要。比如，麦当劳的菜谱非常简单，一般只有9类食品左右，每类食品再分成2~3个规格，这样极大节省了客人选择的时间，变相提高了客人选择环节的效率。在客人点餐时，收银员还会向其推荐某种套餐（因为如果客人购买套餐，通常就不需要再选择其他食品了，这也是提高效率的一种方法），或推荐其他食品，以协助客人做决定，缩短客人点餐的时间。另外，当排队人数较多时，麦当劳会派出专人帮助正在排队的客人预点食品，待客人到达收银台前时，只需将点餐单提供给收银员即可，大大提高了点餐的速度。

那些不合理的流程是无法创造价值的，只有这类合理的流程才能创造出可观的价值。这也是我们进行价值创造活动识别与分析的根本原因。

因此，企业在流程设计之初，不仅需要考虑流程价值活动类型，还需要明确每条流程的价值所在，考虑各类流程价值活动的组合与设计是否合理，关注每一处细节的价值是否得到充分体现，这样才能避免在流程运作中出现价值流失的问题。

2.5.2 让流程活动指向价值目标

要想确保企业价值活动符合价值目标要求，企业在流程设计和优化时，就必须确保其活动切实指向预先设定的价值目标。

根据施炜先生的价值创造理论，价值创造活动应当共同指向三重价值目标，分别是客户价值、企业价值和人力资本价值。

第一重价值是客户价值，以客户的价值盈余（客户获得的价值与客户付出的代价之差）来衡量。美国西北大学教授菲利普·科特勒（Philip Kotler）将客户的价值盈余称作客户认知价值或客户转移价值。

第二重价值是企业价值，通常以资本市场上的市值来衡量（即使不是上市公司，基本上也能估值，有多种方法和模型）。

第三重价值是人力资本价值，主要以员工的平均总收入（月度/年度）等来衡量。

在这三重价值中，客户价值是具有前提性和首要性的价值。如果企业价值目标偏离了客户价值，那么企业价值和员工价值也将不会持久存在。而企业价值和员工价值的优先级则基本相同——企业不能将员工简单地视作获取利润的工具和手段。事实上，我们从诸多优秀企业的员工持股计划以及各种分享模式的成功探索来看，企业价值与员工价值之间发生交集的区域面积越来越大，而且，客户也会逐步成为企业的股东，一起分享企业经营所获得的成果，客户价值和股东价值会逐渐形成和合的状态。

2.5.3 取消或减少非增值性活动

从企业内部活动来讲，要特别注意非增值性活动的影响。据不完全统计，增值性活动大约只占各项企业经营活动的5%，必要但非增值性活动约占60%，其余35%则是一些不必要的和非增值性活动（或者说是浪费活动）。

【案例】华为"不能为客户创造价值的流程为多余流程"

在华为2008年市场部年中大会中，华为创始人任正非曾讲过这样一段话："不能为客户创造价值的部门为多余部门，不能为客户创造价值的流程为多余流程，不能为客户创造价值的人为多余的人。不管他多么辛苦，也许他花在内部公关上的力气也是很大的，但他还是要被精简的。这样我们的组织效率一定会有提高，并直接产生相关员工的利益。"他指出，企业要以为客户提供有效服务，来作为工作方向和价值评价的标尺。因此，企业在开展组织变革与流程优化时，一定要区别哪些是烦琐哲学，哪些是形式主义，哪些是教条，哪些是合理必需。

如果从"以客户为中心"的角度来说，那些改变产品的大小、形状、匹配度、形式或功能而使之能够满足客户需求的活动，都属于增值性活动；而其他所有的占用时间、资源等不能满足客户需求的活动，都属于非增值性活动。在流程优化的过程中，后者属于应取消或尽可能减少的活动。

如果从"价值创造与输出"的角度来说，那些影响了价值正常输出的活动都属于非增值性活动。比如，在一些企业流程中，任何人员、物料、文件的移动都要花费很多时间；活动之间的频繁等待，导致全流程周期被拉长，客户等待时间变长，这些都会导致流程成本的增加，最终影响价值输出。

因此，企业以及企业中的个体，都要学会系统规划全流程活动，不能再停留于独立创造价值的传统状态，而要以客户端为始去充分挖掘企业内部乃至供应方（合作伙伴）的需求，通过持续的流程输出，使企业提供的价值得以顺畅地传递给客户并最终作用于市场。同时，要学会放眼价值链，基于全产业价值链去创造更大的和合优势，持续探索更为优化的流程与运作模式，进而提升企业的组织实力与价值收益。

第 3 章
业务流程梳理

流程梳理就是要厘清企业所有流程的脉络,特别是组织内部活动之间的关系,避免流程运行过程中遇到障碍。因此,企业需要面向最初的客户需求和价值创造,创建组织的未来业务蓝图,而后基于业务战略(产品、服务、运营模式等),做好初步的流程规划并系统描述流程状态。

3.1 流程梳理工作安排

安排流程梳理工作是业务流程梳理的准备阶段。在企业或组织的条件允许时,有必要建立专门负责流程梳理、规划或优化的工作小组,汇总并整理流程信息资料,深度总结流程运作经验,归纳流程运作中的不足之处,而后设计出一整套的流程系统。

3.1.1 建立流程梳理组织

从理论上讲,流程梳理工作以工作预设结果为导向,倒推及设计各项业务的运作过程以及过程中涉及的工作内容。而在不少企业中,流程梳理是为了流程优化,所以往往会以项目组的形式来构建流程梳理组织。

1. 不同项目难度的推行组织结构设计

针对流程梳理项目的复杂度或难易程度,企业要有针对性地设计推行组织结构,确保工作人员的安排契合流程梳理工作需要。

对于复杂项目,推行组织可以设为两个层级:一是总体推行管理,指在机关总体协调的管理团队,一般有推行经理、推行监控、需求收集、方案开发等角色。有时,方案开发人员可能独立成立小组,与推行管理并列运行。二是推行团队,指在推行实施地区现场工作的团队,一般包括推行实施经理、业务实施人员、IT实施人员等角色。图 3-1 所示是复杂项目的推行组织结构设计。

在为复杂项目设计推行组织结构时,通常由项目组与承接部门、主管部门共同推行,以承接部门为主。在推行过程中,要考虑建本地的领导组,并取得本地领导的重视和支持。项目组和承接部门在推行角色上要做到一一对应,以便实现有效的技能传递;同时,要考虑复制一个本地推行团队,使之能够在条件成熟时独立承担推行任务,减轻项目组的推行压力。

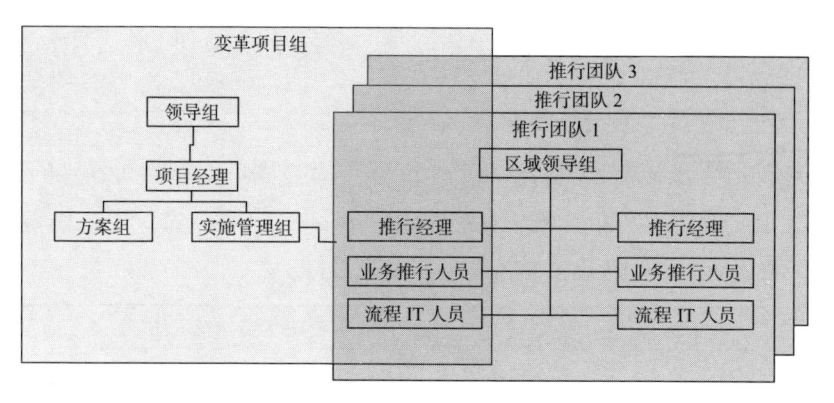

图 3-1 复杂项目的推行组织结构设计

在项目组之外，还应设置独立于推行团队的实施管理组，以协调各地的推行活动；此外还有方案组，负责收集各推行实施团队反馈的优化需求，并及时调整业务方案，按版本进行优化发布。方案组通常由业务、流程、IT 人员共同组成。

而对于简单项目，推行组织结构可以简单设计，如图 3-2 所示。

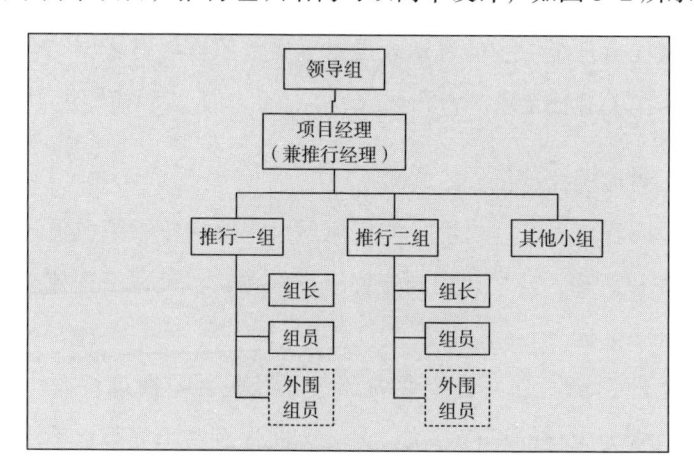

图 3-2 简单项目的推行组织结构设计

需要注意的是，简单的流程梳理并不等于"这是小项目"。这里所说的"简单"，是指工作方案简单，对总体业务影响小，容易实现。在这种简单的流程梳理项目中，往往会将项目组全部转化为推行组，一般通过外围组员的形式借助承接部门的力量。有时候，简单项目也可以不设立推行组，通过机关发文、远程培训与宣传等举措，来落实流程梳理工作方案。

2. 推行人员的选拔与安排

选拔适合流程梳理项目的推行人员是非常重要的。以推行经理的选择为例，其应具备一定的要求，如表 3-1 所示。

表 3-1　推行经理的胜任要求（模板）

内　容		胜任要求
工作经历	工作经验	具有丰富的项目管理经验； 管理不少于××人的相关领域推行的经验； 具有该项目涉及的主要业务流程或领域的多环节实践经验
资格要求	技术任职资格	×级
	管理任职资格	×级
职务／HAY等级	职务	高级工程师或三级部门主管
	HAY等级	×级及以上
其他要求		—

对于流程梳理组织中的其他人员，也要依照这一方式，结合本企业的具体情况来说明胜任要求。符合要求者，方可纳入流程梳理组织中。

3. 端正对流程梳理工作的认知

在流程梳理正式开始之前，流程梳理组织要端正组织成员对流程梳理工作的态度和认知，使之认识到流程梳理的意义，确保流程梳理工作按照预期目的有序推进。

流程梳理强调一方面将企业内部仅凭经验、习惯进行操作的隐性流程，逐步转变为固化的流程方法；另一方面强调对不完整、不清晰的流程进行分析、清理和确认，并加以逐步改善，目的是提高流程运作效率。表 3-2 阐述了流程梳理的意义。

由表 3-2 可知，通过流程梳理，可以深入分析业务流程的价值、产出，了解分支流程的运作线路是否清晰合理，是否有明确具体的责任划分。流程梳理强调对模糊的流程和职责清晰化、明确化。

表 3-2　流程梳理的意义

流程梳理的意义	说　　明
使隐性流程显性化	根据现有经验和习惯，固化流程
明确流程运行路径	规范流程运作的基本路径，明确岗位职责，使之清晰合理
确保流程接口清晰	确保部门间、岗位间、活动间的接口是清晰的
让成员达成共识	使流程相关人员深刻理解流程设计的基本逻辑，并在组织内达成共识

当然，要注意流程梳理要有实际的产出和效果，不能为了梳理而梳理，例如对于运作线路已经十分清晰且简单的流程，其责任划分明确，流程运作也没有什么问题，这类流程就不需要梳理。流程梳理人员要真正发挥流程梳理的作用，不能将梳理工作泛化。

明确上述内容之后，流程梳理组织要召开流程梳理项目启动会议，对具体的梳理工作内容进行说明，设定流程梳理过程中的关键节点和计划安排。

3.1.2　系统整理流程信息资料

流程梳理之初，流程梳理组织要基于流程框架，收集企业内部和市场信息，厘清信息资料之间隐藏的各种关联，为确定流程价值目标奠定基础。

1. 流程框架解析

通常，流程梳理组织可以采用业内通用框架来解析流程，如图 3-3 所示。

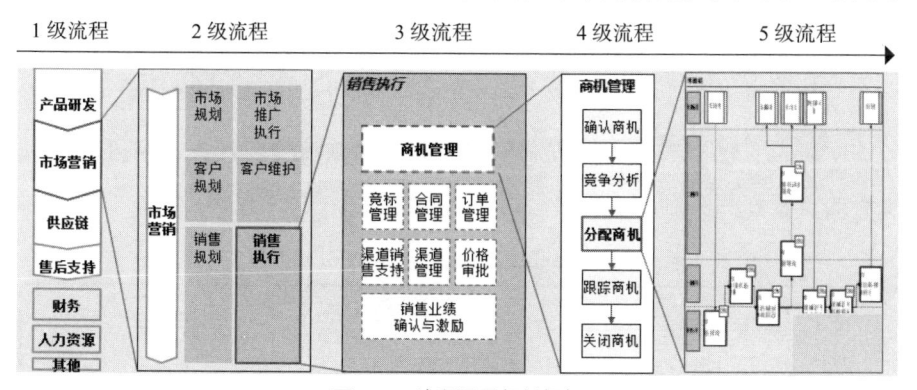

图 3-3　流程通用解析框架

如图 3-3 所示，流程通用解析框架通常分为 5 个级别。其中，1 级流程为"链"，为业务价值链，是业务流程主干；2 级流程为"段"，为运作模式流程，是运营模式层面的业务子流程，因业务场景不同而具有差异化；3 级流程为"块"，为业务能力/活动运作模式流程，是实现运营模式所需要的业务能力与业务活动（与 IT 系统的选用不相关）；4 级流程为"线"，为工作流，主要描述业务与 IT 系统的交互过程/工作流（可以结合特定的 IT 系统）；5 级流程为"点"，为业务/系统操作手册，通常是基于特定的 IT 系统的，记录用户在 IT 系统中的具体操作步骤/详细规范。在进行流程梳理时，可以按照从 1 级到 5 级的顺序逐级展开。

2. 流程信息梳理

一般而言，流程信息通常从现有的流程文件、流程实际运行情况描述、工作记录文件、工作绩效分析报告、日常流程问题记录、客户调查报告以及对流程所有者的访谈记录等处获得。在收集流程信息时，要对供应商、企业自身、市场需求、未来趋势等进行调查研究，以期得到全面的流程信息。

流程信息资料收集完毕后，可制作流程信息梳理分析表，该表的格式可参考表 3-3。

需要注意的是，并非每个流程梳理项目都需要细化至表 3-3 所列示的程度。如果需要梳理的流程相对简单，或者流程所有者对流程的认知度较高，那么，流程梳理人员并不需要收集信息，便可以直接将流程信息填入流程信息梳理分析表中加以整合即可。而如果流程梳理项目所涉及的问题较为明确，且已有成文的流程制度规范时，那么流程梳理人员则可以基于现有的流程和相关制度规范进行讨论，最终给出系统的分析结果。

表 3-3 流程信息梳理分析

流程客户		流程责任人	
流程目标：			

续表

岗位职责：
流程的上下端流程：

序号	活动名称	具体工作描述/管理原则/经验点/工作质量要求/异常问题处理	问题描述			相关文件（制度/操作手册/模板/表格）
			流程问题	原因分析	重要度评价	
1						
2						
3						
4						
5						
…						
备注：以上内容按照流程的先后顺序填写，并且将工作细化。						

3.1.3 深度总结流程运作经验

流程梳理是指通过总结整合，把组织内部凭经验、习惯进行操作的隐性流程，逐步转变为固化的流程方法，并对不完整、不清晰的流程进行分析、清理和确认，逐步加以改善，目的是提高流程运作效率。由此可见，流程梳理的一个关键作用就是总结组织内良好的习惯和成功的经验，并将这些经验固化为可操作性强的业务流程。

故而，企业过往的业务流程和项目运营经验是宝贵的资源，尤其是从企业经营实践中总结出来的经验会逐渐内化为一套业务流程，最终汇集为组织的流程。

【案例】从实践中总结出的成功经验就是流程

谢智斌是华为公司的网络技术规划优化六级专家。在多年工作中，他积累了丰富的项目交付经验和网络规划经验，逐渐成长为一名无线网络优化的老兵。谢智斌之所以在网络规划的项目交付中获得如此迅速的成长，在很大程度上得益于他的流程总结与学习的能力。

在项目开展过程中，谢智斌会专门制定降低错误的标准处理流程和方案，并将它们纳入项目交付的技术方案中。而且，他还在网络上创建了技术交流论坛，将技术经验的分享扩散到整个公司，参与技术经验讨论的会员超过3000人，人员访问总量超过35万人次。他创建的网规技术交流群影响力逐渐扩大，能够实时解决网规网优工程师在技术、工具、方法等方面的问题。而这种技术经验的总结与分享的做法也在华为内部得到了非常广泛的普及，大大提升了华为的流程运作能力。

很明显，企业中的个体成员可以通过深度总结经验形成一套解决流程问题的模式和方法。而流程管理小组和各职能部门则可以经过长期的总结和梳理，形成能够落地执行的业务流程，避免流程控制之外的问题发生，逐渐实现流程体系整体能力的提升。

为了在流程运作中更好地总结与整理经验，企业有必要建立一套关于流程的经验总结机制，通过对过往的业务流程全过程进行总结和回顾，分析有问题的环节，并持续改善，为流程梳理和优化工作的开展奠定良好的基础。图3-4呈现了华为公司的流程经验总结与学习的闭环模式。

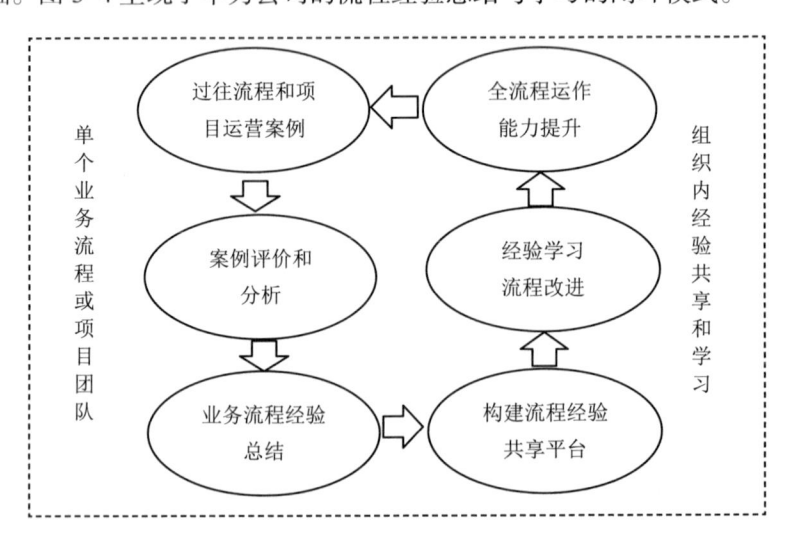

图3-4 华为的流程经验总结和学习的闭环模式

由图 3-4 可知，华为项目团队的经验学习能够扩展到公司范围内。项目团队在各阶段及项目的收尾阶段对项目成果和过程评价分析，而后形成团队内部的经验，将经验应用到后续的项目工作中，以寻求流程的改进。将项目团队内部形成的经验总结共享到组织平台中，促成公司范围内的经验共享与学习，进而提升整个公司的业务能力。

在流程经验总结过程中，除了要总结成功经验，也要重视流程运作过程中的不合理环节和问题流程，及时将问题消灭在萌芽状态或删减不能产生价值增值的冗余环节，为高效流程的打造奠定基础。

3.2 创建业务蓝图

当流程梳理人员掌握了相关业务信息与数据之后，即可开始设计业务蓝图了。通常，企业需要结合最佳实践，设计各业务模块的业务蓝图（包括细节流程、业务模块间的关系等），确定企业的业务处理模式，以及对部门职责、岗位职责、操作流程等方面的变革点。优秀的业务蓝图将成为后续更有效地梳理流程和优化流程系统的指向性依据。

3.2.1 科学定义业务蓝图

业务蓝图是指通过对企业业务现状的调研分析，梳理出企业未来业务的处理模式。它反映了一个流程系统的整体情况，不仅涉及对业务流的处理，也涉及对信息流、物流的处理。

业务蓝图通常由四部分构成：企业发展战略及经营计划、企业经营衡量、企业关键业务和支持业务。其中，企业发展战略及经营计划为企业指明发展方向，优化商业模式，明确经营目标，并建立完善的目标实现计划体系。企业经营衡量主要从经营健康度指标、经营过程指标及经营结果指标这三个维度展开，如表 3-4 所示。

表 3-4　企业经营衡量指标

指　标	描　述	示　例
经营健康度指标	衡量企业是否具有长期、稳健的经营能力	员工满意度、客户满意度、管理成熟度、人均产值、人均利润、投资回报周期等
经营过程指标	衡量企业经营过程的状况，是保障经营结果指标达成的基础	订单交付周期、生产计划达成率、产品不良率、存货周转次数、库存周期、回款及时率等
经营结果指标	是阶段性经营成果的体现，衡量结果是否达到投资者的要求	总资产回报率、利润、收入、股东价值、企业市值等

企业关键业务与支持业务，与价值创造活动中的主要活动与辅助活动是相似的。在业务蓝图中，要详细列出企业价值创造全过程的关键业务以及支撑关键业务推进的支持业务。

【案例】怡家酒店的业务蓝图规划

怡家酒店是一家着力打造个性化服务的经济型连锁酒店，该酒店通过其"千店千面"的独特客房设计以及"女主人"服务模式，在业内创造了多个奇迹。图 3-5 是怡家酒店的业务蓝图。

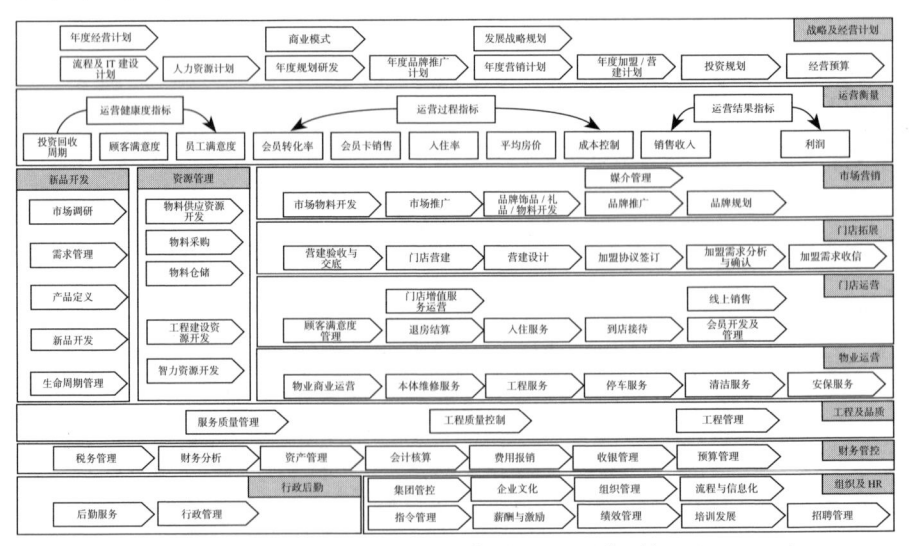

图 3-5　怡家酒店的业务蓝图（来源：《业务流程再造》（第五版）图 4-8）

一般而言，衡量一家企业运营结果的指标往往是收入与利润这两大指标。但我们从图 3-5 中可以看到，怡家酒店为了保证结果指标的顺利达成，设计了五个运营过程指标，分别是会员转化率、会员卡销售、入住率、平均房价、成本控制。任何一家门店的店长，都可以每天关注这五大指标的表现，进而及时采取措施，确保经营结果顺利达成。

此外，这家酒店还综合考量了投资回报周期、顾客满意度、员工满意度等健康指标，这也是基于后续业务而做出的长远考量，自然也会在很大程度上影响该酒店在后期设计流程体系时的基本思路。

3.2.2 保障业务蓝图的实用性

业务蓝图看起来是非常简洁的，但是为了保障业务蓝图具备真正的实用性，企业在创建业务蓝图时需要经历复杂烦琐的过程——严格控制蓝图的创建过程，并持续更新和优化蓝图。

1. 保障业务蓝图的功能特质

有效的业务蓝图通常具有如表 3-5 所示的典型特征。

表3-5 业务蓝图的典型特征

特　征	说　明
始于客户	以客户为中心，有客服部门与专门的客户联系点，可以帮助企业与客户建立沟通关系
呈现不同点之间的关联和工作流	呈现企业与供应商、合作伙伴、参与价值创造过程的客户之间的关联，呈现主要职能部门之间或流程之间的关联
简洁而清晰地呈现关联	简明呈现企业价值创造活动、业务活动、关键流程、支持流程等信息

通过准确定义，具备上述特征、囊括以上内容的业务蓝图，才能帮助人们更系统地了解企业的经营逻辑，进行有效的业务关系分析，找出现有业务中存在的问题，助力推进未来的流程优化工作。

2. 严控创建过程

为了保障业务蓝图的实用性，在创建蓝图时要严格把控以下环节。

（1）从不同级别的人员广泛收集意见。先从最高级别的管理人员开始收集意见，大致了解其对业务的认知与态度；再从职能角度，补充二级管理人员对企业运营的独特意见，并核查其意见的可信度，最后形成整体全面的业务认知。

（2）拟定草案。结合调查资料，绘制业务蓝图，明确呈现业务与客户交点、业务流程的逻辑性、业务与其他方面的关联等，列明关键流程与支持流程，等等。蓝图初步完成后要与组织机构相对照，预测业务流程是否能够在组织中顺畅运作。

（3）讨论草案，反馈与应用草案。草案形成之后，可下达至各层人员一起讨论，探讨草案的可行性；然后收集各层人员的意见，提炼其中有价值的部分，据以优化草案。

当准确完成业务蓝图、确定业务蓝图的实用性之后，即可将之作为企业后续业务开展的参照，逐步启动更进一步的流程梳理与规划工作了。

3.2.3 重视业务蓝图的灵活性

业务蓝图既需要有一定的实用性，同时也要兼备一定的灵活性。这种灵活性体现在：业务蓝图既可以覆盖单一业务，也可以覆盖多领域业务；不限于对当下业务的实用性，还须考虑对未来业务的实用性。

1. 业务蓝图覆盖的多领域性

业务蓝图既可以是针对企业层面的业务描述，也可以是为某个业务单元、产品/服务的系列、职能部门而设计的，其创建和最终生成结果的方法是一样的。

拥有单一业务或产品系列的企业，往往只创建一张业务蓝图即可清晰描述企业的业务情况。而规模较大、多元化经营的企业，因其业务相对复杂，所以如果各自安排业务，往往会导致企业资源浪费并加大统筹协调难度。故而，在创建业务蓝图时，可以选择同一种方式去描述各业务单元，而后再对可复制的部分进行共享式规划与协调。也就是说，业务蓝图的创建需要考虑是否能够有效覆盖企业涉猎的不同领域，确保其灵活性和可控性。

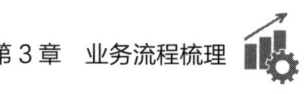

2. 业务蓝图更新的持续性

业务蓝图的设计并非一劳永逸。流程规划人员要具备高度忍耐力，参照企业组织各层人员的集体意见，持续地排除意见分歧，直至达成共识。

在企业发展过程中，工作人员们要不断地结合未来需求，对业务蓝图予以补充、更新、调整和优化，以确保蓝图之于企业是实用且持续适用的。

3.3 打造"端到端"流程

打造"端到端"流程是业务流程梳理的工作重点。概括地说，"端到端"流程是从客户需求出发，经过一系列活动构成的流程运作，最终实现客户满意的一个过程。图 3-6 是一个典型的端到端流程的示例。

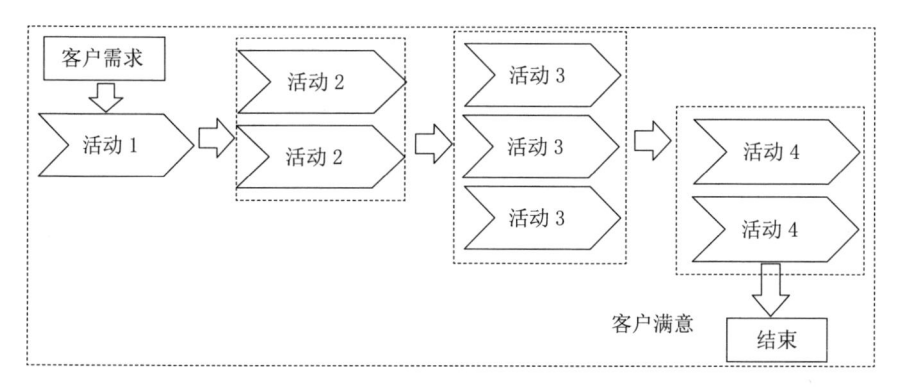

图 3-6 端到端流程的运作过程

为了成功打造"端到端"流程，企业需要以客户为导向进行流程规划，实现从输入到输出的全面贯通，保障战略目标的最终落地，最大限度地保障在流程联动机制下实现预期价值。

3.3.1 以客户需求为导向的流程规划

华为创始人任正非早在 2005 年便公开强调，华为公司要构筑"端到端"流程："华为是一个包括核心制造在内的高技术企业，最主要包括研发、销售和核心制造。这些领域的组织结构，只能依靠客户需求拉动，实行全流程贯通，提供端到端的服务，即从客户端再到客户端。"

事实上，当企业组织内部机构不够完善时，组织成员往往无法及时地察觉到客户需求。因此，如果企业要想持续为客户创造价值，就要围绕客户需求去打通流程，使自身能够更加灵活地应对客户需求。而所谓"端到端"，恰恰是以客户需求为起始点，以客户满意为终点的，客户是这个过程中的导向性元素。所以，在打造端到端流程的过程中，务必以客户为导向进行流程规划。

1. 精准感知客户需求

要想以客户为导向进行流程规划，重点就是精准地感知消费需求，再据之针对性地规划研发、生产等一系列流程。唯有如此，企业才能真正地、有针对性地满足客户的消费需求，才能更快地占据更高的市场地位。

【案例】思科公司准确感知客户需求

在思科公司，不同技术领域设立了20多个研发团队，它们每月召开一次集体的电话会议，以定期获取客户需求信息。研发团队每个季度还要与客户一起召开技术咨询会，倾听他们的建议。此外，思科的研发团队每两个季度还会在总部召开技术会议，来自全球的工程师汇集在一起，交流并提交基于客户需求的创新提案。会上，研发团队优先考虑前10项提案进行可行性研究，然后立项开发。

准确感知客户的消费需求是打造端到端流程的第一步。任正非曾特别提醒华为一线人员："前方人员，要有对市场的灵敏嗅觉，就像香水设计师一样，能够灵敏区分各种香味，不能区分就不能当IRB（投资决策委员会）人员。这种嗅觉就是对客户需求的感觉。"他还曾建议华为的各个部门，要不断地提问："目标客户的需求是什么？产品（或服务）的功能是否符合客户的需求？为什么客户要提这样的要求？"要想准确回答这些问题，企业的相关人员就必须积极主动地走近客户，精准地感知客户需求。

2. 在客户需求的基础上打造流程

企业在构建客户服务流程时，应该在深刻理解客户的业务基础上，通过分析其服务客户的关键价值链和活动，与客户的关键价值链进行匹配，站在客户的视角来构建流程。

【案例】华为着力建设客户需求导向的流程

1998 年前，IBM 公司对华为的研发管理做出诊断，认为华为当时没有跨部门横向流程，组织内部部门墙厚重，各自为政，忽视客户需求，研发效率较低，产品的市场接受度较低，客户反馈问题不断。针对当时的情况，华为果断决定：从 IBM 引入 IPD（集成产品研发）流程，将市场管理和产品研发流程相对接（见图 3-7）。

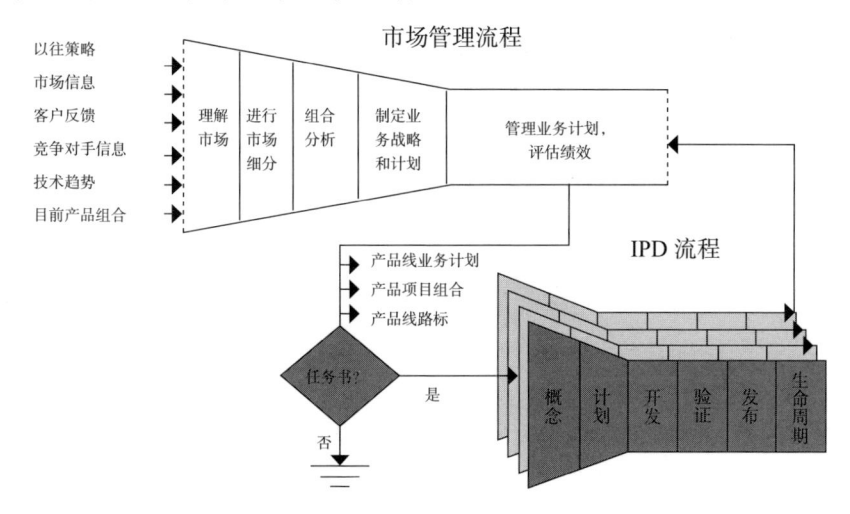

图 3-7 市场管理与产品研发流程的对接

这里所说的 IPD，主要强调以客户需求作为产品开发的起点，组织跨职能团队承接任务，通过市场规划、产品开发和技术开发三大流程满足客户需求，包含概念、计划、开发、验证、发布、生命周期六个阶段。这套流程体系的引入，使华为具备了快速根据客户需求开发产品的能力，产品开发周期缩短了 50%，产品质量得到了明显上升，产品开发失败率减少了 95%。

除 IPD 之外，华为还引进并规划了机会至收款（LTC）、售后（ITR），构成了华为的三大业务流程。其中，LTC 是对线索至回款进行管理的端到端流程，包含线索管理、项目立项、标书准备、投标、谈判、合同评审、合同签订、交接八个节点。ITR 是面对客户反馈，解决问题，对产品改造升级是 ITR 流程的根本。

在华为，人们把三个业务流（IPD、LTC、ITR）紧密地联系在一起，形成一套良性运作系统，并达到了一种持续优化的运作境界。华为认为，如果在企业运营管理过程中，将 LTC、IPD 流程进行持续优化，按 IPD 流程输出产品，按 LTC 流程实施交付，再用 ITR 流程把相关问题予以高效关闭，那么实现客户满意便不会是个难题。

历经八年时间，华为成功构筑了一套流程化运作框架，实现了以满足客户需求为导向的、端到端的优质交付。这一做法是值得广大企业学习和借鉴的。

对于企业而言，展开流程建设的最终目的应当是为客户创造价值。而只有从客户需求切入去打造流程，才能更有针对性地响应客户需求。在多年探索与实践中，华为已经打通了以客户需求为主线的端到端的流程，为客户提供有针对性的服务，并以此帮助客户实现商业成功。

3.3.2　从输入到输出的全面贯通

从根本上来说，"端到端"是一种全面贯通的流程模式和状态。它是以客户、市场、政府机构及企业利益相关者为输入或输出点而形成的一系列连贯、有序的活动的组合。企业或组织通过疏通端到端的管理路径，可以确保流程从整体上发挥出最大的作用。

【案例】华为公司的集成供应链端到端流程的运作模式

华为公司一直将贯通端到端流程，以提供更优质的服务作为管理变革的目标。任正非强调，端到端流程的输入端是市场，输出端也是市场。华为的端到端流程，要围绕客户价值链来梳理，组织和层级的设置也要为了实现为客户创造价值的目的而存在。这要求企业在确定组织结构时，先梳理主干流程，再根据主干流程确定组织结构。

华为公司的集成供应链是一条典型的端到端流程。通过集成供应链的端到端运作，华为与内外部客户及供应商等所有流程相关者实现整体利益最优。通过对集成供应链的端到端流程进行梳理，越来越完善的流程运作模式逐渐浮现。图3-8呈现了华为集成供应链端到端流程的运作模式。

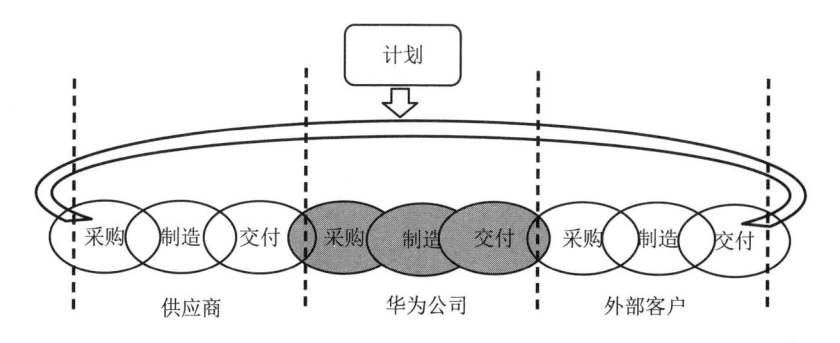

图3-8 华为集成供应链端到端流程的运作模式

由图3-8可知，在流程梳理的过程中，流程参与者的流程意识不断强化，企业高层对流程逐渐形成共识，各层级流程参与者对关键流程上的难点、具体的责任划分、流程的起始部门和结束部门等逐渐明确清晰。通过集成供应链端到端流程的贯通，华为实现了与外部客户及供应商合作共赢，进而使其供应链在市场竞争中占据了有利地位。

1. 流程整体性和系统性考量

"端到端"流程的本质在于：企业站在全局的视角，提供战略导向的系统管理，追求企业的整体最优，而非局限在各职能部门、各分支环节利益最优的思维中。

【案例】面向整体性去打造流程

某企业的人力资源部屡次接到员工的投诉，投诉的内容是奖金的发放不及时。负责该工作的人力资源部主管却认为奖金发放流程本身没有问题，平时都是严格按照奖金发放流程来执行的，因此不该由他们承担责任。

后来，经仔细分析发现，奖金发放不及时主要有两个原因：一是每月奖金核算数据交到人力资源部的日期不确定，经常有延误现象；二是业绩核算方法频繁变化，当数据不正确时，来回反复确认非常耗时。而奖金核算部门认为人力资源部并没有对核算的时效做出明确的规定，人力资源部又不能将存在问题的数据及时反馈到核算部。

这个案例说明了"端到端流程"的必要性和重要性。因为，从客户需求来看，要满足这一需求不仅涉及奖金发放流程，还涉及奖金核算流程。因此，单纯地检查奖金发放流程是不够的。只有把开始核算数据到奖金下发再到汇入员工账户看成一个完整的端到端流程，才能有效地解决此问题。

每个企业中都存在着很多独立流程（见图3-9），每一项事务的处理都需要借助流程来规范管控。即便同一流程，又可能因业务主体等元素的不同而形成不同类别的流程，如图3-10所示。

物料采购流程	物料验收流程	物料返修流程		从计划到付款：物料采购流程
物料报废流程	物料异常管理流程	设备组建流程		从计划到付款：资产类采购流程
付款流程	供应商评审流程	……		从计划到付款：设备采购流程

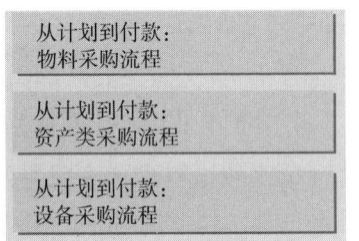

图 3-9　独立的流程　　　　　　　图 3-10　分类的流程

很多企业人员面对如此多的流程都颇感头疼：看似每件事都是有流程可依的，但是彼此又是分割的。对于这种问题，最好的解决方法就是：将这些流程穿起来，打造一条端到端的流程。图3-11是参照图3-9和图3-10设计的一条端到端的流程。

采购申请流程 → 采购过程管理流程 → 订单推荐流程 → 订单签发流程 → 运输管理流程 → 物料验收流程 → 设备组建流程 → 支付流程 → 付款清账流程

图 3-11　端到端的流程

图3-11所示的这个流程，流程与流程之间的关系得以明确下来，实现了从输入到输出的全面贯通，便于人们参照其来推动企业业务的开展。

2. 明确端到端的思考模式

要实现端到端的流程管理，企业需要根据实际情况，明确需要管理的端到端的事务。流程梳理人员可以通过明确以下问题，来梳理端到端的流程与细节。

- 生产部内部各岗位之间需要联动管理吗？为什么需要？能够达成怎样的价值？是否切实需要这样的联动？
- 集团、分支机构的生产需要联动吗？当前的管理水平是否达到了预期水平？能够达成怎样的价值？是否切实需要这样的联动？
- 需要把研发、生产、销售联动起来吗？当前的管理水平是否达到了预期水平？能够达成怎样的价值？是否切实需要这样的联动？
- 和供应商之间的跨企业流程需要怎样加强？这个业务流程是否需要一直延伸到客户甚至是客户的客户？当前的管理水平是否达到了预期水平？能够获得怎样的价值？是否切实需要这样的联动？

这种从输入到输出的全面贯通，也是基于价值创造活动而实现的。因此，我们完全可以参考前文中的企业价值创造活动的层层解析和细化，来打造业务流程，疏通端到端的管理路径，避免流程梳理沦为形式化工程。

3.3.3 保障战略目标的全面落地

在打造端到端流程的过程中，有一个需要特别关注的重点，即是否能够保障战略目标的最终实现。这就要求流程必须与业务、部门、岗位紧密结合，以流程控制点价值呈现来助推企业分层战略目标的实现，最终保障企业总体战略目标的全面落地。

1. 战略目标与流程的层级性分解

在实践中，企业要考虑到战略目标实现的层级性特征，也就是，某个流程、某个部门，甚至某个个体应创造怎样的价值，承担怎样的责任，才能最终保障总战略目标的实现。从这个角度来说，战略目标分解的过程是验证战略目标可实现度和流程对接点的过程。企业要细化流程运作模式，使之能够有效地支撑战略目标的实现，并保证分解后的战略目标与流程处于可实现的范围内。

【案例】基于战略目标的人才发展管理体系建设流程

2020 年，我和我的团队应邀为一家国内 500 强企业进行人才发展管理体系建设。在组织调研过程中，我们全面了解了其愿景使命、战略目标、业务情况以及现有人才情况。随后，设计了一套基于战略目标的人才发展管理体系建设的流程框架，如图 3-12 所示。

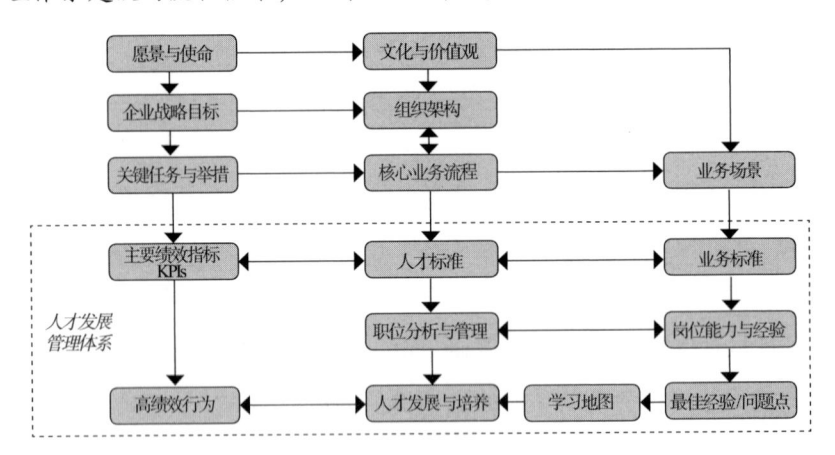

图 3-12 基于战略目标的人才发展管理体系建设的流程框架

在图 3-12 中，流程框架呈现了从企业愿景使命、企业战略目标开始直至人才发展与培养活动的过程，其间的主流程线是"核心业务流程→人才标准→职位分析与管理→人才发展与培养"，各环节与关键任务、绩效指标、绩效要求、业务标准等诸多要素交叉关联，构成了一个系统关联的流程框架。

在这个过程中，我们以主流程为主线，依次明确业务场景与业务标准、各流程环节责任人的岗位能力与经验要求、绩效指标，形成人才标准与绩效指标要求，针对不同人才设计对应的学习地图，最终促使企业人才产生高绩效行为。

在上述基本逻辑过程的基础上，我们还可以做进一步的纵向分解，即把管理目标逐级分解至每一个管理层次，明确各管理层次负责"管"或"做"什么。举例来说，我们可以给某个部门确定 6 项目标、37 项目标值，再将其分解至各操作小组，形成 75 项目标、101 项目标值。通过类似的纵向分解，便可以形成一个立体化的目标和行为体系，整条流程上的相关人员都能够对总体目标和个体目标一目了然，彼此配合更为协调，流程运作更顺畅。

2. 将战略目标烙在每个流程细节上

虽然很多企业都将"以客户为中心"作为战略目标，但大多数企业并未在流程的具体操作上打上这个战略目标的烙印。如果企业在各类管控措施中融入这个目标并系统思考，那么战略目标便会切实得到实现，"端到端"流程才会成功地从"端"到"端"。

【案例】战略目标实现与流程控制点的设计

对于房地产开发公司来说，"停车位旁边不宜种榕树"，是人们在执行业务流程时得到的一条宝贵经验。可是，仍然会有房地产开发公司屡犯此类错误。事实上，为了保障战略目标的实现，避免业务操作失误的发生，完全可以考虑在流程中设计一系列控制点。

比如，在招标流程中要求中标单位参照某条设计标准；在评审流程中，请监理公司对照任务书逐条检查，从而确保流程运作经验得到重复使用；在公示流程中，主动公示给小区居民，"我们这个小区经过精心设计，特色具体体现在若干点，其中有一点是树种的选择，为什么选择种其他树种而不是榕树……"，这样让客户"知其然并知其所以然"，从而在企业和客户之间达成共识，形成一种可传播的口碑效应。

从某种意义上来说，流程是一个载体，它将企业的战略目标、绩效目标、核心理念以及相关原则等融入其中，并使之得以贯彻落地。正是基于此，流程才被视为"使企业组织不依赖于个人，并获得高绩效执行力"的源头所在。

3.4 初步规划流程

在明确了流程梳理理念之后，我们即可着手初步规划业务流程了。业务流程规划就是根据企业的实际运营需要，对现有业务流程进行定义和识别。我们在第 2 章中谈到的价值创造活动分析，实际上是业务流程规划的基础性工作。在进行业务流程规划时，企业要结合价值创造活动分析结果，科学规划业务活动的先后顺序。

3.4.1 流程与业务的对接

流程要反映业务本质。无论任何流程，它的本质是服务于业务的。所以，流程必须能够承载业务，能够完整地将业务本质反映出来，业务中的各要素及其管理也不能独立在流程体系外。这就要求企业在抓住客户价值创造链的基础上，将影响要素（包括业务的质量、运营、内控、授权等）都放到流程设计中去斟酌、考量，实行一体化运作。图 3-13 呈现了流程与业务的关系。

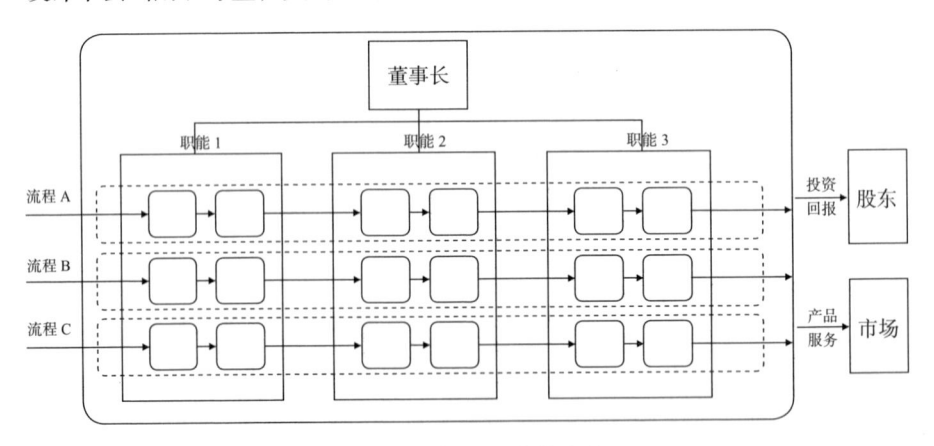

图 3-13 流程与业务的关系

从根本上来说，流程是对业务流的一种表现方式，越能满足业务需求的流程，其运行越流畅。企业持续总结与固化那些表现优秀的业务活动，可以不断地优化流程，同时也是对成功经验的复制。

【案例】华为的 ITR 流程和 LTC 流程与业务关联

华为轮值 CEO 徐直军公开分享了华为的网上问题处理流程。他说，过去，华为在客户提出问题后，很少关注这个问题对客户产生的影响。华为并不是以问题对客户的影响为基准来评估问题的等级的，而是根据不同产品的不同问题，用技术等级来对它们进行定级的。这样一来，便导致公司的研发部门和 GTS（技术服务）部门常常发生争吵，研发部门会因为客户问题而受到考核。事实上，问题的根源在于客户方。

于是，华为就对 ITR 流程进行了变革，其中最大的改变就是以客户对故障的定级来进行故障的级别评定。当故障发生时，客户就清晰了解有多少用户是被该故障影响了，然后就能对故障进行合理定级。在对故障等级的具体评定标准上，华为是基于数量、时间、重要性三个因素来操作的。在对故障定级后，所有的流程与IT会围绕客户需求，去了解发生的问题，然后及时快速地解决，所有其他的事情诸如内部考核都要让位于该目的。

在进行LTC流程变革时，华为认为公司的交付流程已经够好了，不需要纳入LTC流程变革中来，只需要稍微优化一下就可以了，于是当时针对支付流程立的只是一个优化项目。然而，随着LTC流程变革的深入，变革项目组渐渐发现公司的交付流程基本上是没有的，仅有一个项目管理流程与一个站点流程。鉴于此，项目组便对交付流程进行了重新梳理。

在刚开始梳理时，项目组都不知道该从哪个方向入手。直到发现T-MOBILE（德国电信子公司）整个网络部署的端到端流程，项目组梳理交付流程才有了一个可以参考的标准。客户从开始明确需求到完成网络交付运营的整个过程中，华为只是在这个流程中完成一两个或多个环节。于是，徐直军提出要站在运营商的角度来设计华为的交付流程，确保为客户提供更好的产品与服务。

一旦流程背离了业务流，就会影响业务的开展。在上述案例中，华为过去的流程是一种形式化的流程，甚至某些环节是与业务目标发生背离的。所以，这类流程本身是多余的或不恰当的，是需要被简化或优化的。

那么，如何设计出契合业务模式的流程框架呢？通常，我们可以参照三个步骤进行，如图3-14所示。

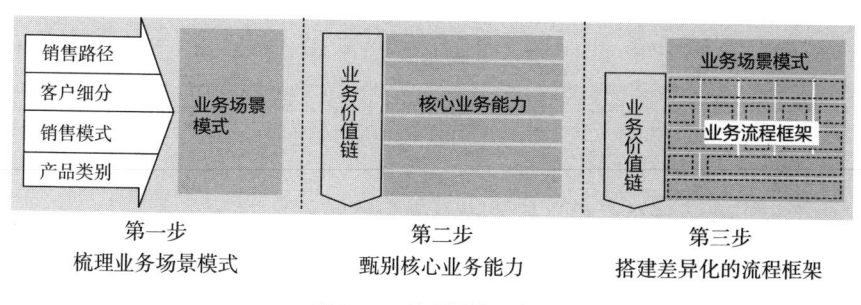

图3-14 流程设计三步法

在梳理业务场景模式时，主要从客户细分、销售路径、销售模式与产品类型等关键业务维度，分析独特业务的场景和模式。在甄别核心业务能力时，要沿着业务价值链，甄别各环节核心业务能力。比如，在"终端客户直销"这条价值链上的核心业务能力可能表现在产品定价与溢价管理能力上。在搭建差异化的流程框架时，要综合各业务场景，搭建核心业务流程框架，直到生成四级流程模块（业务能力/活动级别）。而针对不同业务，也要注意选择性地进行流程标准化和集约化规范设计。

需要注意的是，这种场景分析方法比较适合对二级及以下的流程架构进行分解，而不适合二级主干流程。很多多元化经营企业，其顶层场景是以业务单元分类的。以美的集团为例，其业务板块可以分为消费电器、暖通、机电事业群、机器人及自动化、智慧物流等，下一级分为分销、直销或To B、To C等产品、渠道模式。如果对这一级流程进行场景分析，就很容易出现"只见树木而不见森林"的情况。

也就是说，在进行流程规划时，我们既要考虑让流程切实贴近客户需求，真正为业务服务，也要做好充分调研和整体性把握，从全局视角审视流程与业务的系统化运作。

3.4.2 厘清业务逻辑关系

业务逻辑关系是隐藏在企业业务之间的关系链条。从本质上讲，业务逻辑关系属于一种逻辑流程，呈现的是企业价值创造的基础活动和管理脉络。它只呈现"发生了什么"，而不涉及约束条件（如谁来做、具体做什么、选用什么方法做等内容）。明确企业的业务逻辑关系，有助于人们梳理清楚目前已有业务之间的关系，以及业务推进与管控的优先顺序。这是流程规划中的基础性工作。

【案例】亚马逊公司的飞轮理论与业务逻辑关系

亚马逊为什么可以成长得这么快？离不开其飞轮理论，早期的飞轮模型如图3-15(a)所示。后来，亚马逊对飞轮模型进行了改进，即图3-15(b)所示的模型。这个理论后来演变成了亚马逊运营的核心思想。

在亚马逊，这套机制被概括为：以更低的价格带来更多的顾客访问量，更多的访问量能带来更多的销售量，同时也能吸引更多需要支付佣金的第三方卖家。这使得亚马逊能够将物流中心和服务器等固定成本分摊给第三方，从而确保自身获得更多收益。同时，更高的效益则使其能够进一步降低价格，如此循环往复。

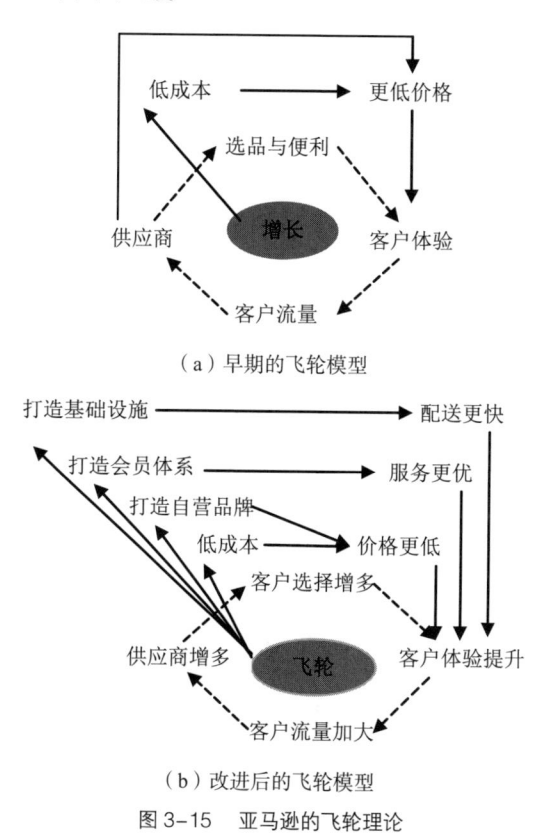

（a）早期的飞轮模型

（b）改进后的飞轮模型

图 3-15　亚马逊的飞轮理论

在分析业务逻辑关系时，我们可以针对价值活动和业务蓝图中所涉及的各业务活动之间的关联进行分析，明确各项活动对企业的价值贡献、主次关系以及业务功能的完整性，为接下来的流程规划与系统描述打下基础。所以，也可以这样理解：如果在逻辑流程的基础上再设定约束条件，那么它就变成了可参照执行的企业业务流程及管理流程。

事实上，很多成功的企业都会先行厘清业务逻辑，而后再优化各方面要素，以此为基础来科学规划业务流程模式，使企业进入良性的业务循环。比如，阿里、优步等企业在梳理业务逻辑过程中，也参考了亚马逊的飞轮模型进行了业务模式与业务流程规划；美团在厘清业务逻辑的过程中，形成了 To B 和 To C 的双轮驱动的业务模式与业务流程规划，等等。业务与流程的同步，使得这些企业呈现稳健的运作状态。

此外，厘清业务逻辑关系还可以帮助人们看到企业的未来发展方向，继而打造核心竞争力和拓展地盘，推进企业持续成长。从这个角度来说，业务逻辑关系相当于商业模式的底层架构，是一种能够为企业提供可持续发展动力的商业逻辑和可以循环反复的机制。

3.4.3 规划关键流程与支持流程

在厘清业务逻辑关系的过程中，不仅要厘清业务与业务之间的逻辑关系，还要特别厘清业务环节之间的关系。也就是说，要弄清楚业务流程的属性特征以及在企业内部经营中占据的地位，最终规划出关键流程与支持流程。

1. 初步判断业务活动的重要度

在一个企业中，并非所有业务活动都是同等重要的，也并非多多益善或越细越好。事实上，如果以同等重要的态度去对待所有业务流程，势必导致工作量过大，企业组织的资源过于分散，流程运作时间过长，运作效率越来越低。因此，应根据企业实际需要，对业务活动流程进行恰到好处的规划，学会做减法，砍掉不必要的业务流程或流程环节，这才是最理想的状态。

通常，我们可以通过访谈、问卷调查、现场观察等方式，对每项活动进行分析，明确各类业务活动对企业整体业务目标实现起到的作用是什么、重要程度如何，最终确认这些业务活动存在的必要性。

2. 区别关键流程与支持流程

每个企业都有自己的关键流程与支持流程。关键流程是那些对企业的价

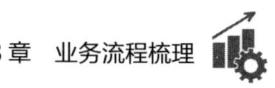

值创造发挥关键的、核心的作用的流程。比如，生产流程、研发流程、营销流程、客户服务流程都属于关键流程。而支持流程则是那些对关键流程起到支持性作用的流程。比如品质管控流程、设备管理流程、财务管理流程、行政后勤管理流程、人力资源管理流程等，都属于支持流程。在不同的企业里，关键流程和支持流程并不完全相同，在流程命名上亦有所差异。

【案例】华为公司流程的基本规划

如今的华为，已经发展成为一家全流程型的企业。目前，华为的流程体系分为运营类流程、使能类流程和支撑类流程，如图 3-16 所示。

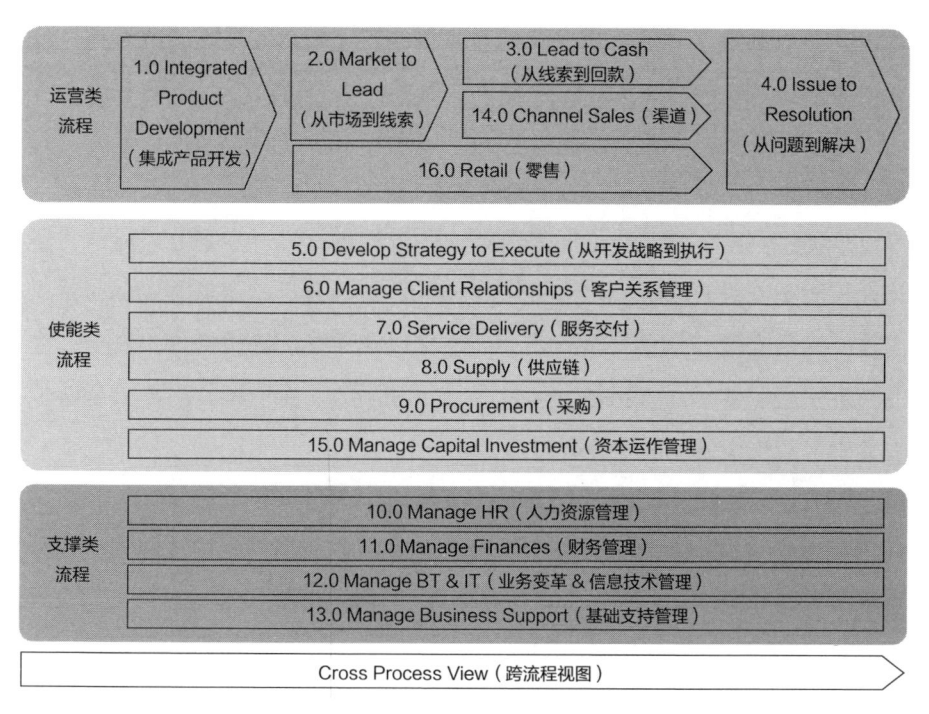

运营类流程：
- 1.0 Integrated Product Development（集成产品开发）
- 2.0 Market to Lead（从市场到线索）
- 3.0 Lead to Cash（从线索到回款）
- 14.0 Channel Sales（渠道）
- 16.0 Retail（零售）
- 4.0 Issue to Resolution（从问题到解决）

使能类流程：
- 5.0 Develop Strategy to Execute（从开发战略到执行）
- 6.0 Manage Client Relationships（客户关系管理）
- 7.0 Service Delivery（服务交付）
- 8.0 Supply（供应链）
- 9.0 Procurement（采购）
- 15.0 Manage Capital Investment（资本运作管理）

支撑类流程：
- 10.0 Manage HR（人力资源管理）
- 11.0 Manage Finances（财务管理）
- 12.0 Manage BT & IT（业务变革 & 信息技术管理）
- 13.0 Manage Business Support（基础支持管理）

Cross Process View（跨流程视图）

图 3-16　华为流程体系的规划

第一部分叫作运营类流程，是直接为客户创造价值的，端到端定义为客户价值交付所需业务活动，并向其他流程提出协同需求。其中，第一个流程是 IPD（集成产品开发），从想法到市场，找到商业机会后，把它变成产品上市。第二个流程是 MTL（从市场到线索），通过市场传播形成销售线索。形成销售线索之后，要变成订单，最后形成回款，这就是第三个流程 LTC（从线索到回款）。客户买了产品，出现了问题就得有售后服务，这就是第四个流程 ITR（从问题到解决）。这四个流程是非常有逻辑的，是连在一起的。后来，随着华为进入消费者业务和企业业务，就引入渠道和零售流程，用于解决零售和渠道管理问题。

第二部分是使能类流程，主要对运营类流程做出响应，支撑运营类流程的价值实现，如从开发战略到执行流程、客户关系管理流程、服务交付流程、供应链流程、采购流程、资本运作管理流程等。

第三部分是支撑类流程，是为了使整个企业能够持续高效、低风险运作而存在的基础性流程，如人力资源管理流程、财务管理流程、基础支撑管理流程、业务变革&信息技术管理流程等。

对于华为的这三大类流程，我们可以将运营类流程归为关键流程，将使能类流程、支撑类流程归为支持流程。

在实践中，企业还会根据需求对这些流程进行进一步划分。目前，华为在三大类流程的基础上，又细分出16个一级流程，通过流程确保质量、内控、网络安全、信息安全、业务连续性以及环境、健康、员工安全、企业社会责任等要求融入市场、研发、交付和服务、供应链、采购等各领域业务中，实现端到端的全流程贯通。

从根本上来说，关键流程与支持流程的存在都是为了最大化地满足客户价值主张。当企业围绕未来发展目标和基本业务需求，初步规划了业务流程内容与业务活动之后，即可开始系统描述流程了。

3.5 系统描述流程

流程描述是对流程运作过程、流程控制点、流程责任人等相关内容的整体性说明。流程描述强调其具有客观性、系统性，从而使人们一看到流程描述，即可对企业的业务推进与流程展开情况形成基本的、准确的认知。

3.5.1 翔实描述流程状态

流程状态信息是流程规划与调整的现实依据。无论是从早期流程规划角度还是后续流程优化角度来说，以客观的态度翔实地描述流程状态都是非常必要的。

【案例】埃森哲对中国电信的业务流程状态描述

2003年，埃森哲公司受邀为中国电信集团进行业务流程再造。在业务流程再造之前，埃森哲公司初步定义了业务流程蓝图，然后特别针对市场营销流程、产品管理流程进行了重点设计与梳理，并做出客观而细致的二级业务流程描述。其中，市场营销流程涉及理解客户与市场、开发客户战略、制订年度营销计划、准备营销活动计划、执行营销活动计划、分析并改进营销活动；产品管理流程涉及制定产品战略、制订和实施产品业务计划、建立和管理产品交付能力、设计与开发产品、评估产品绩效。下面是节选自《中国电信市场营销再造项目未来业务流程高层框架设计报告》中的二级流程描述的一部分，以供参考。

1.1 理解客户与市场

流程定义：

此流程的目的是建立并形成对客户、市场竞争环境和业务发展趋势的深入理解，并通过对内部和外部的数据收集与分析，为客户战略的开发提供有效的支持。

此流程的主要工作包括：通过数据分析的方法对现有的客户分析和数据视图进行评估，并确定数据视图细分方法；定义客户和业务发展趋势初始假设；通过客户细分的描述模型，测试并调整最初的假设；定义客户市场/细分；建立客户/市场资料。

中国电信主要流程问题：

（1）缺少市场需求预测模型和系统化的市场预测流程，因此无法进行准确而有深度的未来发展趋势预测，不能为后台网络和支撑系统的规划和建设提供依据，不能将临时性、应激性的活动比例控制在合理范围内以提高效益。

（2）由于缺少客户细分和客户需求分析，缺乏制定职场策略的依据，因此在推出新产品或进行产品捆绑时难以了解其有效性，导致很多产品的推出偏离了市场需求。同时，在新客户开发方面也难以获得切实有效的方法。另外，市场人员进行客户细分和需求分析的技能也不足以满足上述要求。

输入输出信息及关键成功因素：

输入信息	子流程	输出信息
·客户定义 ·企业绩效状况报告 ·内外部渠道绩效报告	1.1.1 分析客户和试产数据，制定假设条件 1.1.2 分析市场环境和企业内部能力 1.1.3 回顾企业关键绩效指标 1.1.4 回顾渠道评估 1.1.5 进行客户分群 1.1.6 客户分群特征描述 1.1.7 客户市场细分 1.1.8 市场细分特征描述 1.1.9 达成一致的目标、关键绩效指标和客户/市场分群	·市场环境评估报告 ·客户市场细分报告 ·风险评估分析报告 ·渠道发展趋势报告 ·公司业务目标及绩效考核指标细化报告
关键成功因素（CSF）		
·明确市场竞争情况及市场机会 ·及时提供相关的市场情报 ·成功管理政府关系 ·分析现有客户，识别当前盈利性水平和发展趋势 ·理解不同客户群和统计领域的用户使用模型和趋势 ·根据行为模型和市场营销理论进行客户细分分析		

一般而言，流程状态描述应包括流程步骤（子流程）、流程输入、流程输出、流程相关人、流程控制机制以及流程问题点等，如表3-6所示。

表3-6　流程现状描述

流程状态描述内容	内容说明
流程步骤（子流程）	包括流程中涉及的活动内容、活动类型、活动顺序，这些活动的顺序是固定不变的还是设有可替代模式
流程输入	包括流程运行所需要的知识或原料，对这些部分进行改进时是否足够灵活
流程输出	包括流程创造的产品或服务，产品或服务的实际属性，对客户来说最重要的部分

续表

流程状态描述内容	内容说明
流程相关人	包括流程中每一步的负责人、执行人、客户,以及相关人之间的交接模式
流程控制机制	包括流程运作的限制条件,关于流程变化的决策点
流程问题点	包括流程运作过程中明显存在的、难以解决的典型问题,面向未来业务发展需要而要改善或优化的方面

借助真实、具体而细致的流程描述,我们可以确定投入与输出的参照,并让我们对客户体验有所认知,确定流程初始状态中的缺失部分……可以说,对流程状态的客观系统描述,将成为实现企业流程规范化的基础,也将成为参考设计新流程或衡量流程改进方向的基准。

3.5.2 提炼流程控制点

掌握流程运作现状之后,即可开始着手对流程进行系统梳理了。为了确保流程的顺畅,梳理流程时,要重点提炼出控制点与关键控制点,明确控制点之间的关系、关联责任以及流程控制点衔接的协调性,使流程能够有效驱动日常运作并引导企业未来业务的发展。

1. 理顺流程控制点之间的关系

"理顺关系"是指在处理问题时弄清控制点和控制点之间的彼此责任关系和程序关系。"明确岗位责任"主要着眼于节点(岗位、部门);而"理顺控制点关系"则着眼于控制点(岗位、部门)之间。不少人对自己的责任极为明确,但是其履行责任时局限于控制点责任,对控制点关系不加关照。

【案例】华为理顺流程控制点,优化流程运作

华为技术网络规划专家洪兵,进入华为工作已经有十余年之久。他在华为任职期间,经历了2001年全球经济危机导致的华为无线网络业务的负增长,也伴随无线部门共同抵抗2008年金融危机,实现业务增长量的突破。

在无线网络优化项目领域拥有多年交付经验的他，对过程的监控无比熟悉。

2012年，华为与澳大利亚V运营商签订合同，项目内容是完成澳大利亚V运营商的网络搬迁项目，这一项目的难度被公司评定为A级，可见其复杂程度和困难程度。洪兵被公司委派参与并主导此次项目，担任项目RFT3主管。然而，项目启动后的4个月就遭遇客户主动叫停的情况，客户反馈搬迁项目开始后用户投诉数量大幅度上升，项目开展了4个月，每个月的投诉数量都高于之前。如果此时停止，意味着之前的人力和物料投入都会成为沉没成本。

洪兵作为网优模块主要负责人，立即组织技术团队进行排查，对每段网络的问题进行攻关。他带领团队排查技术路径上的共性问题，然后又委派多个技术小组，单独排查站点的技术问题，最终在一个月内降低了用户的投诉数量，同时也保证了项目的整体进度和搬迁质量。

改进效果明显，客户同意项目继续开展。排查工作之后，洪兵建立了项目的全过程监督机制，时时跟踪监控项目过程。洪兵根据搬迁项目的具体内容和实际情况，对交付各单位分配了工作任务，设置了监控的标准，将一些环节重新合并调整，在搬迁项目流程中增加了"每天审查"这个环节。在严格的过程监督下，项目交付过程没有出现重大故障和问题，用户投诉数量直到项目完成也没有明显增加。

终于，洪兵带领的项目团队和客户在几个月的奋战之后顺利完成网络搬迁项目。经过这次项目交付，洪兵对项目过程的监控有了更深刻的认识，通过监控及时识别了问题环节和高风险环节，灵活调整了项目进度计划。

在正常作业中，流程参与者有必要清楚这样的问题：自己为谁提供服务，谁可以为自己提供服务？谁会制约自己的工作，自己会制约谁的工作？简单地说，就是谁负责上一道工序，谁负责下一道工序，如何理顺这种关系；一旦出现异常情况时，自己需要向谁提供支援或向谁寻求帮助。如果节点之间的关系被理顺了，那么流程管理者便无须在流程控制点关联上耗用过多的精力，而整个流程仍然可以保持运转自如。

流程控制点是在业务流程或应用系统中由流程责任人确定必须执行的

一项活动或职责，以确保业务按照流程要求获得授权、及时执行并保证数据的完整性和准确性。一般来说，流程控制点的控制会涉及控制目的、控制频率、负责执行控制的角色与职位、执行控制的活动内容、控制所需的信息来源、控制完成的证明文档。这些内容都应清晰地呈现在流程文件里。

2. 确定并分析流程关键控制点

流程关键控制点的确定，通常会从业务流程的本质出发，逐步判断这些控制点对流程整体运作发挥影响的程度。图 3-17 是流程关键控制点确定与分析的简要过程。

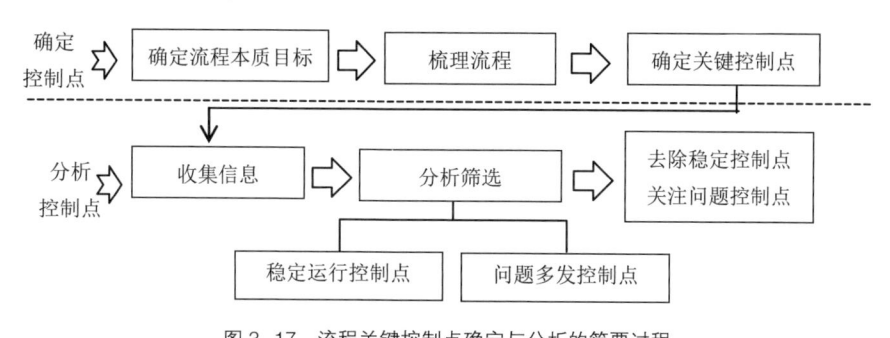

图 3-17 流程关键控制点确定与分析的简要过程

资料来源：陈立云、金国华. 跟我们做流程管理 [M]. 北京：北京大学出版社，2010.

流程关键控制点是指为降低流程重大风险和实现流程目的而采取的一项或一系列活动。不过，并非所有流程控制点都是关键控制点，而是指那些控制端到端流程中重大风险的控制点。表 3-7 是对 LTC 流程控制点与关键控制点的分析，我们可以从中清楚地看到流程控制点与关键控制点之间的关系。

表 3-7 LTC 流程的控制点与关键控制点分析

流程阶段	控制点		关键控制点
第 1 阶段 线索管理	控制点 1	生成线索	
	控制点 2	验证与分发	
	控制点 3	跟踪线索	

续表

流程阶段	控制点		关键控制点
第 2 阶段 项目立项	控制点 4	立项建议书	
	控制点 5	评审及定级	■关键控制点 1
	控制点 6	任命项目组	
第 3 阶段 标准准备	控制点 7	需求分析	
	控制点 8	策略决策	■关键控制点 2
	控制点 9	标书制作	
	控制点 10	商务决策	■关键控制点 3
第 4 阶段 投标	控制点 11	提交标书	
	控制点 12	表述澄清	
	控制点 13	总结归档	
第 5 阶段 谈判	控制点 14	成立谈判组	
	控制点 15	定目标策略	
	控制点 16	实施谈判	
	控制点 17	出具合同草案	
第 6 阶段 合同评审	控制点 18	技术评审	■关键控制点 4
	控制点 19	职能评审	
	控制点 20	完整性检查	
	控制点 21	合同决策	■关键控制点 5
第 7 阶段 合同签订	控制点 22	准备合同	
	控制点 23	签前审核	■关键控制点 6
	控制点 24	合同权签	
	控制点 25	签后复核	■关键控制点 7
第 8 阶段 交接	控制点 26	传递与签收	
	控制点 27	组织交接会	■关键控制点 8

从表 3-7 可以看出，这条流程包括线索管理、项目立项、标准准备、投标、谈判、合同评审、合同签订、交接 8 个阶段，8 个阶段细分为 27 个控制点，27 个控制点中又有 8 个是关键控制点。

一般而言，流程中的关键控制点都是问题多发或影响较大的环节，需要投入更多的精力和成本，定期进行遵从性测试或测评，为之制订测试计划（包括测试范围和具体测试程序）。如果发现关键控制点存在缺陷，必须立即更正，有针对性地提出解决方案或流程改进方案，以提高控制点的运作效率。

流程关键控制点的提炼，意味着对流程活动质量的控制。我们可以这样理解：当各环节流程保持高质量、稳定的状态时，流程整体的运行状态才是高效的、有价值的。

3.5.3　明确流程角色与权责

每条流程的参与者需要扮演不同的角色，承担不同的责任。只有当他们明确了自身的定位，并在角色相对固定的同时完成角色之间的协调，才能保障流程的高效运作。因此，明确流程中的角色以及权责要求，是流程描述中的一个重要方面。

【案例】海底捞的业务流程角色和权责安排

多年来，海底捞一直以体贴入微的服务而在业界闻名，而海底捞之所以能够提供如此优秀的服务，则缘于其标准化与人性化结合的管控模式，特别是在流程角色与权责上的科学安排。

海底捞的业务流程角色安排与扁平化组织结构是对应的。海底捞采用倒金字塔管理法，对不同层级的人员安排不同的任务并给予对应的权限。最为典型的实践莫过于海底捞的签字权下放。在海底捞，董事长张勇在公司的签字权是100万元以上，副总、财务总监等角色有100万元以下的签字权，采购部长、工程部长、小区经理有30万元的签字权，店长有过万元的签字权。即便基层服务人员，也有对应的签字权，即在员工认为有必要的情况下，可以酌情为客人送一道菜或免单。

海底捞对于签字权限的设定，本质上是强调不同业务流程角色具有工作上的独立自主权、决策权。它表现出企业对流程角色的信任和激励，可以有效激励流程角色释放个体智慧和潜力。这样的氛围有助于推动企业的业务流程高效运作，保障流程绩效目标实现，避免异常状况发生。

1. 科学设计流程角色

在任何一个流程中，角色的责任与组织目标是对应的。我们需要针对某个目标，确定企业完成此目标所需安排的角色。比如，从责任主体、责任内容和责任特点这三方面，来确定每个角色在流程中应履行的不同层次的责任。

同时，也要注意流程角色之间的契合度。流程效率的达成不是单个流程参与者的工作绩效的简单相加，而是各类角色的能力有机结合的结果。流程是否能够产生高绩效、对外界变化是否会表现出适度应变力，在于企业组织是否能够有效地整合各类角色的能力，促进人力、资源等要素的整合，保证参与者与工作岗位的契合、参与者与组织的契合。一般来说，流程角色的契合度越高，则参与者的能力集成效应越明显，流程运作状态越协调，流程绩效水平自然也会越高。

2. 准确任命业务流程所有者

流程所有者是流程管理体系中的一个重要概念，它与流程中的角色是有所区别的。如果我们孤立地谈流程中的角色，往往可能导致流程碎片化现象——各流程环节或子流程各自为战，整体产出得不到保障。而流程所有者是对流程整体绩效负责的个人或团队，对整个流程全局负责，其主要作用如图3-18所示。

从图3-18可以看出，流程所有者是对全局流程结果负责的人，在流程管理特别是跨部门流程管理中有着重要的作用。在日常工作中，流程所有者需要保证流程运作模式和方法的正确性，包括对新流程的建设工作与旧流程的梳理工作；监督流程运作，实施绩效评估和分析，并针对结果采取纠正和优化措施；处理好跨部门之间的冲突，并做好资源协调工作，从而保证流程的高效运作。

第 3 章 业务流程梳理

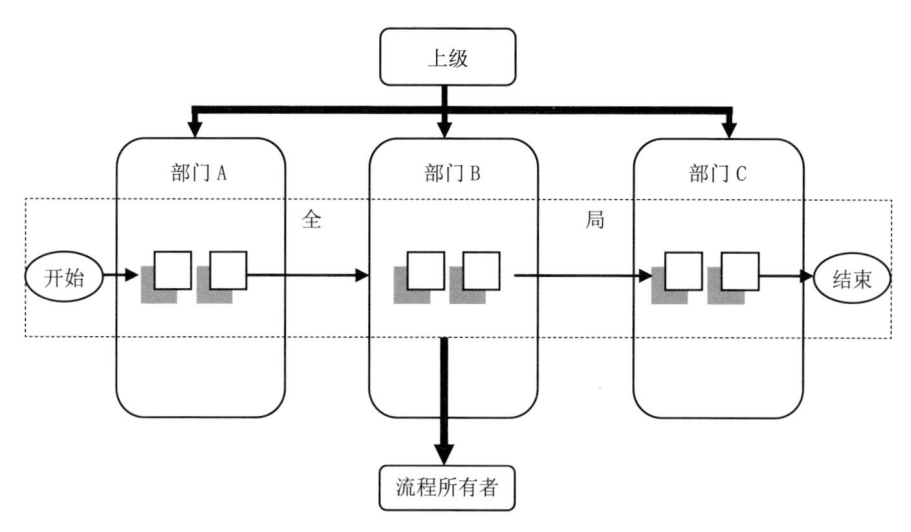

图 3-18 流程所有者之于流程的作用

表 3-8 是一份面向流程所有者的流程责任分解表。从表中可以清晰地看到，各核心流程是由哪些部门和负责人来承担主体责任或参与责任的。

表 3-8 流程责任分解表

部门 业务线	总裁																		
	执行副总裁							总裁助理							执行副总裁兼财务总监		人事行政副总裁		内审部
	总裁助理	总裁助理																	
	市场部	终端产品营销总部	系统产品营销总部	海外营销总部	客户服务中心	网络通信研究所	终端产品研发中心	无线通信研究部	技术质量部	系统设置生产部	终端产品生产部	物资管理部	采购部	信息技术部	战略规划部	财务部	投资管理部	人力资源部	总裁办	
战略规划管理	U	U	U	U	U	U	U	U	U	U	U	U	U	U	C	C	U	U	U	
新产品研发管理	U	U	U	U		C	C	U	U	U	U	U	U	U						
预算管理															U	C				
市场管理	C																			
技术质量管理									C											
制造管理				U	U				C	C	U	U								
固定资产设备管理										U	U	C		U						
采购管理				U	U							U	C	U						
运输管理																				
库存管理		U	U	U	U	U				U	U	C	U							
终端销售管理	U	C																		
系统销售管理			C																	
网络工程管理																				
客户服务管理	U	U		U	C	U	U	U		U	U	U		U			U			

注：C 代表业务执行者，U 代表业务参与者。

总体而言，流程所有者通常由对全流程业务较为熟悉，且能够对全局运作情况加以把控者担任。而且，无论是流程中的角色还是流程所有者，不仅要承担流程职责，还要被授予对应的权力，比如资源调配权、审批权、决策权与机动处理权等。只有这样，才能保障不同流程相关人之间的协调、配合与支持，推动流程顺畅运作，最终保障流程目标的实现。

第 4 章
流程系统构建

流程系统是对不同流程按照一定的原则进行规划，最终构成的大的流程框架体系。它涵盖了主流程与分流程的多层次细分、流程优先级处理、流程接口和边界管理、流程IT系统的建设等诸多方面。流程系统的构建对于流程有序运作与效能保障发挥着巨大的作用。

4.1 流程系统规划

流程规划是决定流程产出的最直接因素。因此，企业要对之给予足够的重视，从全局的角度审视流程网络，强化流程与流程之间的融合效果，系统把控流程系统建设，进而实现流程先期系统设计的目的。

4.1.1 流程与流程的有机融合

流程之于企业，就如同血脉之于人体，企业需要流程之间有机融合，不同的部门、不同的人员、不同的客户能够协同运作，从而保障企业运作的畅通无阻。在多年咨询工作中，我发现不少企业在流程融合方面存在着两类典型的问题现象。

问题现象一：多管理主题的流程描述并存

企业内部各部门根据其业务需求（例如，质量管理部门通过 ISO 认证的需求、内控部门遵从萨班斯法案的需求等）分别建立流程，继而形成大量自成体系的流程文档。这些流程文档对部分业务活动进行了重复描述，业务人员需要在执行过程中参照多个流程文档，也就增加了流程描述和流程运作的工作量。同时，即便对同一业务的流程，其描述方法和内容可能也是不一致的，这就导致业务人员在执行过程中感到无所适从，影响了流程的执行和运营效率。

问题现象二：流程之间缺乏衔接，形成流程孤岛

很多企业往往从单一部门角度出发来建立管理流程，因而其管理流程大多缺乏对企业业务运营活动的总体考虑，仅仅局限于本部门的业务需求，而各部门之间的流程也往往无法实现良好的衔接，信息的共享和传递较为困难，并且存在大量流程断点，直接影响着整个业务流程运行的效率、成本和质量。

有研究指出，约有 80% 的企业流程运作处于闲置状态。这段时间主要

耗费在等候、按顺序执行、传输或追踪状态之上，而这段停滞时间无法为企业创造任何有效的价值。只有20%的时间属于切实执行的作业时间。这些停滞时间大多是因各流程之间的衔接不佳和信息传递不畅所导致的，其根源是没有建立起统一的管理流程架构。

基于上述问题，企业在进行流程系统构建时，应考虑打破流程的部门化，面向所有业务活动去建立一套科学的、有效衔接的流程系统，清晰地展现企业业务运作与管控过程的分类、层次和逻辑，强化流程与流程的融合度。

4.1.2 稳步推进流程系统建设

事实上，对于任何企业来说，流程系统建设不可能一步到位或一劳永逸；企业都要从初级阶段的探索开始，逐步向理想的状态演进，经历一个循序发展与稳步推进的过程。

【案例】华为流程系统建设的探索过程

纵观华为的流程系统建设过程，我们可以将其分为三个重要阶段。第一阶段是从1994年到1998年，华为改变了创立初期的无序运作状态，有组织地启动了基于职能的流程体系建设；第二阶段是从1999年到2009年，华为开始着手基于价值链的流程体系建设；第三阶段是从2010年至今，华为一直在已有流程体系的基础上进行持续优化，避免流程能力难以应对组织业务突然扩大带来的压力，保障业务扩张和流程能力均衡发展。

企业如果要想实现"提升流程系统建设水平"的目标，往往都需要经历如华为这样不断努力探索的过程。在实践过程中，企业应先行核查本企业的流程系统建设水平，确定流程系统建设目标，而后确定接下来要构建怎样的流程系统，明确工作重点。

图4-1为西门子家电基于战略运营的流程管理框架。

在图4-1中，流程系统被分为三大类型：战略流程、运营流程与保障流程。其中，战略流程为战略目标管理的基本流程，战略流程运作结果将成为组织运作的牵引；运营流程为企业主体运作之依；保障流程为企业战略目标实现和流程运作提供保障功能。在基本的流程功能界定后，围绕各功能覆盖面做进一步的业务内容划分与流程分解，确保各级流程之间紧密关联、衔接，共同推动总体战略目标的实现。

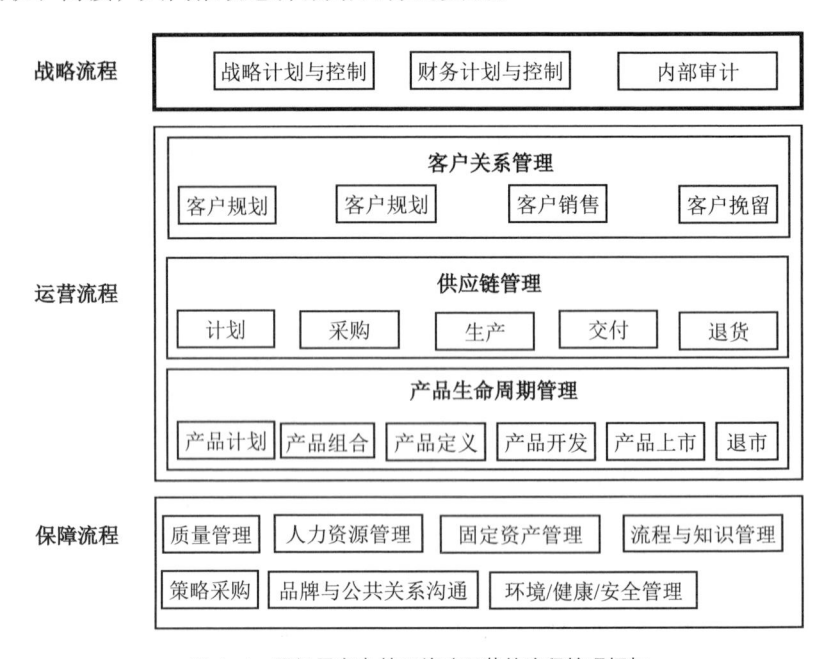

战略流程	战略计划与控制　　财务计划与控制　　内部审计
运营流程	**客户关系管理**：客户规划　客户规划　客户销售　客户挽留 **供应链管理**：计划　采购　生产　交付　退货 **产品生命周期管理**：产品计划　产品组合　产品定义　产品开发　产品上市　退市
保障流程	质量管理　人力资源管理　固定资产管理　流程与知识管理 策略采购　品牌与公共关系沟通　环境/健康/安全管理

图 4-1　西门子家电基于战略运营的流程管理框架

在打造流程系统的过程中，企业要坚持基于战略目标，以规范的战略流程明确战略要求，保障战略目标实现。在基本战略的指引下，再对流程系统进行规划与细分：①准确分解流程，打造流程网络，这是建构高效流程系统的基础；②梳理关键流程清单，判断流程的重要度，规划流程的优先级，这是确保流程反应力与资源配置合理性的重要操作；③明确流程责任与接口，这是保障流程运作的综合效能的有效方法；④如果企业还能关联新时代元素，融入新技术手段，那么企业的流程系统架构将呈现出更高的水准。

必须说明的是，无论处于哪一个流程体系建设水平，企业在流程系统架构时所依循的建设原则都是大致相同的。这些原则的总结与把握是我们保障流程系统高效性的法宝。

4.1.3　打造高效流程系统的原则

为了打造高效流畅的系统，企业应严格把握三个重要原则，分别是流程特性与体系完整性的统一、边界性与融合性的统一、流程信息开放与限制的平衡。因为，只有实现了局部与整体的统一与平衡，才能确保流程系统的有序运作、高效畅通。

1. 流程独特性与体系完整性的统一

每个流程都有不同的流程目的，故而表现出各自截然不同的特性，这意味着流程与流程是相对独立的。但是，我们在前文中曾提道：在一个企业中，应将企业业务纳入流程中，流程与流程之间应确保有机融合，以此保障企业的有序运作。

粗看，二者之间似乎略有矛盾。特别是那些规模扩大较为迅速的企业，矛盾表现得更为明显：在流程运作时往往延续着小型企业流程推进模式，过于侧重事务性业务开展，而未通过战略性流程牵引来推进企业整体业务流程；仅实现了企业层面的流程层次化，而并未实现结构化，流程在部门间运作时缺少统筹协调性，影响了企业持续向前发展。

所以，我们非常有必要考虑"如何保障流程的独特性与体系完整性的统一"。也就是说，应当对流程的个性特征进行分解，以和谐运作为目标来设计流程，判断流程重要度和优先级，而后规划出一套完整的、层次清晰的流程系统。

2. 边界性与融合性的统一

流程本身的独立性使之自然而然地形成了一种指向业务的边界，过强的边界性又会造成企业各流程"各自为政""部门墙"等问题。例如，部分企业将业务规划工作与日常操作方面的工作合并在同一个流程之中，但是这两类工作的属性、时间跨度、责任人等都是有所差异的，所以很容易出现流程职责不清、互相推诿的现象。

为了确保流程运作的效能，我们需要预先明确流程从起点到终点的范围，将其串联成完整的业务活动链；同时，界定流程与流程之间的关键交接节点，确保流程系统中"既没有真空地带，也没有相互交叉的重复管理问题"，提高流程系统的边界性与融合性的统一。

3. 流程信息开放与限制的平衡

随着时代的发展，信息技术在流程管理过程中得到了广泛的应用。很多企业专门建立了流程信息化平台，及时采集流程信息，通过信息共享来协调流程运作。但是从信息安全角度考虑，需要考虑信息开放的权限问题，避免出现不必要的信息泄露。所以，平衡流程信息的开放与限制，也是在流程系统建设过程中需要重点考虑的一个原则性要求。

【案例】京东推行数智化供应链体系，使库存周转天数降低至33.3天

对于零售业来说，库存周转天数是一个衡量企业运作效率的重要指标。所谓"库存周转天数"，是指企业从产品入库环节开始，一直到消耗掉或销售完库存为止所需要的总天数。一般来说，企业的库存周转天数越少，意味着其变现速度越快，资金占用周期越短。

2021年3月公布的京东Q4财报显示，京东的库存周转天数降至33.3天，比全球零售巨头亚马逊的库存周转周期要短一个星期。而京东之所以能实现库存周转天数的极致追求，恰恰在于其非常重视流程运作能力的提升，常年深耕自建物流体系建设，近年更是成功推行了数智化供应链体系。

2020年10月，京东首次对外阐释了其数智化社会供应链的推行，"用数智化技术，来连接和优化社会生产、流通、服务的各个环节"，将相关流程数据提供给上一层级系统或业务方直接使用，进而辅助销售、服务等方面的业务决策优化与程序性推进。这种数智化供应体系极大地提高了零售平台的流程运作效率和经营效能。据统计，2020年京东"11.11"期间，京东智能供应链与超过55%的品牌方实现了深度协同，帮助500万种商品进行销售预测，每天给出超30万条智能供应链决策，获得了来自品牌方的高度认可与广泛好评。

京东推行数智化供应链体系，不仅呈现出一条供应流程，还呈现出流程的系统管控性、边界突破性。当然，最突出的特征莫过于以智能化技术手段实现信息共享与开放，推进流程的高效运作。事实上，随着流程系统的持续演进与开放程度加深，京东、零售行业乃至各行各业都将迎来更多的发展可能。

4.2 流程分解

流程分解是指依据梳理后的业务关系与流程状态描述，对企业流程进行系统归类和深度细分，让不同类的流程"目标明确、有机融合"，让子流程活动"反应快速、衔接顺畅"，最终形成一个架构清晰的、运作高效的、巨大的流程网络。

4.2.1 流程分解的基本逻辑

流程分解主要涉及两个方向：流程的横向分类与纵向分级。横向分类是指对流程进行系统归类，比如，将不同的流程分别归入战略流程、业务流程、管理流程、支持流程等，以区分流程的类别。纵向分级是指对流程进行深度细分，将一个流程分为若干子流程。我们来看一下表4-1。

表4-1 流程的类别与层级（简要示例）

流程层级	流程类别				
1级流程	流程A			流程B	
2级流程	流程A-1	流程A-2	流程A-3	流程B-1	流程B-2
3级流程	流程A-1-1 流程A-1-2 流程A-1-3 流程A-1-4 流程A-1-5	…	…	…	…

在表 4-1 中，流程 A、流程 B 是对业务流程的细分，流程 A-1、流程 A-2、流程 A-3 是对流程 A 的细分，这种横向的分解操作叫作流程分类。流程 A、流程 B 属于一级流程，流程 A-1、流程 A-2、流程 A-3 属于二级流程，从流程 A-1-1 到流程 A-1-5 属于三级流程。从流程 A 到流程 A-1-5 的分解操作叫作流程分级。

图 4-2 为华为 LTC 流程的分级示意图。

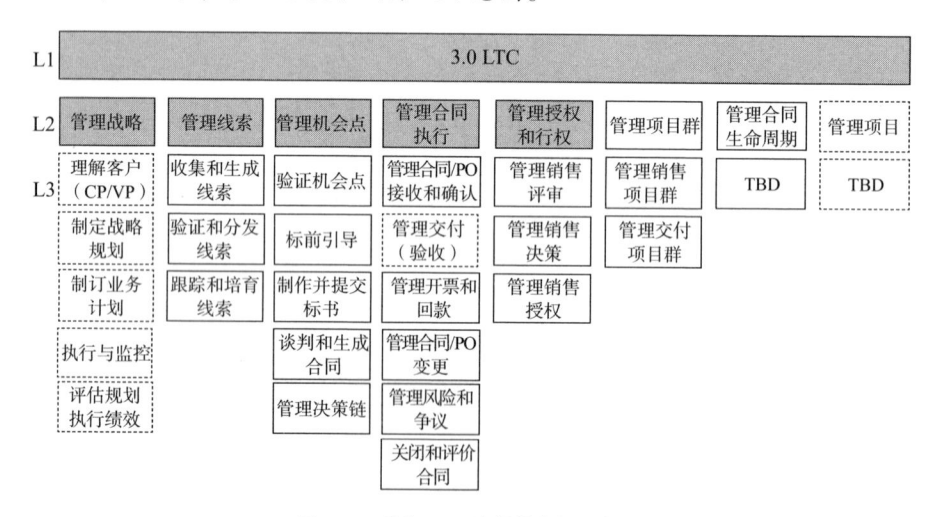

L1	3.0 LTC							
L2	管理战略	管理线索	管理机会点	管理合同执行	管理授权和行权	管理项目群	管理合同生命周期	管理项目
L3	理解客户（CP/VP）	收集和生成线索	验证机会点	管理合同/PO接收和确认	管理销售评审	管理销售项目群	TBD	TBD
	制定战略规划	验证和分发线索	标前引导	管理交付（验收）	管理销售决策	管理交付项目群		
	制订业务计划	跟踪和培育线索	制作并提交标书	管理开票和回款	管理销售授权			
	执行与监控		谈判和生成合同	管理合同/PO变更				
	评估规划执行绩效		管理决策链	管理风险和争议				
				关闭和评价合同				

图 4-2 华为 LTC 流程的分级示意图

在图 4-2 中，华为 LTC 流程为一级流程，管理战略、管理线索、管理机会点、管理授权和行权、管理授权和行权、管理项目群、管理合同生命周期、管理项目为二级流程，其下皆为三级流程。其中虚线方块代表的是调用流程。

在进行流程分类与分级时，除精准分解动作之外，还要重视不同流程之间的交接点处理，使企业流程系统如人体血脉一般在横纵关联中仍然保持顺畅运行的状态。下面，我们来具体阐述一下如何进行横向分类与纵向分级。

4.2.2 实施横向流程分类

流程分类是从横向规划流程的类型，以便于更科学地架构企业的流程系统，更有序地推进流程运作。流程分类的方法有很多，如第 3 章 3.4.3 节中阐释的关键流程与支持流程的划分，以及华为运营类流程、使能类流程、支持类流程的划分，都是按照重要度进行流程分类的。此外，还有按照客户类型分类、按照业务风险分类、按照不同的输入分类、按照重要度分类、按照经营模式分类等多种方法。

不过，无论选择按照哪种依据来进行流程分类，它们都是参考流程分类框架来进行的。可以说，系统了解流程的分类逻辑与框架，是进行流程分类实践的基础。

1. 流程分类的框架：安东尼模型

安东尼模型是最早提出的关于企业流程分类的理论。1965 年，安东尼等企业管理研究专家在长达 15 年里，通过对欧美制造型企业的大量实际观察和验证，创立了一套制造业经营管理业务流程及其信息系统构架理论，即安东尼模型，如图 4-3 所示。这套理论被视为"现代企业管理系统新理念的雏形"。

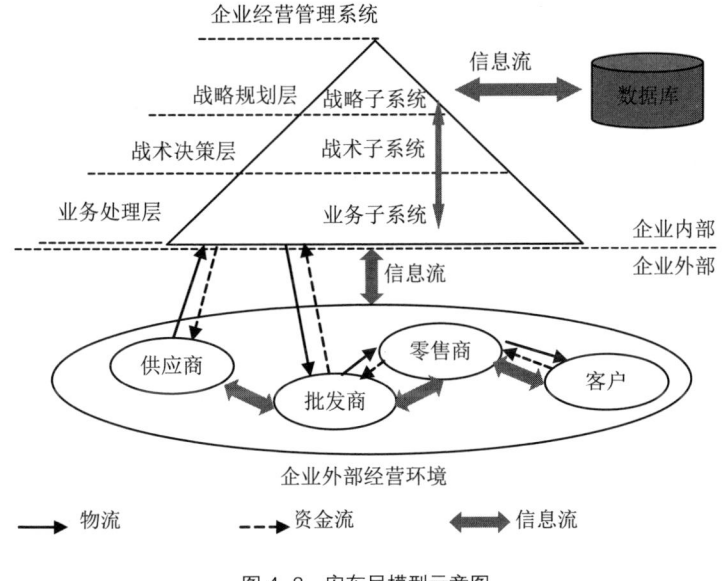

图 4-3 安东尼模型示意图

根据安东尼模型，企业流程被分为战略流程（战略规划层）、战术流程

(战术决策层)和业务处理流程(业务处理层)三个类别。其中,战略流程是对企业的所有业务活动进行规划,并明确它们之间的关系、规则和目标;战术流程是面向市场和顾客而制定的策略、计划和需要执行的具体流程;业务处理流程,也称执行流程,是交由员工执行的业务流程,涉及采购、制造、出货、收款等具体事务。

2. 最权威的企业流程分类：PCF

自1991年开始,美国生产力与质量中心(APQC)开始开发流程分类框架(Process Classification Framework,PCF),并于1992年发布PCF1.0。PCF由APQC与其会员公司创立,是一个通过流程管理与标杆分析来改善流程绩效的公开标准。PCF并不区分产业、规模和地域,它将流程汇总成两个大类流程,并细分为12个企业级流程类别,每个流程类别包含许多流程群组,总计超过1500个作业流程与相关作业活动。表4-2展示了PCF的流程分类。

表4-2 PCF的流程分类

大类	企业级流程类别
第一类： 运营流程	细分为五个流程类别： 1.0 愿景与战略的制定 2.0 产品和服务的设计与开发 3.0 产品和服务的市场营销与销售 4.0 产品和服务的交付 5.0 客户服务管理
第二类： 管理和支持流程	细分为七个流程类别： 6.0 人力资源开发与管理 7.0 信息技术管理 8.0 财务管理 9.0 资产的获取、建设与管理 10.0 企业风险、合规和应变能力管理 11.0 外部关系管理 12.0 业务能力开发与管理

至2008年,APQC陆续提出了十个行业的流程分类框架,包括跨行业、电力行业、消费品行业、航空航天和国防行业、汽车行业、传媒行

业、医药行业、电信行业、石油行业、石化行业的流程分类框架。如今，该标准框架根据全球产业领导者的建议进行了有效整合，获得了诸多知名企业的广泛认同，被视为一套以"开放性标准标杆合作数据库"的内容为基础的公开标准。

从本质上来说，上述两种流程分类的方法都是将流程与企业的实际业务结合起来进行的。我们了解了这两种企业流程分类框架，便可以选择从某个角度去剖析和了解企业自身流程的运作，为企业流程系统建设提供参考范本。

随着时代的进步、信息技术和管理科学的发展，人们在上述两种方法的基础上进行着持续的拓展。需要注意的是，从流程系统建设的角度来说，最为重要的并不是流程分类的"花哨与复杂"，而是注重流程分类"满足企业的实用性要求"，贵精不贵多。

4.2.3　实施纵向流程分级

为了便于保障流程的细致性，明确流程之间的从属关联性，我们还需要从纵向对流程进行分级。例如，员工管理流程、入职管理流程、试用期管理流程、招聘管理流程都与人力资源管理流程有关，但要想明确它们之间的相互关系和等级划分，则需要进行流程的分级操作。流程分级是把流程从宏观到微观、从端到端地分解细化到具体操作的活动。流程分级后的子流程是一系列具有严密逻辑的、服务于总流程的目标。

在实践中，流程通常分为四级，常见的分法有两种。

1. 按组织结构层次进行流程分级

第一种分级法是按组织结构层次进行自上而下的分级。通常，我们将企业内部的流程分为集团级流程（跨业务板块或跨公司流程）、公司级流程（跨部门流程）、部门级流程（跨岗位流程）以及岗位级流程（岗位操作规程），共四级（见图4-4）。

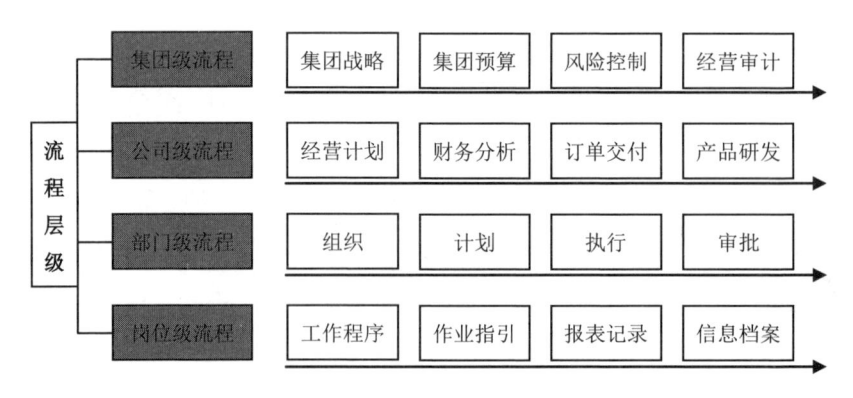

```
流程层级
├── 集团级流程 → 集团战略 | 集团预算 | 风险控制 | 经营审计
├── 公司级流程 → 经营计划 | 财务分析 | 订单交付 | 产品研发
├── 部门级流程 → 组织 | 计划 | 执行 | 审批
└── 岗位级流程 → 工作程序 | 作业指引 | 报表记录 | 信息档案
```

图 4-4 四级流程分级法（一）

注：如果是非集团企业，则可以分为公司级流程、部门级流程、岗位级流程这三级流程。

有人把这四级流程之间的关系比作供水系统，称"集团级流程如同城市供水系统的总体规划，随时监控城市供水情况，避免发生供水不足的问题；公司级流程就像一座城市供水的总管道，它要实现整个城市总供水量的规划和控制；而部门级流程是通往各个社区的分管道；岗位级流程则是通往各个住户的支线管道。"这个比方非常形象生动地描述了四级流程之间密切的逻辑关系。

从本质上来说，这种分级方法将结构进行等级化处理，流程上下级之间存在严密的逻辑关系，上一级流程中的某个过程环节可以细化成下一级完整流程。而且，流程越细化，流程颗粒度越小，其可操作性会越强。

2.按企业日常事务处理过程来进行流程分级

还有一种流程分级法是根据企业日常事务处理流程进行结构分解。在这种分级方法中，一级流程称为高阶流程，是企业组织结构流程；二级流程是子流程，设置组织架构下的岗位，确定每个组织或者部门下设的业务岗位；三级流程是作业类流程，确定组织运行所涉及的基本事务工作，每个岗位会负责几类事务。例如物料经理要负责物料配送、物料采购、物料统计等。四级流程是任务流程，确定为完成基础事务工作而进行的活动。这种四级流程分级法如图 4-5 所示。

第4章 流程系统构建

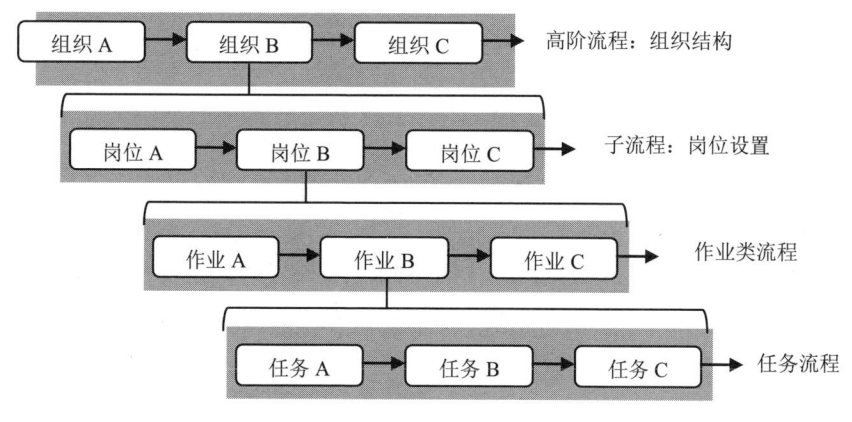

```
组织A → 组织B → 组织C        高阶流程：组织结构
    岗位A → 岗位B → 岗位C    子流程：岗位设置
        作业A → 作业B → 作业C    作业类流程
            任务A → 任务B → 任务C    任务流程
```

图 4-5　四级流程分级法（二）

这种分级法以组织架构为流程管理的起点，二级流程是流程运行的接点和节点，三级流程是流程结构设计的重点，四级流程是对具体活动的描述。这种分级方法非常适用于企业流程管理以及流程优化。对于实行业务流程化管理的企业，我们非常推荐使用此种方法进行流程分级。

这里我们仅大致介绍了基本概念，在实践中进行流程分级时还需要进一步分解流程中的各节点，根据企业实际情况来设计合适的分级方案，以保证分级后的流程系统具有整体性、独立性和条理性。

【案例】流程分类与流程分级的简单示例

面对一条流程，其应该属于哪个类别、哪个级别呢？表 4-3 是一个简单的示例，有助于我们对流程分类与分级理论有所领会。

表 4-3　流程分类与分级的简单示例

流程名称	关键流程	管理流程	支持流程	集团级	公司级	部门级	岗位级
集团发展战略管理流程		√		√			
年度经营计划管控流程		√			√		
财务分析流程			√		√		
生产管理流程	√				√		
采购管理流程	√				√		
设备维护流程			√			√	
××设备操作流程			√				√

4.3 识别组织流程

准确识别组织中的各类流程，目的在于明确流程之间的内在联系和运作序列，避免流程设计上的遗漏、重复或交叉。在识别组织流程的环节时，我们要把控三个重点：一是识别关键流程清单，了解重要流程所涉及的业务内容；二是以客观的态度评估不同的组织流程，比较各流程的重要度；三是判断组织流程的优先级，科学统筹在一般条件与特殊条件下的流程运作顺序。

4.3.1 列示企业流程清单

列示企业的流程清单，主要是为了收集与分析企业现有的流程，明确流程输入（提供者）、输出及接收者，并确定流程的基本走向，对现有流程形成总体的把握。在此基础上，企业能有序开展后续的流程分级与核心流程识别工作，准确发现流程之间的内在联系与潜在改进点。因此，在流程系统建设过程中，列示企业流程清单是非常重要的一个工作环节。

在识别企业流程清单阶段，需要用到的一个重要的工具便是流程清单识别表，该表分为岗位职责、工作分析、包含的流程、输入（流程提供者）、输出（流程接收者）、流程走向等内容。流程清单识别表的基本格式如表4-4所示。

表4-4 流程清单识别表（格式）

岗位职责	工作分析	包含的流程	输入	输出	流程走向
1	（1）				
	（2）				
	（3）				
	…				
2	（1）				
	（2）				
	（3）				
	…				

续表

岗位职责	工作分析	包含的流程	输 入	输 出	流程走向
…	（1）				
	（2）				
	（3）				
	…				

列示流程清单时，要完整填具表中的内容。下面，我们分别说明表中各部分内容的填写方法，并做简单示例。

（1）在"岗位职责"一列中，由各部门岗位代表填写该部门所负责的岗位职责。例如，这一部分内容可以包括固定资产管理、团队管理、质量管理、售后服务管理等。需要注意的是，如果不确定岗位职责，则可以采取"工作穷尽法"，如实填写该岗位的全部工作项目。

（2）在"工作分析"一列中，主要对工作职责进行分析，细化到岗位活动，并且将分析后的工作活动逐一填入空白处。

以某公司"固定资产管理"工作分析为例，经过工作分析后可以分为24个步骤，如表4-5所示。

表4-5 某公司"固定资产管理"工作分析

岗位职责	序 号	工作分析	流程名称
固定资产管理	（1）	申请人填写固定资产申购单	固定资产申购流程
	（2）	部门经理审批	
	（3）	行政部经理审批	
	（4）	金额超过2000元时，由行政部副总经理审批	
	（5）	金额超过5000元时，由总经理审批	
	（6）	金额超过5万元时，由董事长亲自审批	
	（7）	行政部经理提交审批后，交给采购部，采购专员按采购流程操作	
	（8）	行政部经理填写固定资产转移单	固定资产迁移流程
	（9）	迁出部门经理签批	
	（10）	迁入部门经理签批	
	（11）	会计做好财务处理	

续表

岗位职责	序号	工作分析	流程名称
固定资产管理	（12）	财务部经理下发固定资产盘点通知	固定资产盘点流程
	（13）	行政部经理完成固定资产盘点清单	
	（14）	行政部经理与固定资产会计一起完成固定资产盘点工作	
	（15）	固定资产会计编写固定资产盘点报告	
	（16）	提交总经理审批	
	（17）	固定资产会计调整账务	
	（18）	申请人填写固定资产报废申请单	固定资产报废流程
	（19）	行政部经理与相关人员做好验收工作，并审批	
	（20）	金额超过 2000 元时，由行政部副总经理审批	
	（21）	金额超过 5000 元时，由总经理审批	
	（22）	金额超过 5 万元时，由董事长亲自审批	
	（23）	行政部经理做好固定资产报废处理	
	（24）	固定资产会计做账务处理	

（3）在"包含的流程"一列中，填入工作分析后的结果。此时，可以按照工作性质的不同进行分类，并且理顺活动发生的先后顺序，提炼出活动的流程。

比如，在表 4-5 中列出的 24 项活动，经分析理顺后可以分为四个基本流程，其中活动 1 至活动 7 为固定资产申购流程、活动 8 至活动 11 为固定资产迁移流程、活动 12 至活动 18 为固定资产盘点流程、活动 19 至活动 24 为固定资产报废流程。

（4）在"输入""输出"两列中，分别描述各个流程的上游和下游，即填入流程活动的提供者和流程活动的接收者。比如，"固定资产申购流程"的提供者是固定资产申请人，接收者是采购专员。这个描述是明确流程之间的接口的基础。

（5）"流程走向"是根据工作分析的结果汇总而成的。比如，固定资产申购流程的"流程走向"为 1→2→3→4→5→6→7。

将上述六列内容予以汇总并整合之后，便可以形成企业流程清单了，也称"流程识别表"。

为了构建更先进的、更适用的流程系统，企业还需要面向未来数年的战略计划，在确认现有流程的基础上，再规划需要新增的流程，及时地识别并精简那些重复的、不必要的流程，查漏补缺，同时也对流程的分类分级工作予以优化。

4.3.2 评估组织流程的重要度

在组织流程中，有一些对组织的最终输出做出重大贡献的流程，它们集成了组织的各种核心竞争力，由组织的核心部门所承担，这些流程被判断为"关键流程"。例如，以技术为核心竞争力的组织，其关键流程就是技术研发流程；以销售为核心竞争力的组织，其关键流程为包括市场调查、采购、销售、回款的销售全流程。相对于关键流程，贡献较小、增值较少的流程，则被判断为"非关键流程"，重要度略低。

对流程进行重要度评估，可以让流程所有者和执行者将有限的精力和资源放在重要的流程上；在流程运作中遇到矛盾冲突时，可以对流程做出更科学的统筹安排；面向未来战略，可以进行有针对性的、有重点的流程优化。在确定流程重要度时，可以参照以下步骤进行。

1. 确定评估项指标体系和评估项目

在评估核心流程前，企业可以在系统理论的指导下，确定合理的流程评估指标体系。例如，某企业的流程评估指标体系如图4-6所示。

由图4-6可知，流程评估指标主要由流程成本、流程有效性、流程效率、流程柔性和客户满意度等组成。由于企业条件不同，核心流程的评估项目也不一致。企业可参考流程评估指标体系中的内容项。

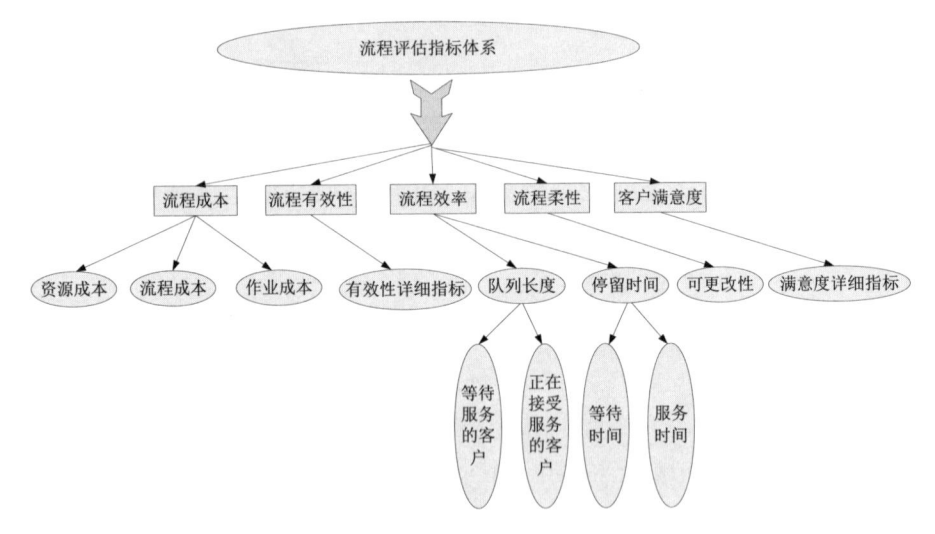

图 4-6　某企业的流程评估指标体系

2. 对评估项目的重要性评分，对评估项目的重要度排序

在这个步骤中，企业需要让高层或管理者对已经确定的核心流程评估项目进行重要度评分。然而，对于评估项目的重要度评分没有固定的评估公式，这就需要管理者视企业的实际情况，找出重点。例如，某企业流程重要度评估项目中，"与客户相关度"占的比例最大，达到30%，其余的"与战略相关度""与整体绩效相关度"和"流程横向相关度"分别占25%、25%和20%。

3. 对流程清单中的流程进行重要度评估

在这个步骤中，企业根据流程清单中的二级流程，以及个别没有必要分解的一级流程与核心流程评估指标，分别填入因果矩阵的横坐标与纵坐标，并列出详细的评分规则，交给企业高层管理者进行打分。

4. 汇总评分结果，确定核心流程

在该步骤中，流程规划人员将企业高层针对流程给出的评分进行汇总，确定那些评分高的流程为核心流程。

例如，某企业的流程评估如表 4-6 所示。

表 4-6　某企业的流程评估

评估指标与权重	0.35 与客户相关度	0.25 与战略相关度	0.25 与整体绩效相关度	0.20 流程横向跨度	合　计
市场营销管理流程					
产品规划定位流程					
开发手续办理流程					
施工组织设计管理流程					
项目可实施性设计流程					
客户需求分析流程					
图纸设计与变更流程					
作业人员培训流程					
作业质量检验流程					
售后服务流程					
…					
备注：表中评估指标下的空格处汇总企业高层对流程的评分结果。					

需要注意的是，在评估流程重要度时，流程范围仅限于一级流程与二级流程，最多评估到三级流程，不需要对过小的子流程进行评估，以免给流程管理工作带来负担。

4.3.3　判断组织流程的优先级

流程的优先级是一种约定，指向的是约定在流程运作时孰先孰后。基本上，优先级高的流程先运作，优先级低的流程后运作。如果对优先级别有了明确规定，那么流程运作会相对顺畅，即便遇到非预期情况或故障，也会快速恢复正常运营状态。

一般而言，优先级较高的流程通常具有以下四个特点：满足终端客户的需求；流程处于重要的位置，有助于企业业务增值；流程的重复使用率较高；流程的可行性较高。我们可以以这四个方面作为判断流程优先级别的指标。

【案例】某矿业公司的两个流程——采矿和选矿流程优先级对比

某矿业公司有两个主要的业务流程——采矿流程和选矿流程。我们知道，矿业公司通过采矿流程获得矿石，这个流程直接影响着矿石质量、资源利用和环境保护等方面，因而采矿流程被视为公司创造经济和社会价值的一个重要流程。

但是，即便采出同样的矿石，在不同的选矿厂或者不同的运作模式下，会产出不同质量和利用率的精矿，而且，回收率、选矿成本等又会直接影响公司所得到的价值。而满足客户需求的不同类型产品是在选矿流程中实现的。所以，选矿流程要优先于采矿流程。

在对各业务流程进行评定时，可以依照上述指标进行优先级判断，并生成优先级排序表，如表4-7所示。

表4-7 流程优先级排序表（示例）

NO.	流程	权重	绩效情况	权重	重复性	权重	可控性	权重	重要性	权重	运作时间	权重	总分	排序
A1														
A2														
A3														
A4														
...														

对于不同的评价指标，应根据企业的战略、业务侧重点等因素，设计不同的权重，最终得出汇总分。然后，对总分进行排序，即可形成企业的流程优先级判断结果。

4.4 保障流程效能目标

要想保障流程效能目标并使流程运作维持稳定状态，推动流程的均衡化运作是基础性工作。同时，要考虑流程应对外部影响的能力，提高流程的柔性，做好流程接口与责任边界的设计，各司其职的同时保障流程上下环节的协调性。

4.4.1 推动流程的均衡化运作

流程的均衡化运作是实现流程效率和稳定产出的保障。而流程的效率、效能以及均衡化状态，主要受流程节拍的影响。

1. 节拍设计影响流程均衡状态

节拍原本是音乐中用于衡量节奏的单位，后来被应用于流程中，主要指流水线上产出两个相同制品的时间间隔，或是完成同一工作任务所需要的时间。节拍是实现工作规范化和固定工作量的依据。要想控制好流程效能，就必须调整好节拍。

【理论】流程节拍与工作周期的关系

当流程节拍大于工作周期时，如果按照实际作业节拍安排工作就会造成产出过剩的现象，导致中间产品大量积压、库存成本上升以及场地使用率紧张等问题；而在下一作业环节又会出现设备大量闲置、人力等工等现象。

当流程节拍小于工作周期时，生产能力无法满足生产需要，这时，工作流程中就会出现加班、提前安排生产、分段储存量加大等问题。

因此，工作周期大于或小于流程节拍都会对工作结果带来不良影响。改进的目的就是要尽可能地缩小工作周期和流程节拍之间的差距，通过二者的对比分析来安排企业运营中的各项活动。

通过协调流程节拍，企业可以精准地掌控流程进度，保障工作周期要求，最终实现流程的稳定有序输出。以生产类企业为例，如果企业需要大批量产出，就需要固定一个流程的单位时间产出量，据之设计生产计划以及人员设备计划等。在此过程中，确定节拍就非常重要且必要了。因为唯有这样，才能限制流程的产出速度，保障效能目标的实现。

2. 消除瓶颈，保障均衡化运作

许多企业都在致力于以最合理的节拍来安排流程的执行，全力平衡各道工序节拍，但在实践中，总有一些因素会影响节拍，比如，员工个人能力、员工心情和工作心态、工作量和完成周期、外部环境等，这些都可能导致流程系统产生瓶颈。

什么是瓶颈呢？简单地理解，瓶颈就是一条流程中节拍最慢的那个环节。以图4-7中所示的流程节拍为例，这五个工序的节拍分别为30s、28s、26s、32s、28s，整个流程定拍30s，其中工序D为32s，所耗时间最长，故可以判定D为瓶颈。

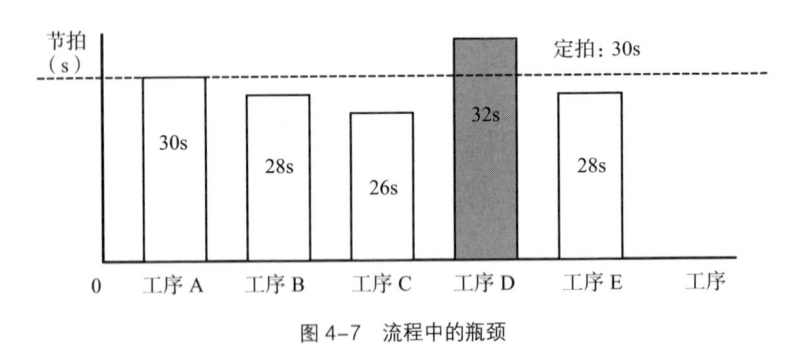

图4-7 流程中的瓶颈

其实，我们从"瓶颈"的字面含义即可知，一个瓶子的瓶口大小决定了液体从瓶子中流出时的速度。而在现实工作中，流程中存在的瓶颈不仅会限制整个流程的产出速度，而且会影响流程中其他环节生产能力的发挥。另外，瓶颈还有可能在某些时候产生"漂移"，这取决于在特定时间内所生产的产品或为生产所提供的支持资源。因此，我们要对流程节拍予以足够的重视，尽可能地消除瓶颈环节。

那么，如何消除最慢的节拍——瓶颈呢？在实践时，我们要对瓶颈工序的相关数据予以准确掌握，以瓶颈工序能力为依据来调整生产节拍。比如，通过对瓶颈工序的分析，调配人员，保证上下工序的员工能力协调，不会因部分员工个人能力偏低而导致上一道工序的作业成果堆积、下一道工序停工待料；拆分作业动作，使各工序的作业时间平均化等。这些都是有助于实现流程均衡化的有效方法，值得我们进一步探索和实践创新。

4.4.2 设计流程管道活水属性

流程如同一个管道，我们必须确保管道里的水顺畅流动，这样才能最终形成满足需求的输出。为此，我们要长期保持管道的活水属性，在遭遇突发情况时有能力快速调整，在稳定运作期间也能够主动更新活水。

1. 人员活水：保障流程执行者的综合能力

流程执行者的能力水平是影响流程管道活水运作状态的重要方面。部分企业会专门培养多面手，在流程运作正常时按部就班地工作，一旦发生流程障碍，那些多面手可以快速支援，简化流程协调的动作。

【案例】华为通过一人多能来打造管道活性

2009年1月16日，任正非在销服体系奋斗者颁奖大会上的讲话《谁来呼唤炮火，如何及时提供炮火支援》中，肯定了面向客户"铁三角"作战单元的作用，并提出了具体要求："客户经理要加强营销四要素（客户关系、解决方案、融资和回款条件，以及交付）的综合能力，要提高做生意的能力；解决方案专家要一专多能，对自己不熟悉的专业领域要打通求助的渠道；交付专家要具备与客户沟通清楚工程与服务的解决方案的能力，同时对后台的可承诺能力和交付流程的各个环节了如指掌。"

华为之所以对人才做出这样的要求，主要是因为华为在国外所配备的人力资源远没有国内齐备，故而需要一人多能，才能更好地满足流程运作的要求。这些客户通常需要华为的工作人员对问题快速有个综合的判断和结论，在第一时间拿出解决方案和交付方案。客户的需求往往涉及方方面面，因此华为接触客户的一线员工都是多面手，由客户经理、问题解决方案专家、交付专家三个人组成一个小组，可以就涉及工程与合同的任何问题，现场拍板做出决定。这种高效的工作模式让整个流程顺畅、快捷，为客户津津乐道。

2. 知识活水：流程与知识管理结合

在《流程管理》一书中，作者王玉荣与葛新红提出了知识活水的理念，这也为流程均衡化运作提供了一个非常好的解决思路。在具体操作上，主要通过对流程运作过程进行盘点、提炼、总结、分享，把流程实践经验转化为规范、制度或表单，实现大范围的应用。在此基础上，持续开展流程与知识管理相结合，与时俱进。

对此，王玉荣与葛新红提出了一个工具：知识历程图。下面是二人在书中提供的某流程的部分知识历程图（见图 4-8）。

主要业务 3：方案深化

主要业务过程：方案深化—各专业配合—专业评审—模型效果图制作

业务过程/阶段	活动描述	对应岗位/角色	管理方式	输入文档				产出文档				参考文档				关键控制点
				文档名称	使用范围	更新频率	存储位置	文档名称	使用范围	更新频率	存储位置	文档名称	使用范围	更新频率	存储位置	
方案深化	活动 1：方案深化	PD、设计小组	会议	定性方案：甲方过程中要求的调整发文	项目组	及时更新	项目动作/A 类项目/×× 产品/项目管理/知识管理/项目管理/ISO 控制/方案设计/输出记录	过程泄报性节点文件：意见回复（给甲方或其他单位的发文）文件处理单	项目组	及时更新	×× 产品/项目管理/知识管理/设计输出/节点性文件输出/方案设计/×× 专业；项目运作/A 类项目/×× 产品/项目管理/知识管理/设计输出/向甲方发文	文件归档相关规定	全部	定期更新	日常运营/总部/技术管理/技术质量/档案管理	文件处理单
	活动 2：各专业配合	各专业负责人	其他	建筑专业人员提供各专业功能需求	项目组	及时更新	项目运作/A 类项目/×× 产品/项目管理/知识管理/ISO 控制/方案设计/输出记录	设计说明	项目组		项目运作/A 类项目/×× 产品/项目管理/知识管理/ISO 控制/方案设计/输出记录	类似专业的技术措施等	全部	定期更新	日常运营/总部/技术管理/ISO 质量管理/ISO 规范	
	活动 3：专业评审	总工办、PD、专业负责人、设计人员	其他	深化后的方案	项目组	及时更新	项目运作/A 类项目/×× 产品/项目管理/知识管理/ISO 控制/方案设计/输出记录	设计评审会议记录表	项目组	及时更新	项目运作/A 类项目/×× 产品/项目管理/知识管理/ISO 控制/方案设计/输出记录					
	活动 4：模型效果图制作	设计人员、PM	其他	地形、效果等要求	项目组	及时更新	资料库/元素图库中心/CAD 绘图标准	效果图、模型制作中申请单	项目组	及时更新	项目运作/A 类项目/×× 产品/项目管理/知识管理/ISO 控制/方案设计/输出记录	ISO 文件	全部	定期更新	日常运营/总部/技术管理/ISO 质量管理/ISO 规范	效果图、模型制作申请单

图 4-8 知识历程图 [1]

在绘制知识历程图之前，我们必须明确这一操作的根本目的：找出能够为企业创造最大价值的信息与知识，描绘出流程、人员以及知识之间的关系。在具体绘制过程中，要重点把握三项"确认"工作，如表 4-8 所示。

表 4-8 绘制知识历程图的三项"确认"工作

确认的方面	内容说明
确认关键业务与重要作业环节	根据企业的特定战略目标，明确企业的关键业务和重要作业环节，深入了解业务循环运作的有效方法，将之作为知识管理的重点，避免在知识管理过程中出现方向性失误

1 王玉荣，葛新红 . 流程管理 [M]. 5 版 . 北京：北京大学出版社，2016.

续表

确认的方面	内容说明
确认知识活水装置点	设置知识活水装置的位置是绘制知识历程图的重中之重。在实践中，可以通过人员访问、运作实况分析，把握流程知识管理重点以及流程效率欠缺之处
确认需要流程知识的参与者	流程参与者有很多，但并非每个人都需要这些流程知识。因此，要明确每个活水装置点上需要运用这部分知识的人员

在一个有效的知识历程图上，每个关键点所需要掌握的信息和知识都会显示出来。借助知识历程图，流程参与者可以更系统地把握和更新流程知识，提高能力，从而提高人员活水的活性。

4.4.3 流程接口与责任边界设置

流程畅通的关键不仅在于对流程的重视和对流程运行的安排，还在于流程中各环节要有交接。假若流程中缺少交接，就意味着流程出现了断裂。这种情况一旦发生，所造成的结果是非常可怕的。

【案例】雷曼兄弟破产案

2008年9月15日上午10:00，雷曼兄弟公司向法院申请破产保护，这则消息瞬间通过各大网络媒体传播出去。而令人费解的是，德国国家发展银行居然于10:10向雷曼兄弟公司的银行账户转入3亿欧元。这笔损失本是不应该发生的。但是，为什么德国国家发展银行没有事先做好交易风险防范措施，在短短10分钟里制造了这样一个低级错误呢？几天后，一家法律事务所出具了一份调查报告，其中记载了银行里相关人员在这10分钟内做了什么事。

首席执行官乌尔里奇·施罗德：我知道今天应根据协议进行转账，至于是否取消这笔交易，则应由董事会开会讨论后决定。

董事长保卢斯：我们没有收到风险评估报告，所以无法及时做出正确的决策。

董事会秘书史里芬：我向国际业务部催要风险评估报告，但电话始终占线，所以我想等一会儿再联系。

国际业务部经理克鲁克：我计划周五晚上与家人去听音乐会，所以必须提前打电话预订门票。

国际业务部副经理伊梅尔曼：我在忙着做其他事情，根本没有时间去留意雷曼兄弟公司的消息。

负责雷曼兄弟公司业务的高级经理希特霍芬：我安排文员关注雷曼兄弟公司的新闻，一出现就立即向我报告，而我需要去休息室喝点东西舒缓一下紧张的神经。

文员施特鲁克：我在 10:03 看到雷曼兄弟公司向法院申请破产保护的新闻，马上去希特霍芬的办公室告诉他，可是他不在。于是，我写了一张便条放在他的办公桌上，他回来后就会看到。

结算部经理德尔布吕克：按照协议规定，这一天是交易日。而我没有接到停止交易的指令，所以我必须按照原计划转账。

结算部自动付款系统操作员曼斯坦因：德尔布吕克让我执行转账操作，我即刻照做了。

信贷部经理莫德尔：施特鲁克告诉了我关于雷曼兄弟公司破产的消息。不过，鉴于希特霍芬和其他职员的专业素养，我认为他们不会犯低级错误，所以没有特意提醒他们。

公关部经理贝克：雷曼兄弟公司破产的事已经确凿无疑了，我想和乌尔里奇·施罗德就这件事专门讨论一下。但由于我此前已约了几位客人，所以计划下午再找他，反正不差这几个小时。

在雷曼兄弟的案例中，他们的工作流程似乎无可厚非，而工作人员也没有一个是愚蠢的。但是，为什么出现了那种结果呢？问题根源出在作业流程的各个交接点上。根据调查资料，我们可以清晰看到：流程中各个环节之间缺少有效的交接，导致最有价值的信息没有得到流通，所以，整个作业流程实际上是流而不畅的。

由此，我们可以意识到：一个交接缺失的流程，如果按照先前制定的计划率性地运行下去，是一件多么危险的事。所以，要想保障流程效能的实现，就必须保证流程接口的畅通、责任边界的合理设置。

1. 严格把控流程接口

流程接口是指流程输入与流程输出关联的位置，它体现为流程与流程之间的接口、流程内部各项活动之间的接口、完成某项流程活动时角色之间的接口。

在实践中，最常见的流程接口表现就是流程的交接点过多，导致流程参与者之间的矛盾与冲突不断。

一些企业为了保证流程更为顺畅，在上下环节间采取部分重叠的方式，即为上下工序安排同一项工作。之所以做出这样的安排，是因为人们误以为"两个人负责，一定会比一个人负责更为轻松，流程执行效果自然会更好"。而事实上，这种流程的重叠，会频繁地造成彼此推脱责任的现象，双方心存侥幸地认为对方会做，自己私下偷懒，结果导致没有人做那项工作。

【案例】被省掉的流程环节

在一个产品制造流程中，上一环节必须对即将流出的半成品进行自检，而下一环节则必须对所需接收的半成品进行接收检验，企业希望通过两个环节完全相同的检验来及时发现产品质量问题。而问题恰恰在这个过程中出现了。上一工序的员工知道下一工序会再次检验产品质量，如果存在问题，自然会将产品返回来，于是他私下里省掉了自检环节。而下一工序的员工知道上一工序应该先行自检，所以在接收产品时偷偷省去了接收检验环节。结果，两个环节的员工竟然都不清楚半成品的实际质量情况。

可以说，流程中各道环节或工序间的接口设置对于流程运行效能是至关重要的。缺少接口设置或接口设置过于烦琐，都会影响流程运作效果。无交接，或交接设计得过于烦冗，都会影响过程控制效果，给企业带来不可估量的损失。只有保持流程接口设置的合理性，才能真正保证流程效能目标的实现。

2. 实现流程边界的准确设置

既然流程接口如此重要，就需要明确边界划分，与流程接口协调控制点。这里，我们必须明确两个概念：活动边界和责任边界。

活动边界是指流程执行者需要做的事情、操作顺序、操作标准以及可以交接至下一环节的程度。在明确流程的活动边界之后，还要将流程角色带入活动边界中，明确规定"这件事由谁负责做，接下来由谁负责接手"这类问题的答案。从这个活动边界到另一个活动边界之间的纽带，就是我们所说的责任边界。责任边界是让处于流程链上的每个角色都清楚自己的责任，从而使得流程活动逐一向前推进、增值运转。

关于责任边界的设置，有人说："责任就像流程机器上的齿轮，唯有责任齿轮之间咬合良好，流程机器才能稳定运转；而且，要对责任齿轮进行预防性维护、检修（如定期确认权责利匹配状态），避免出现责任链断裂问题。"

也就是说，我们要确保流程责任齿轮的健全性，避免因责任故障造成流程机器停止运转，同时也可以让流程链条的上下游角色通过了解彼此的业务，或者内部的角色梯队后补机制，避免流程陷入瘫痪或空运转状态，或者因个体缺位而造成流程的效率震荡。

4.5 建设流程 IT 系统

当前，移动互联网、大数据、物联网、5G、区块链等新一代信息技术不断取得突破，并与先进制造技术深度融合，逐步形成新一代智能制造技术。在这样的时代背景下，企业自主建设 IT 智能化系统已成为流程系统构建的重要举措，信息化平台、技术、手段势必会为提高流程系统的效能、优化企业运营系统提供强大的助力。

4.5.1 打造流程信息化平台

当前社会是信息化社会，企业要想在多变的市场中抢得先机，就必须针对自身需求打造一套具有适用性的信息化平台，实现内部管理的全连接，让优化的项目被固化在企业管理之中，从而有效提升企业的流程运作效率，巩固流程优化成果。

【案例】华为通过建立 IT 系统助推业务发展

在华为不断发展壮大的过程中，其业务规模在不断扩大，这也给华为的 IT 系统提出了越来越多的挑战。

华为成立初期，主要靠 Email 和 MRP Ⅱ（物料需求计划）来支撑业务的发展。从 1998 年开始，华为学习西方的管理经验，对产品研发和供应链进行了管理变革，IT 系统也由此进入了第二个阶段，IT 系统通过集成化给华为业务提供了更好的支撑。从 2004 年开始，华为 IT 系统逐步进入第三个阶段——国际化阶段。这一阶段主要以全面上线 ERP 系统为主，通过将近十年的努力，华为在全世界建立了一张 IT 大网。由于华为的 IT 系统不仅要支持公司内部运营，还要支撑公司外部的业务创新，渐渐地它满足不了公司的需求了。为了完善 IT 系统，2012 年，时任华为软件公司总裁的邓飚提出了华为 IT2.0 计划，这也标志着华为 IT 系统进入了第四个发展阶段。

经过多年的努力，时至今日，华为的 IT 网络遍布全世界，共建有 70 多个数据中心、36 个客户联合创新中心、800 多个 IT 应用系统等。

建立强大的 IT 系统是为了对企业战略发展形成有力的支撑，使企业更快、更安全地实现战略目标。华为创始人任正非在《质量与流程 IT 管理部工作汇报会上的讲话》中指出，在"班长的战争"中，IT 系统的支持必不可少。有了 IT 系统，整个组织的改革才能变得更加流畅，一线团队才能及时地呼唤炮火，后方团队才能及时地给予支援。为了保证 IT 系统能够真正支撑一线的作战，IT 部门的人员在设计流程时，就得去掉创新观念，不要把流程设计得弯来弯去，改革的目的是多产粮食。华为通过强大的 IT 系统，对组织变革以及流程变革形成了强有力的支撑，为公司做大、做强管道平台提供了基础服务。

【案例】华为流程 IT 系统

图 4-9 为华为流程与 IT 系统的关联过程。

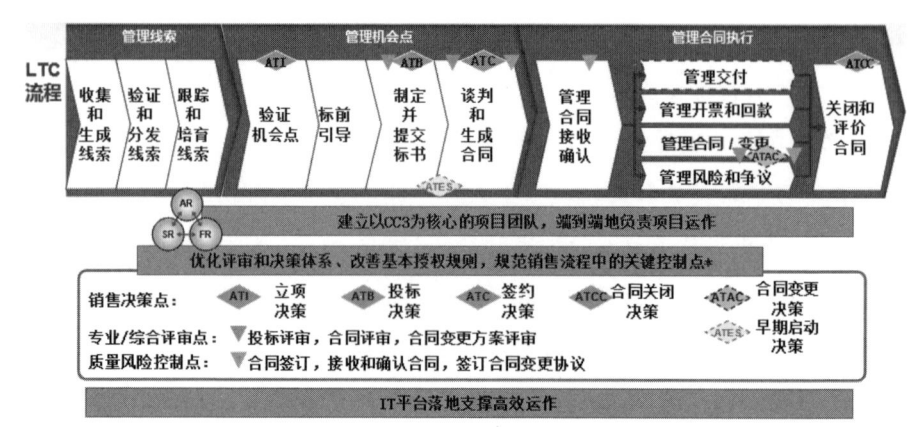

流程赋能

图 4-9 华为流程 IT 系统

在图 4-9 中，LTC（从线索到回款）流程是华为的主流程，主要分管理线索、管理机会点、管理合同执行三大段，从"收集和生成线索"环节开始，到"关闭和评价合同"环节结束，实现了流程端到端拉通。在此过程中，将质量、运营、内控、授权、财经的要素皆融入流程中，实现整体"一张皮"运作。

为了有效推动流程运作，华为还在不同的流程环节卷入了不同的角色，实施了基于流程的角色与组织建设。一个最典型的设计就是建立了以 CC3（Customer Centric 3，以客户为中心的铁三角结构）为核心的项目团队，端到端地负责项目运作。CC3 是指 AR（客户经理）+SR（产品经理）+FR（服务经理）的团队。LTC 的铁三角团队成员既是合作关系，又有明确分工。其中，客户经理负责客户关系，全力获得客户支持；产品经理负责整合支撑资源（包括研发），为客户提供最合适的解决方案；服务经理负责给客户设备维护部门做年度设备维护计划等，提供服务方案。此外，华为还不断优化评审和决策体系，改善基本授权规则，规范流程中的关键控制点，这实际上也是对流程运作过程和角色责任落实的推动与保障。

当然，上述一切环节运作、人员支持、关键控制点把控，都必须有一个 IT 平台提供足够的支撑。IT 平台能为一线运作提供很多便利，比如，可以为流程运作提供唯一的可靠数据源；实现机会点信息的可视化，帮助各环节把握整体运作状态；统一工具模板和语言，整合现有系统，实现管理过程和项目运作的标准化。同时，IT 平台还可以展示项目推进的整体视图及端到端的关键信息，支持管道管理并展示业务状态，方便预测市场，简化并拉通评审及决策过程，从而最大化地提高企业管理效率。

这给了其他追求流程优化的企业一个深刻的启示：在信息化时代，企业面临的机会将会有很多。只要企业能够科学规划流程体系，关联 IT、MES（制造执行系统）、BPM（业务流程管理）等信息化技术手段，对自身和市场信息进行深度挖掘，就可以挖掘出更大的价值，捕捉到新的发展机会，大大提高企业的经营管理实力，创新企业的发展路径。

【案例】某公司积极导入制造执行系统技术

某公司的运营过程是根据市场的需要，在员工的操作下，利用公司的生产设备，将一些原材料转变成具有价值的产品。这家公司一直非常重视信息化建设，力争实现全公司统一的生产信息集成化与决策化。

经调查发现，如果导入制造执行系统（MES），可以很好地推进现场管控和过程精益管理。它是一种有助于全方位业务协调的车间级协同制造平台，而且，ERP/MES/PCS 三层结构的应用不断扩大，前景十分乐观。于是，该公司果断决定导入 MES 体系结构，如图 4-10 所示。

通过导入这套信息化系统，该公司拥有了以经济指标为目标、以优化控制为核心的先进的管理流程，实现了在线成本预测与控制、流程反馈与纠正等先进的管理方式，并建立了统一调度、统一指挥的高效市场反应机制。

很明显，打造信息化系统平台对企业流程运作与日常运营是大有益处的。它让信息传递更敏捷，让流程反馈更快速，同时也将企业已经取得的流程改进成果固化下来，进而使企业的管理水平长期处于较高水平。

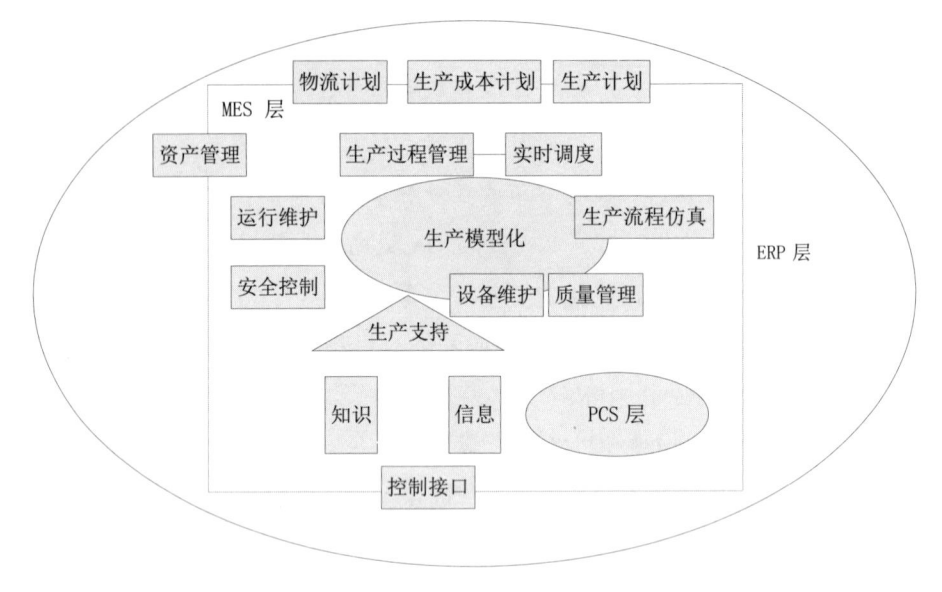

图 4-10　MES 体系结构

4.5.2　保障流程数据信息采集的效果

流程数据信息是流程应用与优化的基础和依据，因此流程数据信息采集被作为流程平台建设的重要内容之一。

【案例】亚马逊利用大数据技术搭建综合服务大平台

说起亚马逊，人们往往将其定义为一家商务公司。但是事实上，它并不是传统意义上的商务公司，而是一家大数据公司，因为它拥有较为成熟的云基础设施、海量数据流和产品内容。亚马逊网络服务推出的在线数据仓库服务，连接企业数据中心，帮助企业大大提升了供应链管理效率。同时，还连接着亚马逊在线零售、云服务和平板电脑业务等服务，而它们所共有的要素就是大数据。对亚马逊而言，硬件系统并不是最重要的。因为，它的目标并不在于通过出售时髦消费电子产品和昂贵设备来获得利润，而是通过大数据管理技术搭建一个综合了零售服务、出版服务和企业服务的大平台。

图 4-11 是流程数据在管理模式、管理体系与实施方案等方面的管理规

划逻辑和关键动作。

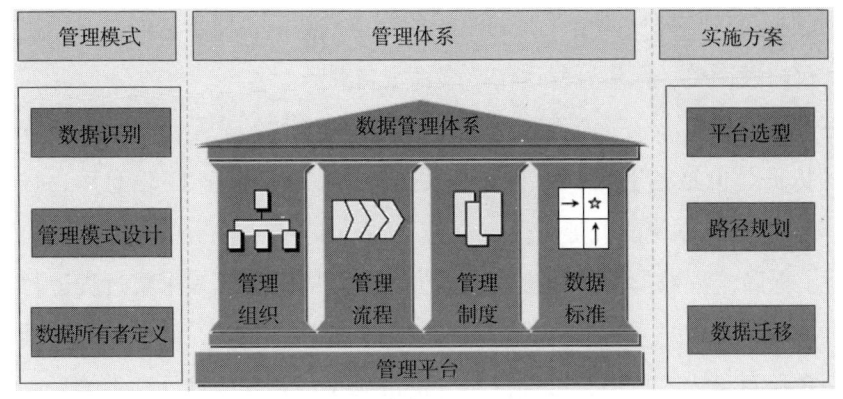

图 4-11 流程数据的基本管理模式、管理体系与实施方案

数据管理主要围绕"管理模式、管理体系、实施方案"来有序展开。在管理模式方面，重在数据识别、数据管理模式设计、数据所有者定义，以此设定数据信息采集的关键动作；在管理体系方面，以管理平台作为地基，以管理组织、管理流程、管理制度、数据标准作为数据管理体系的支柱，以此选定数据信息采集方向；在实施方案上，重在平台选型、路径规划、数据迁移，以此明确数据信息应用路径和数据迁移模式。

流程数据管理人员务必预先规划好数据采集范围和对象，在实施过程中确保采集动作的及时和采集内容的精准，并及时识别异常情况，这也是贯穿流程数据采集管控过程的基本原则和应用保障。

1. 遵循数据信息采集的基本原则

流程数据信息采集应做到及时、精准，这是数据信息采集工作的基本原则。

关于第一个基本要求——流程数据信息采集的及时性，这是很容易理解的。也就是说，要在有效时间内展开流程数据信息的采集工作。流程数据信息采集最终的目的是让流程运作过程中的重要数据信息都能活泛起来，被及时地用于指导业务流程运作上。

因此，我们要保持流程 IT 系统的数据信息反馈路径畅通，最大限度地为信息的及时反馈提供便利。同时，要对反馈数据信息进行及时梳理，将不同的数据信息快速反馈给关联的流程控制点或部门，便于它们及时做出应对和策略性调整，保障流程运作持续稳定与顺畅。

关于第二个要求——流程数据信息采集的精准性，这是指导企业流程运作的依据。也是基于此，精准采集数据信息并逐步健全 IT 信息库，被视为打造流程 IT 系统的关键。

为了保障流程数据信息采集的精准性，我们需要对流程采集过程进行规范。比如，在信息采集过程中，对关键信息要认真核实，确保信息的准确性；在信息录入工作中，要确保录入的准确率；录入信息处理系统后，也要进行核对，确保信息准确无误后再进行信息上报。只有实现每个环节的规范有序运作，才能保证流程数据信息的准确无误和价值实现。

2. 识别流程信息的异常情况

在信息采集过程中我们要快速识别数据异常。一般而言，数据异常有两种情况：一种是正确的数据异常，即现实中有特殊事件发生，反映到数据上自然也会呈现出异常状态。另一种是错误的数据异常，即现实是正常的，但统计行为是错误的，由此导致数据异常。想要发现错误的数据异常，可以考虑以下一些方法。

一种方法是从数量级角度评估是否存在误差。

数量级是指数量的尺度或大小的级别，各级别之间通常需要保持某个固定比例。我们可以通过观察最终数据，确认在数量级上是否存在较大的误差。比如，通过询问需求方得知，每天付费数量在 40 单左右；若统计结果为 100 单或者 10 单，那么数据结果往往是存在问题的。

另一种方法是从统计结果的分布情况进行辨识。

统计结果的分布，往往呈现出一定的特性。一般而言，统计结果本身具有两种特性，即连续性和周期性。其中，连续性是不会出现忽高忽低的大幅变动的，周期性是指每到周末或某个周期便会出现一定程度的提高或降低，每隔一段周期便会循环一次。以统计员工工作量为例，通常对一周的工作总量按员工个体分别进行汇总，并采取由高到低的次序均匀递减。

此外，我们还可以从不同的维度去确认、验证数据是否真实、合理。比如，我们可以通过交互式报表，观察各维度的汇总值是否一致。如果汇总值一致，那么基本可以判断数据是无异常的。

4.5.3 系统数据共享与开放权限设计

建设流程 IT 系统的根本目的，是让流程环节之间更好地互通反馈，实现流程系统的整体协调运作，提高流程运作效能。为了达成这个目的，流程数据的共享与适度开放就显得尤为重要。

【案例】海底捞"无人餐厅"与流程智能系统

海底捞斥资 1.5 亿元打造出了"无人餐厅"，并于 2019 年 12 月宣布在北京开始正式营业，昔日那些服务热情周到的客户服务人员被智能机器人取代。

在海底捞"无人餐厅"里，智能机器人会把所有与食材加工相关的环节都统一前置到外包供应商和中央厨房进行处理。所有菜品都是从自动控温 30 万级超洁净的智能仓库中取出的，然后通过 0~4℃冷链保鲜物流货车进行全程运输，直达各门店。

顾客通过 iPad 点完单后，点餐的数据信息会自动传输到后端厨房的菜品仓库中。这时，就轮到机器臂出场了，它高度灵活，最高可触至两米多高的货架顶层，轻松地取下所需要的菜品，然后再将菜品放置于传送带上，将其送至传菜口。对于这个过程，人工配菜员至少需要花费 10 分钟；而若使用机器臂，那么仅需两分钟就能完成。当机器臂配好菜后，站在一旁待命的机器人会得到一条指令，然后准确无误地将菜品送到顾客桌子前。因此，消费者的等餐时间会大幅缩短。

在海底捞"无人餐厅"酒水区，设有一个高达 3 米的自动取用酒水柜。这个酒水柜如同一个"大脑"，可以容纳 1100 个抽屉。而且，该系统会根据点餐的具体信息，将酒水自动送至最适合的出口处。此时，消费者可以自己去取用，也可以呼叫工作人员来送达。

在过去，人性化等位区一直是海底捞的服务招牌，消费者可以在这里享受美甲、擦鞋、坐按摩椅等服务；而在如今的"无人餐厅"里，海底捞设置了一个超级等餐区，几排座椅所面对的是一个宽13米、高3米的影院级巨幕投影屏。这个屏幕如同一个联机游戏的界面，消费者通过手机扫码即可和其他等位的消费者一起游戏竞技。

海底捞这家"无人餐厅"是与松下电器公司、阿里巴巴集团合力建成的，在店内的监测大屏上，不仅能够看到每台机器在每个环节中的运作情况，还能够实时且准确地监测菜品的剩余数量，以及是否存在已经超过48小时保质期的菜品……

海底捞历时三年打造的"无人餐厅"，从根本上来说是建立在流程数据信息共享的基础上的。它借助流程数据信息的实时共享和恰当的权限开放，实现了整个服务流程的协调运作。那么，如何做好系统数据信息的共享与开放权限的设置，让流程数据信息得到充分使用呢？

1. 规划数据信息共享与开放权限

对于流程数据信息的共享与开放，应规划合理的权限。如果企业数据信息共享与开放的权限过小，可能因分享不全面或不到位而影响流程反馈速度和效果；而如果数据信息共享与开放的权限过大，又可能会影响企业数据信息安全。因此，在设置数据信息共享与开放权限时，主要确认以下事项：

一是明确规定流程角色应获得的流程数据信息类型。对于不同流程环节，每个流程角色（流程所有者、流程执行者）应明确规定其流程责任。在此基础上，明确每个流程角色需要获取或可以获取哪些类型的流程数据信息。

二是明确规定流程角色获得对应流程数据信息的时间。即流程角色在什么时间点或每隔多长时间可以获得规定的流程数据信息，以及获取流程历史数据信息的可追溯时限。

2.设计流程数据信息交互模式

打造数据库,保持适度开放,仅仅是推动流程体系高效运作的部分方法。如果希望流程系统运作更为高效,那么不妨设计流程数据信息交互模式,让数据信息发挥更大的能量去更好地推进业务流程运作,提高流程效能。

【案例】海尔数据平台对业务流程的助力

海尔借助存储了海量用户数据的大数据平台——社交化用户关系管理系统,建立了需求预测和用户活跃度等数据模型。以此为基础,海尔为营销及销售人员设计并开发了海尔"营销宝"。它是一款具有精准营销功能的应用软件,可辅助工作人员面向区域、社区和用户个体展开精准营销活动。

此外,海尔还为研发人员开发了应用软件"交互宝"。这款软件具有用户交互功能,可以帮助研发人员更全面地了解用户痛点、受欢迎的产品特征、用户兴趣分布与可参与交互的活跃用户。

这些大数据产品在日常应用中取得了巨大的成效,在系统运营的近一年里,海尔开展了数百场基于数据挖掘和需求预测的精准营销活动,转化的销售额达60亿元。

很明显,不论是"营销宝"还是"交互宝",都是企业将IT系统与数据融入业务流程运作而实施的创新性开发。这种对新兴技术的充分应用与灵活创新,为企业推动流程系统建设和优化提供了非常好的思路。

总体而言,对于流程IT系统的建设,重点应在于:以流程系统为主线,规划流程与IT的结合点,让IT系统保持舒畅的信息流,进而以此来支持流程系统运作与优化工作的开展。

第 5 章
敏捷组织设计

任何企业的组织架构和运营体系都要因应流程而设计，用信息化数据拉通组织运作。正如任正非所说的，市场前端应如同蛇头，整个组织则应如蛇身，随着流程灵活运动。在流程系统设计完成之后，组织应基于流程导向做好组织适配，打造流程、节点责任、岗位、组织形态之间的配套和协同关系。

5.1 以流程为导向的组织适配

一个追求效率的企业组织，应当以流程为导向来进行组织设计。这是因为，达成组织与流程的适配状态，既可以避免组织结构出现相对割裂的"部门墙"现象，同时也可以使流程的运作与反应速度更为敏捷，呈现出更理想的流程运作效果。

5.1.1 组织与流程匹配的必要性

为什么我们要强调组织与流程匹配的必要性？这是因为二者的不匹配会给企业流程运作带来很多不可估量的负面影响。

（1）导致部分流程闲置。在企业实践中发现，大部分的企业流程处于闲置浪费状态。这些闲置时段主要体现在等候、按顺序执行、传输或追踪等方面，而它们是无法为企业创造任何有效价值的。从根源上来说，这种闲置状态的出现通常是因组织与流程之间的匹配度欠佳所致的。

（2）造成"部门墙"现象。在流程建设与优化过程中，很多企业往往从单一部门角度出发来打造流程系统，因而其流程大多缺乏对企业业务运营活动的总体考虑，仅仅局限于本部门的业务需求。这便导致各部门之间存在"部门墙"，流程信息难以传递和共享，存在大量的流程断点，最终影响了企业的整体流程的运作效率与成本。

（3）增加了管控要素，降低了协同效率。为了解决我们前面所说的"部门墙"问题，部分职能部门在流程接口处安排了相互妥协和制约作业，以此来处理流程运作中的分歧和矛盾，而且这种相互妥协和制约的作业（如前后环节的检验操作）也随之被写入业务流程。这一系列举措导致流程接口处的管控要素随之增加，却进一步降低了流程的协同效率，甚至影响该职能部门的业务定位和绩效实现。这实际上也是因组织结构与流程系统不够匹配所致的。

因此，强化流程与组织之间的匹配度是非常必要的。

为了保障和提高流程与组织之间的匹配度，企业应在流程体系的基础上再考虑组织架构设置、岗位与职能设计、系统管控与资源配置，保障流程对现有组织架构和职能职责的适应性。如果存在不适应之处，则可以对组织结构和职能进行调整、优化或再设计，保障组织职能与流程角色职责的匹配，并根据任务量的大小、任务所需要的时间长度来配置资源，真正实现组织结构和业务流程体系之间的匹配与协同。

也即是说，流程并不完全取决于组织结构的设计。高阶流程会决定组织结构设计，并和组织结构一起来决定低阶流程的设计。企业流程与组织结构会在二者交叉过程中持续优化和升级。

5.1.2 流程型组织的基本架构模式

基于"强化流程与组织之间的有效匹配"的目的，流程型组织结构应运而生。流程型组织结构是以客户为导向，以业务流程为主线，以职能服务中心为辅助的一种扁平化的组织结构。企业价值创造活动以及价值形式都体现在业务流程上，非常适应变幻莫测的市场环境和客户需求。

1. 组织与流程的逻辑关系

组织与流程管理的发展经过了三个阶段，如图 5-1 所示。

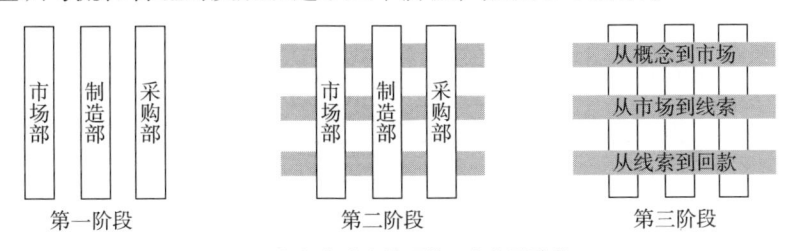

图 5-1 组织与流程管理的三个发展阶段

图 5-1 呈现的组织与流程管理的发展过程，是一个从以组织为中心到以流程为中心的转变过程。第一阶段是组织驱动流程；第二个阶段是以组织为主导，流程居于从属地位；第三阶段则是以关键流程来驱动组织运营，由此也形成了流程型组织的基本架构模式。

流程型组织的核心是流程，流程是组织的生命线。虽然流程型组织中的流程形态和流程实施复杂度等方面都可能存在差异，但是它们都是从企业整体效益出发来进行组织架构的，同时追求流程的自动化、规范化、标准化和连续性，尽可能实现职能环节的无缝连接，缩短流程运作时间，达到提速、降本、增效、增加柔性等目的。这也是企业实施流程管理和打造流程型组织的终极目的。

在流程型组织设计的实践过程中，企业必须充分考虑流程与流程、流程与子流程、流程与职能部门之间的关系，确定核心流程，再据之设计合理均衡的组织结构，从而高效地发挥流程型组织各构成单位之间的协同效应。

2. 认识流程型组织的基本架构

在流程型组织中，每项工作在各个环节上均有专人负责，同时，上一环节要对下一环节负责，下一环节也要对上一环节负责，上下环节彼此互相监督、互相促进，确保工作正确、顺利地完成。图5-2是某生产部门的流程组织结构。

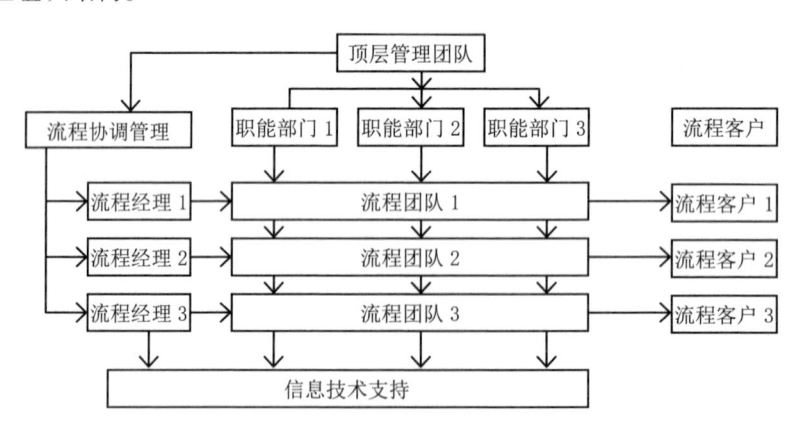

图 5-2　某生产部门的流程组织结构

在图5-2中，不同的流程流经不同的部门，其人员可能来自不同部门，也可能来自同一部门，集结起来为某流程服务。整个组织是由一个大的项目团队和多个小的项目团队组成的。

这种流程导向的组织结构，主要围绕以下三个组成部分展开：描述关键运作结构和关系的运作结构、指导流程工作的流程改善路线图和转换策略。

根据这个理论，我们将某生产类企业的组织结构，转换为以流程为导向的组织结构，如图5-3所示。

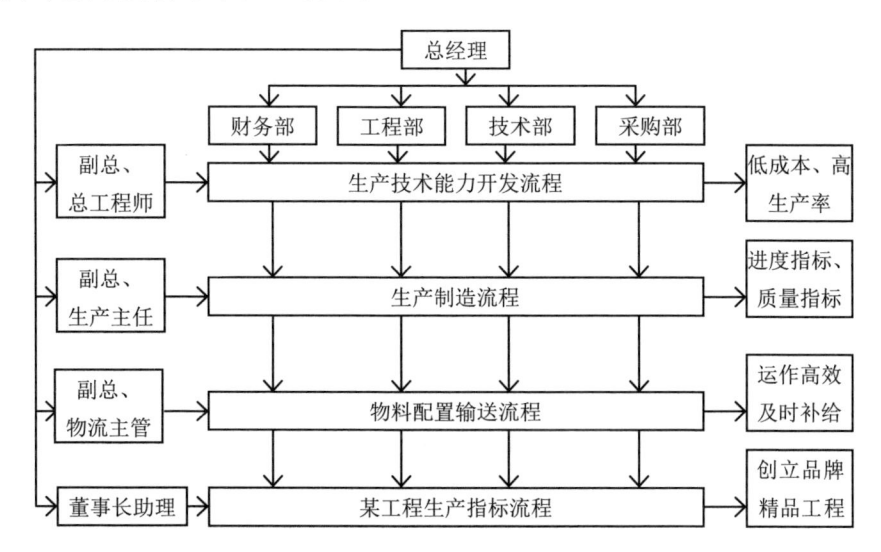

图5-3 某生产类企业以流程为导向的组织结构

其中，某些部门对某些流程负主要责任或次要责任，这些均要做出相应说明。在相应结构中，都有流程管理协调部门，其承担的角色是什么呢？

流程本身包括流程管理、流程评价、流程描述等，但是，流程自身是不能为企业创造价值的，只有将人为的因素设计进其中，才能使流程真正运作起来，并产生价值创造力。因此，在一个企业中，不能仅有各业务流程执行部门，还需要有专门负责管理流程的人或者部门。

以此为据，企业须设定核心流程质量部来负责流程管理，这个部门由各个流程的主管构成，负责各核心流程之间的协调运作，职责是保障企业级和部门级核心流程的有效运行，确定客户订单对各核心流程的具体要求，确保客户整体价值的实现，以支撑企业业务流程的运作和完善。

3. 让流程团队支持流程组织

为了匹配流程型组织的运作，企业必须整合对应的员工，这部分员工构成了流程团队。在传统的组织结构中，员工通常按职能被划分在不同的部门之中，他们通常会为了同一项任务而花费大量时间、精力来进行信息传递；但是，如果企业能够组建一个适宜的流程团队，将员工集中在一起工作、处理业务，则会获得更好的运作效果。

流程团队的组成形式有多种。不同形式的流程团队也各有其优缺点。一般而言，临时组建的流程团队在组建和解散方面更为灵活，这是非常有利于提高客户满意度的，但是这种团队也存在稳定性差、对沟通机制与平台的要求高，流程专员难以协调流程等弊端。而长期固定的流程团队则有利于组织扁平化的实现，团队成员之间比较容易形成默契感，流程专员的工作规范化、职责明确，但是人力资源的流动性略差，组织结构也容易被固化。

随着全球经济一体化的推进，企业组织所涉及的业务活动的复杂性大大增加，所面临的压力也越来越大。在这种情形下，流程型组织结构形态可以帮助企业更好地树立协作精神，以关注客户为出发点，强调跨部门的流程优化，进而更好地提高客户满意度。

5.1.3 流程型组织系统的敏捷规划

为了强化流程型组织的运作效率与效能，还应考虑对其组织系统进行敏捷规划，以其整合效果来实现体系内外的有效配合与快速反应。

1. 让流程型组织具有敏捷性

理想的流程型组织应是一种敏捷组织。它应以"协同效率最高"为原则进行组织关键价值功能的重新组合，其强调系统、整合的特性，侧重于消除结构障碍、减少管理幅度，缩小业务单元，使得企业与市场之间的响应路径最短、体系内部协调配合最优。因而，在对流程型组织进行敏捷规划时，要在适应性与灵活性方面有所突出，如表 5-1 所示。

2. 把握敏捷组织设计的基本思路

企业的敏捷规划通常从两个重要方面入手。要科学规划架构设计的敏

表 5-1　敏捷表现

敏捷表现	说　明
响应深度、创新能力和适应能力	保持动态，响应速度快，创新能力强，决策周期短，会在运营过程中及时调整运营策略
模块化、活力状态	敏捷性组织依据自己的侧重点，分成不同的组织模块或项目组。模块和项目组之间为互补关系、变化状态，组织成员愿意承担和尝试新任务，组织弹性极佳
以人为本、以客户体验为中心	敏捷组织以客户体验为中心，运用自动化、大数据、AI 等新技术方法，持续提升客户体验和内部员工体验

捷性。敏捷组织宜选择扁平式、跨度合理的架构设计，便于按照业务需求进行组装或者拆解单元，使组织在应对外部变化时更为灵活。

在敏捷架构搭建完成的基础上，借助科技力量来驱动敏捷组织架构。企业可以让成熟的流程团队去构建和运行最先进的技术平台和管理系统，以支持前端敏捷单元在交付业务方面的需求。当被赋能的平台与敏捷的前端之间能够实现紧密配合，则可以更好地提升企业的反应力和战斗力。

5.2　敏捷组织的架构设计

建造房屋时，往往要先打地基、建屋架结构，然后再装修。敏捷组织架构设计的作用也类似。敏捷组织架构设计主要涉及组织层级规划、组织跨度规划、团队组建等方面，以保障流程在整个组织中快捷顺畅地运行，这被视为打造敏捷组织的基础环节。

5.2.1　敏捷的组织层级与跨度规划

组织层级、组织跨度与组织的敏捷度是成反比的。不论在哪个层级，部门或机构设置得越多，管理跨度越大，组织横向协同的难度和复杂度就越大。因而，在设计敏捷组织时，无论横向还是纵向，皆以短少为原则。简言之，组织层级越少越好，组织跨度越短越好。

从组织架构来说，敏捷组织宜采用分布式网状结构，由一个一个小规模、跨职能的小团队组成，整体的结构呈现扁平化特征。这样的组织结构可以使管理层级被大大压缩，使最高层决策能准确快捷地传达到基层执行人员那里；各个小团队的组织成员只需要对项目团队负责，参与并协助团队项目的研究讨论与完成。这种模式可以使流程更快运作，避免"部门墙"现象的发生。当敏捷团队在项目推进过程中出现意见不一致时，团队成员能够更快地响应变化，发挥各自职能角色的职责，为了团队的共同愿景和目标而展开跨职能的协调支持行为，形成非常强的反应力和行动力。

【案例】敏捷组织实践：阿米巴组织与阿里巴巴的敏捷开发

被誉为"日本经营之圣"的稻盛和夫，曾创造"阿米巴"模式。"阿米巴"是指工厂、车间中形成的最小工作单位，如一个部门、一个班组甚至每个员工。每个员工都从属于自己的阿米巴小组，每个阿米巴小组通常由十多人组成。阿米巴的一个突出特征是，它是一个独立的利润中心，阿米巴成员们会自行处理有关生产经营计划、劳务组织、绩效管理等所有事宜。可以说，每个阿米巴都集生产、经营、会计于一身，而各个阿米巴小组之间又可以随意地分拆或组合，而不是长期固化的，这一特征使之非常有利于对市场变化做出迅捷反应。

手机淘宝作为阿里巴巴的一款重要App应用，其分为多条业务线，即便同一条业务线也会分为多个独立业务。例如，微淘和淘宝直播都属于内容平台业务线，但是二者的受众群体、核心内容、盈利模式是有所差异的。所以，二者算得上是相对独立的业务单元。为了保证各业务单元的运作效率，手机淘宝App从组织架构维度进行了容器化改造，将一些必要的初始化操作放在共用容器中，各业务在自己的资源包中。这样一来，企业就不需要设置过多的层级与跨度去推进和审核业务流程，因而最大限度地控制了组织运作的流程路线长度，并解决了结构冗余而导致流程反应速度较慢的问题。

当然，在实践中，组织层级与跨度的设置并无定数，须根据组织规模和业务特征进行有针对性的设计和调整。即便已经设计完毕，亦可以根据实际情况，调整结构，追求拥有极致敏捷性的组织反应能力。

5.2.2 组织管理层级的设置

随着企业业务的不断扩张，组织管理层级也会不断分化，并呈现数量增加的趋势。在李书玲所著的《组织设计》一书中曾提到，不同管理层级出现的顺序通常有一个明显的规律性特征，即最早出现的层级往往是靠近业务一线的层级。

那些处于持续变动与向前发展中的企业组织，在努力追求业务扩张的过程中，往往会持续调整组织能力。而企业在资源有限的情况下，往往会通过实现资源使用效率最大化来保障业务扩张的目标。

为了更好地实现业务与组织之间的动态匹配，企业就需要基于当前业务构成和未来发展的方向，完成对敏捷组织的设计和规划，从组织结构维度研究其管理层级，保障其管理层级分化后管理功能的实现。也就是说，只有当这部分管理功能得以真正实现，敏捷组织才会被成功架构出来。

为此，企业可以把距离业务最近、最早被作为辅助价值链配套业务逻辑运转的管理层级，作为企业组织的原点层级。然后，让每个管理层级都以这一层级为基础，发挥不同层级管理主体的管控功能。

【案例】组织最高层级的功能定位

李书玲在《组织设计》一书中提及了一家生物制品公司，这家公司以疫苗研发的核心能力为起点，逐渐形成多种疫苗的研发、生产和销售业务，并建立了两个生产基地。该公司上市后，又对血液制品公司和单抗药物研发公司进行了并购操作。由此，形成了基于大生物产业布局的三个细分板块，而在每个板块内部又形成了研、产、销价值链。

但是，由于这三类业务板块的发展阶段有所不同，所以各板块并未确定实际的经营管理主体，处于板块内部价值链的不同环节的公司仅仅被作为二级管理主体。所以，这三个业务板块之间非常需要有来自更高层级或者说最高层级（总部）的统筹运作与功能强化。

在实践中，企业如果能够让不同层级主体的管理功能得到有效发挥，就可以在很大程度上影响下一层级主体之间的快速协同。特别是最高层级的组织功能，不仅会影响在它之下管理层级功能的发挥，甚至还会直接影响整个企业的系统运营效率。因此，在敏捷组织设计与架构过程中，必须从业务最近的管理层级着手，将其确定为原点层级，这也是敏捷组织设计的底层逻辑之一。

5.2.3 基于业务导向的虚拟团队组建

敏捷组织架构仅仅依靠一个部门或少数几个工作人员是很难推进的，它需要企业基于业务导向去组织跨部门、跨岗位的流程操作。此时，打造一支优秀的虚拟团队，是非常重要且必要的。

虚拟团队是以企业价值创造为核心，以高效开展经营活动为目标而组建的。虚拟团队的成员宜选择专业能力较强的高精尖人才——每个人都拥有自己专业领域前沿的技术和知识，具备高效完成业务的单项或多项核心能力。

而虚拟团队成员往往来自不同的业务部门或职能部门，是因某个临时性任务的完成而临时集结在一起的。故而，虚拟团队具备较强的跨部门协调能力，能够灵活应对和快速协调处理业务流程运作过程中可能遇到的各类问题，为业务目标快速圆满实现提供极大的保障。

所以，当这些高端人才和专业人才在同一个团队中各展所长、协力共创时，往往可以更快速地为客户提供全方位的交付服务，同时也能更圆满地为企业达成预期价值目标。

【案例】华为项目管理的八大员

华为项目管理的八大员是一支综合作战能力强大的队伍，八大员主要指项目经理、技术工程师、采购专家、供应链专家、财务经理、合同经理、项目团队的HR、质量专家。他们都拥有丰富的项目交付经验，承担着项目管理的八个重要角色，因此被称为"八大员"。由八大员构成的项目管理团队以业务为导向，进行跨领域的联合作战，必须有很强的协作意识和执行能力，才能为客户提供一整套完整的项目解决方案。华为项目管理资源池专门为培养八大员的协同意识提供了平台。

华为项目管理的一线常常被称为能够"呼唤炮火的地方"，这是由于项目团队全体成员常常为了如期完成交付成果，夜以继日，充分发挥自己在团队中的最大价值。华为的项目管理资源池会定期向项目团队输入新鲜血液，保障项目团队高效专业的作战能力。同时华为还提供了多种实战模拟培训，帮助项目团队熟悉不同类型项目的业务流程，迅速在项目运作过程中找到精准切入点。

为了保障虚拟团队的功能目标得以圆满实现，企业可以考虑为虚拟团队建立一个人才资源库，定期为专职虚拟团队补充新鲜血液，提高虚拟团队的创新能力、问题解决能力以及流程推进与优化的效率。

5.3　基于流程的岗位设计

企业要以流程为导向，衔接组织架构，科学设定流程岗位职能并规划关联工作，最终实现岗位职责体系化设计，力求通过清晰的流程岗位设计来保障组织与流程顺畅运作。

5.3.1　岗位与流程、组织架构相衔接

流程是水平的，职能是垂直的，当流程被多个职能部门分成不同的碎片时，很多企业会选择让职能部门对各自的流程碎片负责，这样就没有设定专门的岗位对流程负责。这便导致很多跨部门的流程经常出现"流程控制点各自为政，流程的整体结果得不到保障"的情况。因此，组织岗位的设计应考虑与流程和组织架构互相衔接，如此才能确保流程整体的顺畅性。

以流程为导向的岗位设计，可以分四个基本步骤。

1. 组织分析，确认岗位设计的影响因素

影响岗位设计的因素，通常来自以下三个方面：组织的需要，如组织

的经营运作需要的活动等；职责人的需要，包括成员对岗位的期望、发展空间、满意度等；客观环境的约束，包括客户需求、企业战略以及人力资源和社会要求等。在关注这些影响因素的同时，还需要搜集与这些因素相关的详细数据资料，为最终岗位设计工作，提供充足的依据。

2. 分析并界定工作流程变化趋势

确认流程组织目标和影响因素后，可以对未来流程以及岗位的未来发展倾向、现有的岗位和改进的岗位之间的变化关系等进行分析，并提交改进的标杆。只有通过系统分析再进行改进，才能保障流程的通畅和增值。

3. 识别关键流程的关键控制点

流程中可以实现管控的部分主要是过程和结果。要使流程合理并高效地达到目标，就需要对过程中所历经的时间、花费的成本以及风险等环节进行控制，识别关键的控制点，这样才便于以后进行岗位设计和对流程全程掌控。

4. 分解流程中的工作活动

把某流程的总体工作分解成具体的不同操作层级，把每个层级的工作再分解成具体工作活动。不同的工作活动，即可作为独立的岗位来设立。

下面，我们以某贸易公司"订单接收→提货"的流程为例，详细讲解实施方案，如图5-4所示。

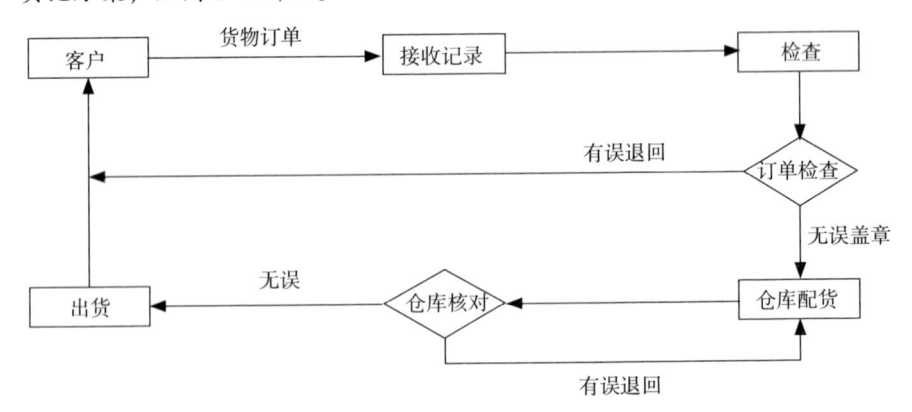

图5-4 订单接收与提货流程

如果我们将图 5-4 所示的流程加以分解，即可得到一个操作分析结构图，如图 5-5 所示。

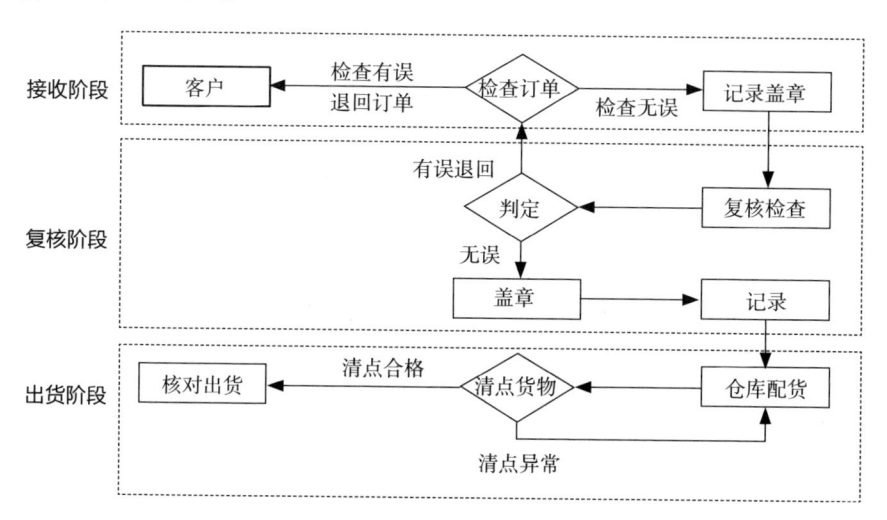

图 5-5　订单接收与提货流程操作分解结构

图 5-5 中每项通过分解而得到的工作活动，都可以作为一个岗位来设计。例如，出货阶段的仓库配货、清点货物、核对出货都可以被设计为流程岗位。在实践中，我们可以通过层次分析法，对流程中的操作工序进行合并聚类，进而界定各阶段的主要和次要工作，最终确定岗位设计。

同时，也要综合考虑组织的整体架构设计。在此过程中，要科学把握岗位设计的合理性——如果岗位太多，会导致流程交接点过多；如果岗位太少，又会导致流程断裂，难以顺畅运作。此外，也要注意人本人情在岗位设计过程中的影响，从根本上规避因人设岗等现象的发生，保障流程运作的顺畅性。

5.3.2　业务系统整合与关联工作分析

既然是基于流程的岗位设计，那么其工作重点就是把握岗位与流程的关联性。具体而言，就是根据业务需求与目标，系统整合工作任务内容，评估工作任务之间的关联性。

1. 业务系统整合

所谓"基于流程来设计岗位"，就是对业务流程进行系统分析，然后根据流程环节的关键点来设计必要的岗位群。而业务系统整合是指通过对业务流程中最小业务活动之间的相关性分析，安排适宜的岗位和相应的岗位数，同时也可以去除不必要的岗位。这一操作需要结合企业的流程系统来逐步有序展开。

一般而言，对于多个业务流程涉及的同一工作类型（或者流程上的交叉点），可以统一设置岗位或进行岗位合并，以提高流程与组织的运作效率。但是，如果岗位工作量并不确定、工作任务也不甚明确，则不宜进行岗位合并，但可以在实践中安排一人多岗制，以便保障流程反应和组织运作的敏捷性。

2. 关联岗位分析

关联岗位分析是以单一岗位为基点，对这个岗位与上级、下级、平级、其他部门或负责人之间的关系进行分析。

（1）上下级关系体现的是该岗位在组织结构和流程中的纵向关系，比如，这个岗位由谁直接领导，向谁汇报，同时也指出其应当负责管理和监督的岗位。

（2）平级关系体现的是该岗位在组织结构和流程中的横向关系，也就是部门内部的平级关系，比如，该岗位在需要协作时可以和哪些岗位人员沟通和协调。

以生产部经理岗位为例，其上级岗位应当是厂长或总经理（按组织结构设置情况而定），下级岗位是生产主管，平级岗位是市场部经理、人力资源部经理、财务部经理等部门经理级岗位。

（3）部门间关系体现的是该岗位所在部门与其他部门之间的关系，是部门版的上下级关系和平级关系。部门间关系更直接地呈现了组织架构间的重要关联点，以及不同业务流程之间的交接点。从岗位负责人的角度来说，了解部门间关系有助于建立全局观，从整体角度把控岗位工作。

关联岗位分析的结果会形成对上下级关系、平级关系以及部门间关系的描述，最终出现在岗位职责说明书和部门职责说明书中。当企业对这些内容都已明确并确认无误之后，即可着手岗位职责的体系化设计了。

5.3.3 岗位职责体系化设计

岗位职责体系化设计就是根据岗位工作任务的内容，具体规划各岗位工作的职责，实现全企业、全流程岗位的职责体系化，避免在现实工作中出现踢皮球或无人担责的情况。

1. 规范岗位工作职责

岗位工作职责设计主要包括工作责任、工作权力、工作方法以及沟通与协作模式等方面，基本说明如表5-2所示。在分析和设计岗位职责时，要以企业战略为导向，突出该岗位的独特价值；同时注意职责边界的明确、清晰，以避免出现职责交叉、重叠、模糊等现象。

表5-2　岗位工作职责

工作职责范围	说　　明
工作责任	工作责任是指员工在工作中应承担的职责及压力范围的界定。责任要适度，责任过重，会导致员工抱怨和抵触；责任过轻，又会导致员工行为轻率和低效
工作权力	权力与责任是对应的，责任越大权力就越大，如果二者脱节，会影响员工的工作积极性
工作方法	包括领导对下级的工作方法、组织和个人的工作方法设计等。对于不同性质的工作，应采取有针对性的方法，切忌千篇一律
沟通与协作模式	整个组织是有机联系的整体，是由若干个相互关联与制约的环节构成的，各环节之间必须有效沟通、相互合作、相互制约

2. 明确岗位说明书，形成职责体系

在岗位工作职责的基础上，应形成规范的岗位职责要求，示以明文，使在岗人员明确自己"应该做些什么、应该怎么做和在什么样的情况下履行职责"，避免因职责不清而出现越权或推卸责任的情况。在设计岗位说明书、明确工作职责的过程中，应特别关注以下五个关键内容的设计，如

表 5-3 所示。

表 5-3 岗位说明书中的关键内容

关键内容	说明
责任人	根据工作的需求设置岗位，明确岗位负责人的权责，确保职责清晰。保证事事有人做、人人有事做。同时，能够在追究责任时，迅速找到相关负责人
工作内容	对工作内容的了解，是衡量是否明确工作责任的指标之一。工作内容包括员工在日常工作中的主要工作事宜和相应岗位所应承担的主要责任
工作方法	明确工作方法，是明确责任的一个重要方面。拥有正确的方法会使工作产生事半功倍的效果
工作标准	制定明晰的工作标准，就是对任务成果的时间、数目、质量方面有所控制与限定，针对员工责任制定量化标准
考核细则	明确的考核细则是责任清晰的重要指标。考核细则的制定，可以确保责任的清晰与到位，不仅是对员工日常工作责任的要求，更是管理者对员工进行监督与考核的依据

有了岗位说明书，项目成员可以一目了然地了解自己的工作职责和权限，并督促自己做应该做的事情，完成应该去完成的任务。同样，项目经理也可以通过岗位说明书实现追溯管理。一旦项目工作的某个环节出现了差错，项目经理就可以通过岗位说明书，快速地找到责任人，从而让项目管理工作轻松、便捷了许多。

【示例】××公司的岗位说明书

职务名称		职务编号	
直属上级		所属部门	
工资级别		直接管理人数	
岗位目的			

工作内容：

权限与责任：
1. 权限：
2. 责任：

所受上级的指导：	所予下级的指导：

同级沟通：

关键业绩指标	指标项目	量化目标	指标权重
	（公司对该岗位最关注的工作内容，建立在部门考核指标基础上）		

续表

关键业绩指标	指标项目	量化目标	指标权重

岗位资格要求：		
教育背景：		经验：
岗位技能要求：（完成该岗位各项工作的最低要求）		
专业知识：		能力与技能：
职业发展：该岗位可以向本部门或其他部门晋升的职位		

注：本页仅作为分析模型的简单示例，以供参考。

需要注意的是，企业中的每个岗位都应有对应的岗位说明书，要明确各岗位在横向和纵向与其他岗位之间的关联性（特别是工作交接点、工作协助点、工作支持点），使岗位职责体系化，从制度层面避免踢皮球或无人担责的情况。

5.4 系统管控与动态适配

当企业基于流程建立起对应的组织架构与岗位，实现了结构的灵活性之后，企业还应通过组织内部系统管控来推动企业整体的快速运作能力，通过动态适配机制和组织细胞单元来灵活应对外部环境变化。

5.4.1 前端拉动后端的一体化模式

从组织内部角度来说，系统管控目标往往需要借助企业的一体化模式设计来实现。这里说的"一体化模式"是指企业以一点触动，而后牵动整体的力量，共同实现企业的市场目标。在这方面，华为的"铁三角模式"是一种非常成功的实践。

【案例】华为的铁三角模式

华为的铁三角组织是一种面向客户的以项目为核心的一线作战单元，其通过主动对接客户，确保客户需求得到快速满足。图5-6呈现了华为铁三角组织的基本模式。

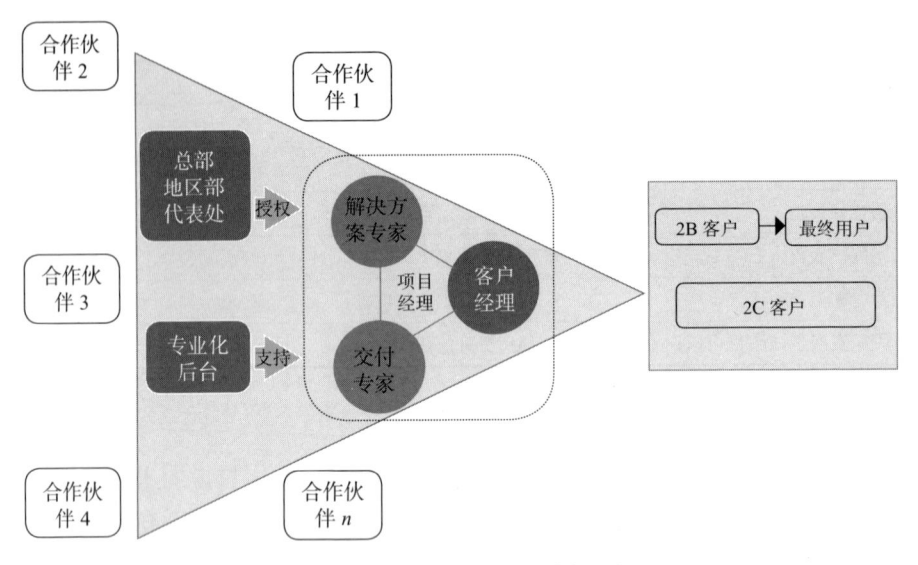

图 5-6 华为铁三角组织的基本模式

华为的铁三角组织模式始于华为苏丹代表处。2006 年，华为苏丹代表处在非洲某电信运营商移动通信网络的招标中失利。在总结会上，代表处一位主管发现：在客户召开的网络分析会上，华为参会的七八个员工都会向客户解释自己所负责领域的问题，而没有形成一种整体相互协同的效应。结果，客户 CTO 当时非常生气："我们要的不是一张交钥匙工程的网，不是一张核心网，更不是一张数通网，而是一张能够立即运营的电信网。"

在吸取了此次失利的经验教训后，华为的苏丹代表处调整了自己的组织模式：以客户为中心，构建了一个以客户经理（AR）、交付专家（FR）、解决方案专家（SR）为核心的，能够面对面主动对接客户的一线作战单元，以更加精准地了解和把握客户需求。

在华为的"铁三角"作战单元中，第一责任人是客户经理，也就是团队领导；解决方案专家和交付专家负责全力协同配合，在共同目标的引导下合作发力，实现"铁三角"的高效运行。其中，客户经理、解决方案专家、交付专家的具体职责如表 5-4 所示。

表 5-4　华为铁三角各角色职责

成　员	主要职责	详细介绍
客户经理	负责总体客户关系和营利性销售	负责建立并维护客户关系； 管理客户在各种机会点活动中的期望； 驱动营利性销售，确保合同成功； 负责财务概算和预测、定价策略、融资策略、条款及相关风险识别； 制定合同谈判策略，并主导合同谈判；确保交易和 PO 签署、催收回款
解决方案专家	负责技术和服务解决方案	负责制定解决方案策略、规划解决方案、保证解决方案质量、标书总体质量以及提升竞争力； 制定满足客户需求的恰当方案，引导客户接受我方方案； 确保解决方案与华为产品/服务组合和战略保持协同； 准备报价清单，识别解决方案风险以及风险规避措施； 负责与客户共同解决有关技术与服务方案的问题； 支持客户关系的维护
交付专家	负责合同履行的客户满意度	总体负责合同履行、项目管理和服务交付； 领导 DPM 协同履行团队在售前阶段早期介入，保证合同质量及可交付性； 负责合同执行策略以及相关风险的识别和规避； 保障合同成功履行（包括开票），确保华为和客户双方都完全履行了合同义务； 负责履行中与客户之间的争议的解决

对于铁三角组织，任正非评价道："铁三角对准的是客户，在市场的最前端，使用联合力量作战，体现的是综合的能力，使客户感到我们是一个友善的界面。"而铁三角的精髓便是打破组织职能边界，以前端拉动后端，形成以项目为中心的团队运作模式，是一种直接面向客户需求的敏捷化组织。

从本质上来说，这种模式是前端拉动后端、推拉结合的一体化模式。"推"是指由企业、部门为主导，提出目标及任务，然后动用组织强大的资源去完成；"拉"则表示一线组织提出需求，后方提供支持。

我们从表 5-4 中也可以明显看出，铁三角中的"客户经理"已经从原来的单纯的签合同的员工转变为综合经营管理的角色；"解决方案专家"由原来的产品销售转向一体化问题解决方案提供者；"交付专家"也由原来的单纯的项目交付转向满足客户需求的整体交付。可以说，这是一个聚焦于客户目标实现的一体化联动模式。

这也证明了一点：如果企业的内部成员都能够秉持共同的使命，从前端之始便聚焦客户需求的识别，至后端又能全力满足客户需求，那么这个"一体化"的集体便具备了强大的反应力和战斗力，自然也有足够的能力、更加敏捷地实现企业或团队目标。

5.4.2 市场感知与自适应性组织

实现敏捷组织动态适配的基础就是市场感知力。也就是说，要想让企业自主适应市场需求，实现动态适配，强化与市场生态的契合度，那么企业必须提高市场敏感度，这是一个先决条件。

1. 提高市场敏感度

近年来，市场环境越来越复杂，市场对企业的反应速度也提出了更高的要求。企业需要有高度的市场敏感度，能够敏锐地感知市场变化，这样才能更灵活、更敏捷地应对市场需求。如果企业不能在变化发生之前或发生之初就有所感知、做出反应，那么企业势必会在优胜劣汰的竞争中陷入被动之地。

【案例】徐工设备的数字联网

在2019年10月世界智能制造大会上，徐工被工信部授予智能制造标杆企业，成为工程机械行业唯一一家入选企业。目前，徐工已经获得1项国家级智能制造试点示范项目，1个江苏省智能工厂，11个江苏省示范智能车间等多项智能制造领域成果……徐工在智能制造领域的硬核实力是不容小觑的。

徐工的工程师曾讲过这样一个故事：非洲的一个露天矿场距离城市几百公里，徐工售出的挖掘机在那里展开作业。以往如果有零配件需要补给的话，就只能停工，这个过程往往会延误很长时间；而现在，徐工可以通过网络实时监测，提前预判并做好备货工作。在位于国外的一个大型项目工地上，工程师发现两台工程机械已有两个月未按时支付租金。于是，他直接远程遥控锁车，待客户方联系付款之后再行解锁。徐工通过对设备进行数字化联网，能够更敏锐地感知客户方的情况，从而快速做出反应。

可以说，企业对市场的高度敏感，既可以避免企业在市场快速变化中陷入被动，又可以避免不必要的经济损失。

2. 打造自适应性组织

面对不可预测的变化，企业唯一的战略就是使自己变得更具适应性，"自适应性组织"应运而生。它要求企业以客户需求为导向精准预测商业机遇，随着未来变化进程而做出恰当且快速的反应。

【案例】腾讯：一个具有超强自适应性的组织

2018年9月30日，腾讯公司宣布正式启动新一轮整体战略升级，开启了腾讯创业20年来的第三次重大组织架构调整。腾讯公司公开表示，将进一步探索更适合未来趋势的社交、内容与技术的融合。腾讯公司新成立的云与智慧产业事业群（CSIG）意味着腾讯公司正式把云服务提高到了战略层面，并且正面进军企业服务领域。这是从消费互联网转向产业互联网的一个积极信号。

腾讯公司此次的组织架构调整，与此前的两次组织架构调整，都是根据组织内外环境以及业务发展战略做出的调整和演化，因应需求变化而做出自我适应的。这体现了腾讯公司超强的自适应能力。

李德伟在《自适应企业是当前最好的组织形态》一文中提出，自适应性组织的打造需要借助三大支柱，分别是市场自适应性、技术自适应性和组织自适应性。其中，市场自适应性是指企业积极审视市场情况，借助数字化平台生态系统，快速进入新兴市场。技术自适应性是充分利用集成技术平台和创新价值链，使企业具备快速应对业务变化的技术能力。组织自适应性是指企业内部实现主动交互，投资自动化技术，打造动态突击团队。

总体而言，自适应性组织要具有前瞻性、敏捷性、灵活性和协同性，能够主动把握和适应环境的变化，锻造主动创新、自我调节和自我适应的能力。故而在实践中，自适应性组织往往需要通过数字化、智能化的改造，拉动企业整体对市场的自动化、及时性的响应。这也是自适应性组织具备高度的市场感知力的原因。

5.4.3　以精兵组织拉动敏捷反应

企业架构的前端是敏捷组织实现动态适配的重点部位。聪明的企业会着力强化前端的实力，打造"小前端"——精兵组织，以之拉动整个组织的敏捷反应。对此，华为创始人任正非曾言："所谓'小前端，大平台'，就是前端建设高精专的精兵队伍，后端建设区域、机关两级平台，同时配套全球能力中心建设，提供专业能力和知识共享，为前端提供有效的支持。"前端精兵化，后端平台化，以高精专人才队伍拉动组织，这样既可以减少组织资源的浪费，又可以提升组织运作的敏捷性。

【案例】阿里巴巴的敏捷前端与强大中台

阿里巴巴集团 CEO 张勇认为，商业竞争到最后会变成组织的竞争，也就是说企业要建设适应新生产力的组织生产关系。他说："组织架构应当形成小前端+大中台的架构；在人才上，放手让更多年轻人掌舵。"

基于此，阿里巴巴集团对组织进行了一次变革。按照"大中台、小前台"理念，设立了阿里巴巴中台事业群，同时授权给淘宝、天猫的各个业务单元，让他们更自主、灵活和敏捷，并让一线人员组成"班委"负责快速反应前端业务需求。张勇指出："敏捷的前端+强大的中台是阿里一直在思考并已经开始实施的重要的组织升级。"阿里巴巴已经挑选了一批在业务前线有突出能力的人，并授予他们充分的人事、财务、决策权力，给予充分的技术和数据支撑，同时设立目标。让他们独立领导一个小团队推进业务。可以说，这是阿里巴巴式的精兵组织。张勇说："一个几十人甚至十几人的小团队，目标清晰，反应迅速，有自由决策的空间，在数据和技术的'炮火支援'下，撬动的生产力往往可以抵上一个大型企业。"

概括地说，企业的前端人员宜实现精兵化，有能力根据后方的能力及资源储备情况，来快速规划最恰当的方案，做出高效的反应。后方人员为了提高响应能力，则应该平台化，使后方的资源能够快速而精准地满足前方需求，实现价值最大化。

5.5 平台赋能与体系支撑

如果说企业组织前端的作用是感知市场，那么组织后端的作用就是满足前端需求。而从近年实践来看，通过平台赋能与体系支撑，往往可以更大程度上发挥后端的价值，提高整个组织的反应效率和效能。

5.5.1 从管理功能到服务功能的转化

流程型组织的最大价值是推动组织的后端从管理功能向服务功能转变：前端为客户提供服务，后端为一线提供支持和服务，前端相当于后端的客户。

【案例】华为公司从管理到服务的思维转变

2003年，华为内部刊物《管理优化》上曾刊登过一篇文章，其中指出了当前职能部门存在的一些问题。其中，一类问题是，一些部门由于自身工作缺乏规范性和计划性，就随意向一线部门要数据，一线部门为此需要花大量的时间来应对机关事务，投入客户服务工作的时间却大大缩短。还有一类问题是缺乏服务意识和心态。很多机关工作人员尽管"官"不大，但对前来办事的人员服务态度很差。因为流程在那儿，所以其他员工也没办法。据说，有位员工去某机关单位盖章时，站在工作人员的桌边，结果被很不客气地说道："你站这儿干什么？站到桌子对面去！"机关应该是为一线提供服务的，但是机关工作人员不但没有服务意识，反而"飞扬跋扈"。

职能部门这种管理的态度，使得前端乃至整个组织的运作效率都极低。为了解决这个问题，华为强调，位于后端的职能部门要从传统管理功能向服务功能转化，为前端作战提供更及时有效的支持与服务，进而快速地响应客户需求和应对市场变化，为企业创造价值。

2012年，时任轮值CEO的徐直军表示："未来5~10年，公司将致力于行政改革，通过将责任与权力前移，让听得见炮声的人来呼唤炮火。如此便可以推动机关从管控型向服务、支持型转变，形成一个适应现代需求的现代化管理企业。"这种后端平台的服务功能转型，可以说是提高组织敏捷性的一种有效模式。

为了更好地促进企业内部业务流程的敏捷运作，企业还可以引入"内部客户"的概念。"内部客户"是麦肯锡、IBM、惠普等世界知名企业都十分提倡的一个理念。在大多数企业中，员工出于自身工作状况等原因的考虑，大多不愿意响应别人的求助，也就无法有效地做到服务内部客户。而事实上，管理学家约翰·奈斯比特则指出，企业人必须具有内部供应链的理念，即内部客户是相互的，而非单向的。在整个供应链上，尽管各部门分工不同，但都有服务与被服务的关系。

例如，销售人员需要研发人员在一定情况下给予技术支持。此时，销售人员就是研发人员需要服务的内部客户。而当研发人员需要收集客户意见和建议时，又往往需要销售人员在数据采集上予以配合与支持。在这一过程中，研发人员所扮演的其实是销售人员的内部客户的角色。所以说，唯有二者相互协作，才能做到简单、高效地工作。

所谓"服务内部客户"，其本质是将部门、员工视为利益共同体。如果企业内部建立了服务认知，实现服务功能转型，将更轻松地打破部门壁垒，既可以保障流程运作的速度，又可以避免企业资源的内耗。

5.5.2 构建资源集中调配平台

资源整合是指针对物资、信息等资源的供应情况进行统筹整合，以实现精益的供应状态。资源没有经科学整合是无法发挥经济效用的。因此，企业开展的每一项业务工作，都应该注意强化对资源的集中整合与调配。

【案例】阿里巴巴借助中台系统支持前线业务

前文中我们提到了阿里巴巴的"精兵组织",那么这个精兵组织是由什么来支撑的呢?是强大的中台系统在发挥支撑作用。张勇说:"中台在企业内部提供共享的技术、数据、产品和标准,维护与更新交易体系,营销体系、支付体系。针对必须长期投资的基础技术,比如搜索、算法、图像识别、语音、定位等,大中台又可以化身为企业内创新研究院,结合业务场景进行深入研发。"

阿里巴巴公司的中台最终是一个事业群,将负责管理和开发阿里巴巴公司最重要"数据"资产。在论述到一线团队和中台的地位时,张勇说:"只有依靠强大的中台这条'航空母舰'赋能前台,数据化决策才可能实现,前线业务才能得到足够的产品、数据和技术支援。"

【案例】华为在研发创新方面的资源集中

华为的平台是"大平台"的概念,强调整合的不仅是企业内部的种种资源,还包括企业外部任何能够为企业所用的资源。在研发平台的打造上,华为构建了"2012实验室"。2012实验室主要面向未来5~10年的发展方向展开研究,其中包括云计算、数据挖掘、人工智能等研究方向。它的二级部门有研发能力中心、海思、中央软件院、中央软件工程学院。

2012实验室还聚集了全球的优质资源,其旗下加入了许多世界著名的实验室,如高斯实验室、香农实验室、欧拉实验室等。除此之外,2012实验室在国内有8家研究所,海外也有8家研究所,这些研究所都聘用了各地的科研人员从事基础研究工作。在海外的研究所中,欧洲研究所占有极其重要的地位,它不仅是华为的两大数学中心之一,为华为的5G研究开辟道路,同时也让华为在欧洲市场取得了成功。

目前,华为在全球各地建立了16个研究所、36个联合创新中心和40多个专业能力中心。通过这些机构,华为与全球数百个合作伙伴展开密切合作,将自己的全球价值链打造成一个全球化的创新平台——几乎全球的客户都可以通过这个平台,在最短的时间内了解到一系列来自全球的最新的创新成果。

《华为基本法》第三十三条简明扼要地阐述了资源动态调配的重要性和必要性："市场变化的随机性、市场布局的分散性和公司产品的多样性，要求前方营销队伍必须得到及时强大的综合支援，要求我们必须能够迅速调度和组织大量资源抢夺市场先机和形成局部优势，实现资源的动态最优配置与共享。"

而我在多年的企业咨询工作中也发现：中国企业普遍存在着诸如技术资源不足、信息不对称等问题，其组织结构又大多未能真正以客户价值为导向。这便导致企业的决策调配权集中在企业组织的后端，而前端则面对客户孤军奋战，无力应战成为一种常态。针对这种现象，提高企业后端的集中配置资源和赋能能力，提高前端呼唤炮火、集群资源以及综合运用资源的能力，是非常必要的。

资源集中调配平台是企业组织价值和系统生态价值的直接载体。一般来说，企业进行平台赋能时，往往可以从平台基础建设、模块化和标准化、数字化入手，构建有稳定输出的功能模块，形成资源池和简洁易用的关系界面，并根据前端发展的需求，为企业的资源集中调配平台打造独特的优势能力。可以说，有效的平台赋能将对企业资源形成更好的凝聚、调配与管控，也更有助于实现资源的节约与调配的迅捷性。

5.5.3　打造强大的后台支撑体系

一个真正的敏捷组织，往往有一个非常强大的后台体系在发挥支撑作用。在这里我们提到的"后台支撑体系"，是指辅助平台功能实现的一整套管理体系。当企业搭建好了资源集中调配平台之后，还要考虑如何让各部门主动支持业务的推进，如何多角度支持流程的高效运作，等等。

1. 界定后台支撑部门及任务

后台支撑部门是后台支撑体系的践行者。这些部门是指那些不需要直接面对企业外部客户的部门，与企业的那些直接面对外部客户的部门是相对的。比如，行政后勤部门、人力资源部门、财务部门以及其他为企业前台部门提供支撑的部门，都属于后台支撑部门。这些部门的工作方式与执行力最终呈现为后台支撑力，影响着企业流程运作的效率与整体经营的效能。对于后台部门的支撑模式与具体任务要求，也应预先明确规定下来，使其在行为过程中"有所依据"。在操作上，我们将在后面的"规章制度建设"一章中进行具体阐述。

2. 向 IT 系统等借力

除了让部门和人员发挥支撑作用，企业还可以让一些先进的管理系统来发挥支撑作用。比如说，很多企业以 IT 系统作为业务支撑系统，借之支撑业务开展，像客户预约登记、服务调整、服务跟进、开票等业务操作往往是在 IT 系统中进行的。有一位企业经营者曾这样说："如果没有 IT 系统的话，我开不了张，卖不出一张票，也收不到一分钱。"

【案例】长沙远大住工公司助力建设数据中台

长沙远大住工公司将人力资源与业务融合，设计了一套数据中台模型，如图 5-7 所示。

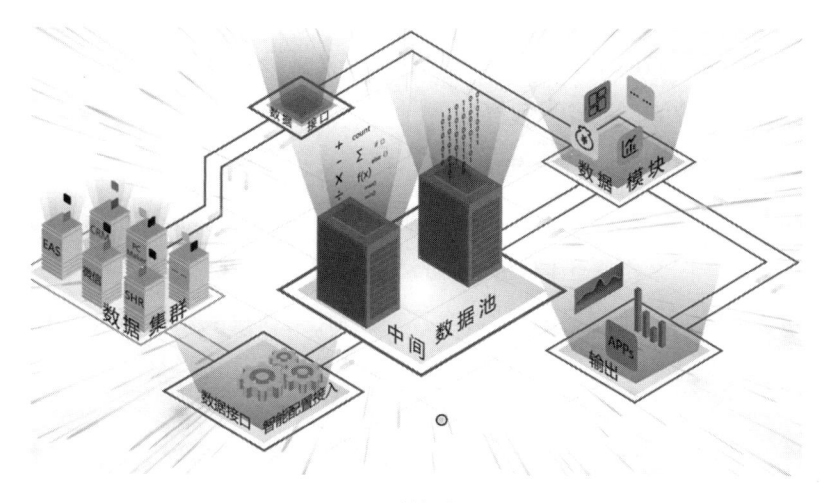

图 5-7 数据中台模型

长沙远大住工公司预先设定数据采集规则，通过"数据接口"，将市场、运营、财务、人力等方面的数据形成"数据集群"；然后通过"数据接口"和"智能配置接入"，将数据持续汇入"中间数据池"，并形成"数据模块"。当相关部门或流程管理人员需要提取数据信息时，则根据授权规则对数据模块进行提取操作，由此极大地方便了企业内部的数据共享与应用，有效地打破了部门墙限制。

还有一些企业甚至逐渐将支撑系统发展成开展业务的主干系统，让IT系统成为自己的业务。比如在华为，2014年，时任轮值CEO、变革指导委员会主任郭平在《拥抱变化、担负使命》的讲话中说道："云化、移动化、社交化给社会带来了多大的变化！我也期望，华为作为一个ICT行业的全球领先企业，我们的IT系统不要落后于这个时代。基于互联网技术，打造面向未来的、更高效敏捷的下一代IT系统，是公司对IT部门的期望。这个不仅局限于机关、局限于中国，还要能够延伸到我们在各个国家的中心仓、各个客户的站点，有力地使变革目标可实现、可固化，数据一致并可信任。"

如果我们仔细观察亦不难发现：不仅华为公司，实际上时下的很多大型企业都在着力改变过去的传统职能部门的权威性，端正其作为支撑部门的认知，并明确界定各支撑部门的职能要求；同时，借助IT系统、大数据、云计算等新兴技术的力量，支撑企业核心业务持续向前推进，并使企业资源的有限价值得到更大程度的发挥。

本章的主题是敏捷组织设计，从本质上来说，敏捷组织是在相对稳定的基础上持续提升其活力状态的。从组织架构与岗位设计入手来实现组织的相对稳定，但又不限于僵化，通过动态适配、平台赋能、体系支撑等方面的动态实践，企业能更加机敏地应对新变化与新挑战，提高自己的可靠性与反应能力。

第 6 章
协同作战机制

一个企业战斗力的大小不是由企业中能力最强的某个人决定的,而是由企业全员共同践行、协同作战、互相补位的程度所决定的。协同作战机制涉及授权、分权、部门协作、沟通与反馈、流程响应机制等一系列内容,是从高效协同、一致行动的角度做出的系统规定与要求。在项目化运作中,协同作战机制的建立和应用尤为重要。

6.1 组织分权与授权管控

对于一个企业来说，搭好了组织模式与经营机制就如同搭好了框架，而要想让这个大框架真正灵动起来，则需要各节点主体充分发挥自己的动能。为此，企业必须先行做好分权和授权，即让各层级、各节点的个体具备完成任务所需具备的权力，同时保证过程与结果的可控。

6.1.1 关于集权与分权模式的选择

集权与分权是企业在经营管理权限上选择的分配方式。集权是指决策权力和行动决定完全由最高管理者决定，决策发生在组织高层。分权是将权力逐级下放，授予中基层人员更多的权力。

1. 规划集权与分权，控制利弊

客观地讲，集权模式在组织发展的初期是功不可没的。很多大型企业最初都是在集权模式下建立起庞大的组织机构的。但是，随着企业的不断发展壮大，规模与效率的冲突会逐渐产生。此时的集权模式反而会降低决策的质量与企业的反应能力。

而分权是使中基层人员在拥有更多权力的同时肩负更多的责任，以更好地实现部门间或层级间的协同作战，提升企业的管理效率。但是，如果分权过程对权限控制不到位，又可能导致权责混乱。

【案例】京东集团的组织分权实施

京东集团和子集团、事业部非常重视分权设计。京东集团总部对事业部的授权分为财务授权、人事授权、业务授权。一切有利于业务发展的激励和资源分配权，都充分下放到事业部，由其在预算内自主决策，保证经营所需的各项资源。

以财务授权为例，在财务费用预算上，集团对事业部只是资源总包的控制及对重大预算调整的审核，预算内费用的使用，都由各事业部自主决定。在预算内，事业部决定其员工入职薪酬、薪酬调整，并自主支配相应的奖金等激励资源的使用。事业部责权利的结合，将有利于组织的敏捷联动，为其创造良好的经营与管理环境。

对于企业组织的权限设计，单纯的集权或分权都不利于企业协同运作效能的发挥。企业应考虑集权与分权并重的管理模式，规避过度集权与分权的矛盾。在实践中，如果企业能够采用"横向分权，纵向授权"的权力结构，从分权与授权上做好协同管控，那么无疑对于企业而言是更为适合的。

2. 先分权再授权

"先分权再授权"管理模式的核心在于：基于分权基础，实现可控授权，以此加快决策与行动的速度，使企业各部门灵活决策、积极协同，在应对日益复杂的市场变化时能更加敏捷、游刃有余。

【案例】华为坚持"先分权再授权"

2000年之后，华为公司的组织规模和业务发展极为迅速。为了控制公司运营风险，华为不得不设置了许多流程控制点。但是，由于授权不足，华为内部出现了严重的官僚主义及教条主义问题。于是，一线工作人员花不到1/3的时间去找目标、找机会以及将机会转化为结果，其他时间完全被用在了与后方的频繁联系上。也就是说，面对规模越来越大的市场，华为的管理线被越拉越长，而对机会的把握越来越不得力，甚至很多时候坐失良机。

就在这时，一份来自华为北非地区的工作汇报触动了任正非思维的一角。在华为北非分部，员工围绕做厚客户界面成立了一个特别的工作小组——由客户经理、解决方案专家、交付专家组成的，面向客户的"铁三角"作战单元。从2009年开始，华为建立铁三角新型分权形式，在此前提下选择适宜的人员进行授权管理。

铁三角的精髓，就是为了目标而打破功能壁垒，形成一套以项目为中心的团队运作模式。华为的各种先进设备和优质资源，都应该在前线发现目标后在第一时间内给予有效的支持，而不是坐等后方那些拥有资源的管理者慢慢赶来指挥作战。

这种管理上的尝试，为华为组织结构变革和管理创新提供了一条思路，就是采用新型分权管理模式，把决策权根据授权规则授予一线团队，而后方仅起到监督和保障作用。这种在组织权限规划与控制上的成功实践，也给众多企业组织带来启示和借鉴。

6.1.2 设定组织授权的范围与尺度

任正非曾说："领导者要那么多的权力有什么用！所有权力都给一个人，这个企业不垮才怪。把权力放下去，让基层成为精英，这样的企业才是优秀企业。"可以说，授权是将完成一项工作任务所必须具备的权力分授给下属的过程，是一个企业组织运作的关键行为。

【案例】詹森维尔公司的授权实践

詹森维尔公司是一个美国式家族企业，企业规模虽然不大，但自1985年实施授权管理之后企业发展相当迅速。詹森维尔实施授权管理主要表现在由现场工作人员来制订预算计划。刚开始时，现场工作人员是在财务人员的指导下完成预算工作的。后来，现场工作人员可以独立完成预算，财务人员仅仅负责最终把关即可。在自行设计的预算计划指导下，现场工作人员可以组织设计生产线。如果需要添置新设备，他们还会在提交的报告上附一份自己制作的现金流量分析，用来论证增加新设备的现实可行性。实施授权管理之后，企业的经营形势非常喜人，销售额逐年递增。

詹森维尔公司通过授予工作人员自主预算的权力，充分调动了现场工作人员的工作效率，极大地促进了企业的经营收益与持续发展。需要注意的是，要想保障工作的有序推进和授权结果的有效实现，企业的管理者必须在授权过程中把握好组织授权的范围与尺度。

1. 规避权力滥用

限制性授权是指授权之初即对所授出的权限有所限制，使被授权者预先了解自己所掌握的权限。常见形式有条件授权和单项授权。

（1）条件授权。指只在某一特定环境条件下，授予员工某种权力；一旦环境条件发生改变，权限也随之改变。比如，在面对客户投诉时，华为会选定某个员工担任负责人，由其全权接洽客户，直到问题得到彻底解决，获得客户满意。

（2）单项授权。指只针对某个项目授予决策或处理的权力，待问题解决或项目结束后，权力即行收回。华为业务常常以项目制形式开展，即围绕某项业务的开展而选定组长和项目成员，每个人的任务和权限也是围绕此次业务开展而设置的。一旦该项目结束，相关人员的任务及权限也随即终止。比如，为了开拓联通或移动的市场，华为会先任命一位副总裁，然后由该副总裁抽调几个人组成项目组，该副总裁具有相应的组织调配权等。待这个项目成功完成、所有人得到相应的奖励后，该授权也结束了。

这两种授权方式可以使被授权者在特定情境下获得并行使某些权限，而不是在任何时候滥用权力。

2. 授权尺度要恰当

授权尺度是否恰当，通常从三个角度来评估：

（1）界定授权大小。因为，如果授权过小，往往无法实现激发员工尽职尽责的目标；如果授权过大，又会导致大权旁落，出现难以收拾的局面。

（2）平衡员工承受能力。也就是说，被授权者所授的工作量不可超过其能力、精力、体力所能承受的限度，以免被授权者因工作量过大而顾此失彼，无所适从，继而影响了整个组织的战斗力。

（3）视任务轻重、业务性质授权。如果任务重、工作专业性强，应该多采取授权措施，但管理者必须确保自己能掌控局面、做出正确决策。

6.1.3　保障授权过程与结果可控

华为非常重视授权的可控度，任正非曾说："授权而不彻底放权，对权力加以监督和干涉。"因此，企业的授权管控，绝非简单的拍脑袋行为，而要从授权者和被授权者两个角度，来系统管控授权过程，保障授权结果符合预期目标。

1. 授权者的主动牵制

在华为，任正非虽然常常强调，要给予员工充分的信任，将权力下放，让员工更加自主地完成工作，但是，他并不是一味授权而没有限度的。在充分授权的同时，他也时刻注意着权力的平衡与制约。他常说："授权不等于彻底放权，把权力都放出去了，企业还要管理者做什么！"

【案例】华为对授权者的权力分配模式

一次，华为的一个技师同生产组的组长吵了起来，任正非知道后仔细了解了事情经过。原来，华为新开发了一款交换机，技师认为，新的交换机应该在换频案板上加一个自动控制钮，生产组长却觉得多此一举，交换机一旦使用，就很少有人去手动调控了。

任正非觉得两人说得都有道理，一个从机械结构着眼，要求科学合理；另一个从实际操作着眼，经验准确。两人都想把新交换机定型得更加完美、更加实用，都是为公司好。但是根据公司的授权规定，两人也都有修改产品生产工艺的职权，究竟按照谁的想法来安排工艺流程，实在是个让人头疼的问题。

后来，任正非想出一个两全其美的办法：把两者的权责划分得更加清楚，在公司原有部门之外，再设一个开发部，由那位技师主持，专门从事产品改进研究。如此一来，开发部与生产小组分权并立，既不冲突，又可以相互扶持，很好地做到了权力的合理分配。

在授权后，管理者仍然要保留一定的、必要的牵制权，以此来确保企业内部出现权力分歧时，高层领导能够在第一时间调整相应的策略，保障企业整体健康运营。

2. 被授权者的汇报反馈

授权者要提前在团队内部设计好工作汇报机制，要求被授权者及时汇报，以了解工作进展情况。这种方法对被授权者的主动性有更高的要求。

华为的一位项目经理这样回忆自己刚做管理者时遇到的问题："由于华为的项目时间要求都非常紧张，所有成员都加班加点地工作。我将部分任务授权给项目成员处理后便去忙其他的事情了。经过一个月的努力，到了第一阶段集成的时候，一位项目成员负责设计的系统出现了问题，与其他人设计的系统存在很大的偏差。于是，我不得不召集其他人一同帮忙修正，为此多花费了一周的时间。"

事实上，很多人都习惯于埋头做事，遇到问题自行解决，这便导致管理者发现问题的时候常常已经为时已晚。因此，授权者应当认识到：即便项目成员的一个很简单的决定或者工作中的一个小问题，自己也应该有所了解。如果任务比较复杂，纵然管理者授权出去，也要把控过程。而通过定期汇报，授权者可以随时了解被授权者的工作进展情况，也可以在工作汇报中与被授权者共同探讨可能遇到的问题，进而使得授权任务得以顺利完成。

德鲁克曾断言："任何企业如果将责任和决策都集中在少数管理者身上，必会招致毁灭。这样的组织就如同恐龙一样，试图用一个微小、集中的神经系统来控制无比庞大的身躯，但因为无法适应环境的快速变迁，终致灭亡。"而授权则是将神经系统延展到每一个角落，这样企业才能始终保持一种自适性，保障企业的各个板块构成依照各自的权限设计并协同运作。

6.2 协同意识与协作实时化

企业乐于分权、授权，这是企业推进协同作战的基础。但是，如果被授权的行为主体本身缺少协同意识，那么，它也是很难呈现实时化的协同的。因此，培养人才的系统作战意识，做好定岗定责定人与缺岗补位，并借助信息化手段去促进全员保持协同作战状态，是非常有必要的。

6.2.1 从集体协同意识到协同实践

任正非曾言："只要将公司内部的人黏合在一起，就能够创造出协同效应。"一旦企业成员具备了整体协同意识，他们会将集体利益放在第一位，相互协调配合，共同完成任务，从根本上规避人心不齐、不愿意协同作战的散漫现象。

【案例】华为的人员协同作战实践

华为员工李潇（化名）刚刚担任QCC（品管圈）圈长，便遇到了一个麻烦。当时，公司的问题分类不明确，缺少定量数据，数据收集的工作量非常大。最初几天里，李潇独自奋战，却毫无头绪。他向辅导员表达了自己的懊恼与愧疚："如果做不好前期数据分析工作，我就要放弃做圈长了，我不能让大家的努力建立在一个不够牢靠的基础上。"

辅导员看着情绪有点激动的李潇，笑着说："不要因为个人技能不足，就觉得愧对圈员，你可以和大家一起学习、共同努力啊！"李潇恍然大悟："为什么不向圈员寻求帮助、群策群力呢？"

李潇将所有圈员召集起来，征求每个人的意见，圈员也非常配合。随后，那些熟悉数据收集的圈员主动承担起数据收集的任务，那些擅长数据分析的人则承担起数据分析的任务。同时，李潇还向QCC交流园地发出求助，得到了众多圈友的支持。没过多久，李潇各方面工作便顺手了，QCC工作走上了正轨。

从根本上来说，这种人员的协同意识是协同作战机制存在的思想基础，而这种协同意识不仅会影响人们的日常行为实践，甚至还会影响人们在硬件资源协同管控方面的探索与创新。

【案例】华为项目资源池的协同属性设计

目前国内外许多领先的运营商，如沃达丰等，都开始尝试做基于OpenStack的融合资源池，实现异构资源整合，并通过标准协议来实现各个厂商之间的良好配合。但是在IT领域，以前没有非常标准的协议，因此各个厂家的硬件很难协同，很难实现整个资源的共享。

华为认为，对私有云、公有云，包括合作伙伴，提供基于OpenStack的云基础设施，能够更加灵活地实现跨云服务、调配，实现公有云和私有云之间的迁移和操作。在这一理念的驱动下，华为积极探索融合资源池，在建设 OpenStack 资源池的基础上，提供关键能力、物理分散、逻辑集中、资源共享、按需服务的分布式数据中心，基于 OpenStack 标准协议架构，提供融合资源池解决方案，通过各个物理机、虚拟机，将传统硬件与新的虚拟化资源池拉通，提供整体的虚拟数据中心解决方案。

通过与运营商共同实践，华为实现了硬件资源的统一调度、按需服务，"一个数据中心，当多个用"，提升了资源的使用效率；"多个数据中心，当一个管"，降低了规模化管理的难度和成本。

可以说，一个企业的集体协同意识，会直接影响其成员在流程运作过程中的参与程度，同时也会促使组织成员基于流程，去主动搭建更优质的协同平台、协同机制，以高效实现目标。这是企业协同运作的基本逻辑。

6.2.2　做好定责定员与缺岗补位管理

虽然流程管理活动的内容繁杂，但是企业不可能为所有岗位都配置多个人员——这样会增加企业的成本负担和工作复杂度。所以，企业在做好岗位设计的基础上，还要做好对流程岗位定责定员和缺岗补位的综合管理，避免人员不足造成流程中断或协同不力的情况。

1. 做好定员管理，实现人岗匹配

在做好岗位设计基础上，企业要做好定责管理，确定流程管理人员数，即定员管理，避免某些关键岗位上因人少造成工作不到位，或者某些岗位上人员过剩而浪费成本的现象。因此，在进行人员配置时，可以遵循以下三个原则：当该岗位工作量适当时，匹配一位流程管理人员；当该岗位工作量过小时，应与相关岗位合并后，配置一位流程管理人员；当该岗位工作量过大时，应匹配两位或两位以上的流程管理人员。

此外，在定员的基础上，还需要考虑如何将合适的人安排在已经确定的岗位上，让他们组成一支高效的流程管理团队。在岗位人员安排上需要了解一些基本的原则，如图 6-1 所示。

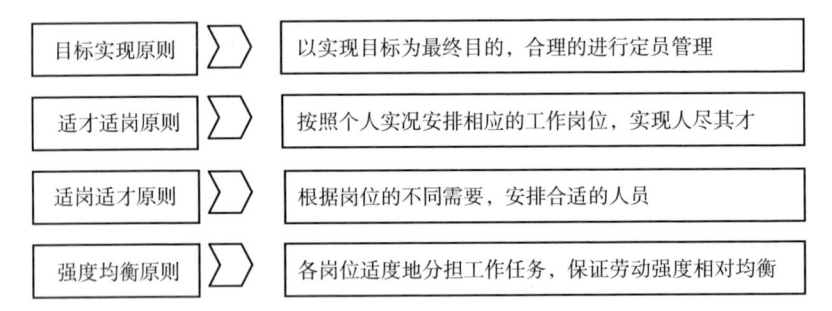

目标实现原则	以实现目标为最终目的，合理的进行定员管理
适才适岗原则	按照个人实况安排相应的工作岗位，实现人尽其才
适岗适才原则	根据岗位的不同需要，安排合适的人员
强度均衡原则	各岗位适度地分担工作任务，保证劳动强度相对均衡

图 6-1　实现人岗匹配的基本原则

2. 强化缺岗补位意识

缺岗补位是指当某个人或某个环节出现问题和漏洞时，立即有另外的人或者另外的方案补上，确保工作执行圆满。一般而言，当企业或团队遇到以下情况时，其成员应积极做出补位动作。

（1）当涉及集体形象时，应及时补位。当工作中出现涉及集体形象的问题时，应及时补位，维护集体良好的形象。

（2）当出现突发事件时，应及时补位。当出现一些意料之外的情况或部分成员无能力负责的工作时，就需要其他成员具有补位意识，想他人所未想。

（3）对于原则性的工作，应巧妙补位。当其他团队成员的本职工作出现缺位时，不应该大包大揽地替其解决，这会助长他人的懒惰之风，不利于团队协作。正确的做法是提醒他工作的不足之处，巧妙地为其补位。

（4）对于服务性的工作，应及时补位。在服务领域中，难免出现多个客户同时发出服务需求的情况，而一位团队成员必然难以同时应对。此时，为确保服务的周到，就需要管理者或其他团队成员随时补位。

（5）当没有明确的责任人的工作出现时，应及时补位。在工作中，有很多工作并没有明确规定具体的负责人。这时，团队成员需要具有较强的责任意识，主动补位。

总之，企业应打破员工的边界意识，使员工除履行好自己的岗位职责外，还能及时地对其他成员工作中出现的空位、缺位予以补充，主动贡献自己的智慧和力量。这种积极的补位意识会使企业或团队超越个体工作能力，发挥集合优势。

6.2.3 用技术手段实现高效协同

随着科技的发展与加持，组织协同的模式也在日益精进。目前，已经有部分企业通过搭建组织平台，打通了组织内部的连接、组织内外的连接，推动了企业在资源、能力和人才等方面的开放性，实现了自体赋能和更大范围的价值共创。

【案例】京东集团借助平台架构拉通全员

在明确了基于无界零售的顶层战略之后，京东提出了OTC（Organization组织，Talent人才，Culture文化）的价值驱动模式，期望将京东打造成为一个开放、赋能、共创的平台。2017年，在"OTC价值主张"下，京东集团提出建立客户导向的网络型组织（见图6-2）和竹林共生的生态型组织。

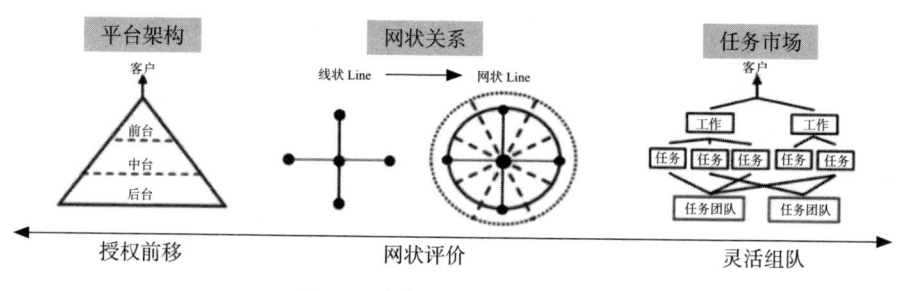

图6-2 客户导向型的网络型组织

图6-2所示的网络型组织，从客户导向出发，通过搭建平台架构、开放任务市场，将组织内的管理关系从单一的垂直关系转变为有更多利益相关者加入的网状关系。在这种组织中，每个员工个体周围都有一张网，网络密集度代表着个体被需要的程度。

其中，搭建平台架构，主要基于客户导向，重新梳理内部职能分工，前台部门快速响应和满足客户个性化需求，中台通过组件化和模块化，解决共性需求，提炼和输出核心能力。而开放任务市场，则将客户需求从工作拆解为任务，鼓励组织成员面向任务和需求进行自由搭配和协同。

京东认为，客户导向的网络型组织需要具备授权前移、网状评价和灵活组队这三个基本特征，并配套建设了授权赋能的管控机制、内部结算机制、网状评价的信息平台，以及配套的考核激励机制。

随着时代和行业的变化，组织之间的共生共创也变得日益重要，京东提出的竹林生态是非常契合时代发展和行业趋势的。图6-3呈现了从森林生态到竹林生态的转变过程。

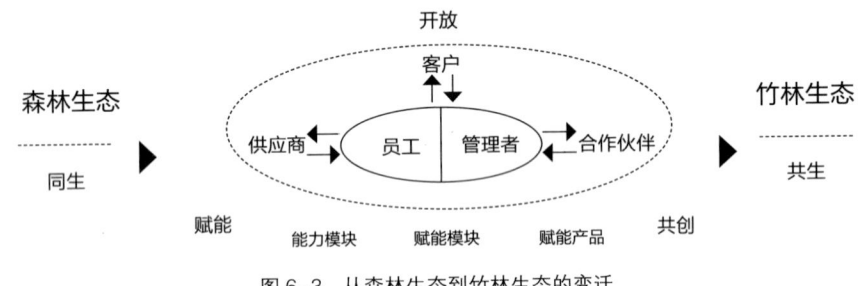

图6-3 从森林生态到竹林生态的变迁

森林生态强调的是个体的发展，此谓"同生"；而竹林生态根系盘根错节、相互交织，强调的则是组织与个体、组织之间的共同发展，此谓"共生"。共生具有开放、赋能、共创、包容性增长的突出特点，其价值贡献和影响程度要远远胜于"同生"。京东希望建立的是竹林共生的生态型组织。而要建立竹林生态，则需要京东在业务、人才和组织方面展开更高频的交互和渗透，朝着基于价值契约的竹林生态方向运作。

此外，还有很多企业借助信息技术手段，开发软件或借助第三方平台，全面实现了以全员协同作战为目标的高效拉通。

【案例】迪士尼在线制作动画片

2020年，迪士尼动画电影《寻龙传说》由400名幕后团队人员居家在线制作完成。在《寻龙传说》制作过程中，全球遭遇新冠肺炎疫情的影响。迪士尼不得不临时改变了以往的工作方式，由聚集办公模式改为线上居家办公模式。于是，迪士尼幕后团队将所有电影创作制作、演示探讨等环节，都放在线上进行。而为了更好地结合当下现实背景，在创作和制作流程上做出了较大的调整，各环节根据对应的节点进行沟通与协调。这些变化对全体团队成员的耐心是极大的考验，同时也对其线上协同能力提出了更高的要求。

【案例】抖音团队用时27天，圆满完成春晚红包互动任务

2021年1月26日，抖音与央视春晚联合宣布：抖音成为2021年春晚独家发放20亿元红包的互动合作伙伴。除夕是在2月11日，抖音团队只有27天时间来准备，却要完成以往需要四五个月方能完成的任务量。

抖音团队为这个任务起了一个神秘代号——沙发项目。为了圆满完成沙发项目，数百位研发人员迅速在"飞书"平台上召开启动会。在沙发项目实施过程中，主要负责人分类建立文档（包括准备期的研发安排、春晚当晚的活动剧本、演练流程、应急预案等）。他们借助公司自主开发的"飞书"平台，直接@需要参与的人员，而被@的人员则直接进入文档处理自己负责的任务，实现了多人共创。据不完全统计，参与该项目的人员多达上千人。可以说，"飞书"平台的应用，使抖音团队降低了出现信息风暴的可能性，提升了沟通效率，拉通了全员协同作战过程，用时27天就完成了这个难以想象的项目。

实践证明，对于大型企业来说，有效的组织协同除了要在组织内部的协同意识或岗位定位方面下功夫，在如今这个时代还可以借助信息技术手段。但是，如果信息应用不当，有可能招致信息风暴之灾，或因技术应用不当而降低了效率。从这个角度来说，用信息手段来拉通全员协同作战过程，满足协同需求，对企业的信息与技术把控能力提出了极高的要求。

6.3　沟通与反馈

沟通是不同行为主体之间传递信息的过程，用以交流思想、表达情感。沟通表现为告知、说服、激励，而反馈作为沟通的形式之一，主要在于使沟通发出方了解行为现状与结果。在协同作战过程中，主动沟通与反馈是保障协同效果的重要手段。

6.3.1 建立高效沟通与反馈机制

德鲁克在其著作《管理：使命、责任、实务》中写道："如果没有对工作进行研究，没有对生产流程进行整合，没有深入思考标准和控制，没有设计出传递信息的工具，就要求员工承担起工作的责任，那不仅是愚蠢的，也表明了管理者的无能。"可见，高效而恰当的沟通反馈机制之于企业经营而言是非常重要的。如果企业能够让沟通反馈机制贯穿企业组织的各个环节，顺势发力，必然可以极大地激发企业组织的活力和合力。

【案例】迪士尼与华为的沟通机制

迪士尼公司在很多地方安装了意见箱，员工可以随时将自己的问题或意见投到意见箱里。为此，公司还特别制定了一项奖励规定，凡是员工意见经采纳后产生了显著效果的，公司将给予丰厚的奖励。这个规定起到了很好的效果，公司从这些意见箱里获得了许多宝贵的建议。

为了实现前后端协同作战，华为提出了建设多维度的信息和沟通渠道的理念。从2015年开始，华为就在其可持续发展报告中指出，公司设立了多维度的信息与沟通渠道，及时获取来自客户、供应商等的外部信息，并建立内部信息的正式传递渠道，同时在内部网站上建立了所有员工可以自由沟通的心声社区。

实践证明，很多企业之所以能够取得成功，就在于它们规避了传统组织自上而下的沟通模式，建立了正式沟通和非正式沟通的多维度沟通渠道以及采取了多种多样的有针对性的沟通方式，以此来保障一线与后方的协同作战状态。因为，只有前端与后端信息畅通、集合发力，整个企业才能如大江大河一般拥有更大的冲击速度。

6.3.2 通过信息共享辅助协调管理

信息共享是指在不同层次、不同部门的信息系统间，就信息和信息产品进行交流与共用，以便有效地实现资源合理配置，节约企业流程运作成本，创造更多的价值。因此，信息共享也是提高信息资源利用率、避免在信息采集、存贮和管理上重复浪费的一种重要手段，是实现信息标准化和规范化管理的基础。

为了实现企业的信息共享目标，必须确保信息有效传递。一方面从纵向进行信息传递，把不同层次的经济行为协调起来；另一方面从横向进行信息传递，把各部门、各岗位的行为协调起来，通过信息技术处理人、财、物和产、供、销之间的复杂关系。我们将信息共享的实施过程进行分析总结，得到信息共享实施过程示意图（见图6-4）。

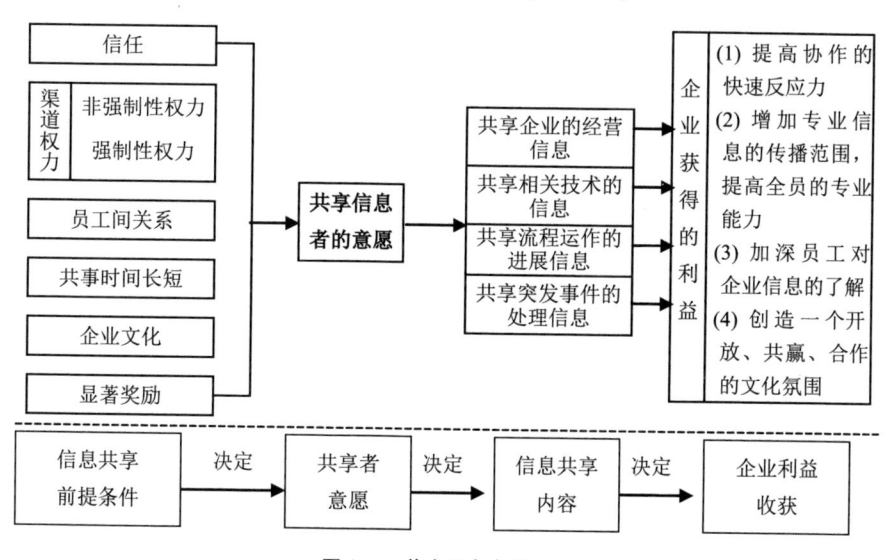

图6-4 信息共享实施过程

在协同作战过程中，组织成员必须就相关信息进行分享。比如，就企业重大决策的背景、企业的内部相关情况、外部环境及发展趋势、企业的优势及劣势等进行分享，从而把握企业的发展目标和控制点；分享企业的经营信息、相关技术信息、流程运作进展信息、突发事件的处理信息，从而把握企业决策目标，更好地贯彻执行决策要求，迅速圆满地处理突发事件，等等。企业成员只有能够共享到其需要了解的一系列信息，才能更好地实现各环节之间的高效协作，使流程的运作更加顺畅、协调。

6.3.3 分析并消除流程协同的障碍

协同障碍会导致组织经营过程中的损耗极大。为了保障流程的顺畅"流动"，企业所有成员都应主动发现并及时消除流程协同过程中遇到的障碍，实现企业组织的一体化运作与管控状态。

流程协同障碍的表现有很多，如后一流程环节不满意前一环节的工作效果而拒绝接收；当某个部门需要协助时，其他部门人员存在扯皮情况等。针对企业流程管理的日常实践，我们将流程协同障碍大致归纳为四种类型和表现，如表6-1所示。

表6-1 流程协同障碍的类型、表现及原因分析

类 型	障碍表现	原因分析
目标 未协同	（1）不以企业总体目标为基准，仅设定自己的目标 （2）相互指责对方的工作表现 （3）上一环节的工作成果无法满足下一环节的要求	（1）信息共享不畅，不清楚企业的整体目标和各自的目标 （2）缺乏对全流程整体运作的认知，认为自己所在部门或环节的价值最大 （3）因工作性质不同而造成客观上的目标差异
责任 未协同	（1）不负责任、逃避或推诿责任 （2）有权无责，有责任空白区 （3）人浮于事，积极性欠缺	（1）相互联系的部门职责划分不清、履行不当 （2）权利与责任不匹配 （3）信息沟通不畅
权利 未协同	（1）个人利益与集体利益、部门利益与企业利益存在冲突 （2）存在权利矛盾和多头领导 （3）滥用职权或以权谋私 （4）缺乏必要的监督机制	（1）权利重叠、交叉，分配不明确，权责不对等 （2）流程资源不足，利益分配不当 （3）上级指导不当
沟通 不充分	各部门员工间交流少、误会大	（1）沟通机制不健全 （2）问题发现与沟通不及时

上述现象存在于很多企业的流程运作过程中。企业需要及时识别出存在的流程协同障碍及发生原因，继而有针对性地采取解决措施。在过去的数十年实践中，企业探索出了很多消除流程协同障碍的方法，并由此研发出系统软件作为辅助。

【案例】上海通用汽车借助看板传递物料信息

在物料供应方面，上海通用汽车实行拉动式物料供应系统。具体来说，就是当企业收到客户订单后，即安排生产，并将生成的物料计划发给供应商。为了满足不同车型的要求，上海通用汽车要确保一个物料数量能满足超过 5000 个的体系顺利运转。其中，内部物料供应 80% 以上采用看板拉动方式：由线旁员工提前发出物料需求指令，该指令由内置于零件箱中、带有条形码的看板加以传递。而当员工发现了影响流程运作的障碍因素或问题时，员工可以使用按钮、灯板等设备作为电子拉动信号，直接向控制室传递信息，以便以最快的速度处理问题。这样一来，企业的运作环节越来越简化，运作速度也越来越快。

这种看板系统最初是由丰田汽车公司创造的，而后被很多制造企业所沿用，其侧重于及时发现流程运作障碍，并与关联环节进行沟通，以便快速处理问题。后来，一些优秀的企业又逐步研发了 OA（办公自动化）协同系统，在流程运作系统中做好流程环节之间的协调安排，既有助于规避多环节之间的协同障碍，同时也有助于更早发现协同障碍和更快地消除障碍。

6.4 打造流程响应机制

当遇到突发情况时，我们要注意流程参与者是否能够及时响应，迅速协同，做出有效调整，从而保障流程恢复正常运作。这就要求企业能够预测危机，预想风险变动因素，有针对性地打造流程响应机制或应急处理方案。

6.4.1 市场预测与危机预警

在流程运作过程中，时常会出现一些临时性流程问题、潜在的风险或即将爆发的危机。对于这类问题、风险和危机，企业有必要面向市场变化进行预测，准确识别流程环节上的问题点、风险点及其对整个业务流程带来的影响，以期尽早介入并采取有效的应对措施。

【案例】华为面向市场的危机预警

华为账务共享中心于 2015 年 5 月推出了一批验收文档，要求进行修正和反冲，原因是合同并没有按照之前的原则进行核算，然而项目团队却对于财务共享中心的退回意见不认可，双方为此陷入争论之中。

面对此僵局，项目负责人黄加庆多次组织项目团队和财务共享中心进行沟通，双方终于达成一致意见，确认是属于需要定义新的核算规则的新业务场景。意见统一后，黄加庆立刻组织项目团队按照新的核算规则补充了验收文档，最终财务共享中心在检查后认可了这批合同的收入。

但不久，黄加庆发现了其他财报内控异常情况：每个月财报中的问题金额都高达××万美元，合同订单延迟下发等，这些问题都阻碍了项目流程的推进，需要立刻建立响应机制进行解决。

黄加庆立即组织项目组对此进行了分析，经确认他发现合作订单延迟下发在共享中心（SSC）这个层面，是根据收入确认时点和合作订单下发时点进行简单匹配来判断的。于是他与 SSC 进行流程的梳理和澄清，确认其中占比最大的"COR（合作变更）场景"是合理的业务诉求，并不是真正导致合同延迟下发的原因。

随后，黄加庆要求团队提交合作变更清单，并将该清单交由 SSC 备案。共享中心审核了相关清单后，同意剔除 COR 场景数据。

黄加庆做好项目账房先生的同时，又维护了项目经理、业务人员的利益。同时作为财务监控和内控管理责任人，他还保证了财务规则的有效执行以及内控风险的管理，确保项目经营能够可靠、稳定地支撑公司整体经营。由此可见，黄加庆作为项目组的负责人，在项目合同推进流程中出现问题和异常时，积极组建团队响应并解决问题，联系相关部门，及时预警并介入流程，调整不合理流程，控制潜在风险。

在流程运作与管控过程中，一旦出现异常或风险，都会在不同程度上影响整个业务流程的运作效率，尤其是流程的关键控制点发生异常，将会给流程管理工作带来更大的成本耗费。

因此，企业应该避免盲目乐观，对机会背后隐藏的巨大风险和危机予以足够的重视，预先识别流程中的异常、风险和问题，并掌握异常发生可能的原因，比如，了解异常问题发生的原因、异常产生的直接原因或最可能的潜在原因，等等。

在实践中，企业可以选择两种方法：一种方法是头脑风暴法，即利用团队的智慧，集体预测未来工作中可能出现的风险；另一种方法是经验法，即归纳总结以往项目中曾经出现过的典型问题和严重问题，有针对性地制订行之有效的应对计划和措施，以期在下一次项目工作中予以规避。

实践证明，很多企业都可以通过危机的预判与风险的监测，精准识别风险与危机，有针对性地制定好系统的规避措施，从而快速响应异常情况，有效把控异常影响范围和流程运作效果。

6.4.2 面向变动因素快速响应

在建立了危机预警机制之后，企业还应面向诸多变动因素，形成快速响应机制，提高企业流程参与者的应急反应能力。

【案例】亚信科技的机器人流程自动化研发与变化响应效果

当前，机器人流程自动化（RPA）已经在各领域得以广泛应用，被视为促进行业数字化转型的一种智能化工具。亚信科技在技术研发、产品创新、业务实践等方面几经迭代，形成了具有自主知识产权的亚信科技机器人流程自动化研发平台 AISWare AIRPA。

据亚信科技的公开资料，该平台将机器人流程自动化与亚信科技的"智慧大脑"相互融合，形成了流程机器人开发平台、机器人调度运行平台、机器人管家、AI 服务组件、RPA 生态社区五大核心能力板块，提供跨平台、跨系统、跨应用的流程集成能力。这样一来，企业便可以依托自动化手段来自动抓取流程数据，识别流程运作中的异常变化，从而使企业能够更及时地做出响应。

在实践中，常见的流程变动因素主要涉及两大类型：一类是业务流程关联资源出现异常，另一类是客户端的需求出现新变化。

当企业人力资源、物料资源等业务流程的关联资源出现或大或小的变化时，企业需要迅速采取调整举措。比如，当人力资源出现紧缺时，可以从其他环节调配人员，或从企业外部获取资源支持，从而快速应对变动因素所造成的流程运作问题。

在实践中，客户会随着时代变化、观念变化等呈现出新的需求变化，这会给企业带来需求种类、需求量上的多重影响，直接影响企业整条流程，甚至会影响企业的上游流程环节。对于这类情况，企业需要强化预警能力，做好市场预测，认真研究和对待客户的潜在需求，未雨绸缪地打造变化识别能力和响应能力。

6.4.3 优化组织联动反应机制

我们在上一章中曾阐述了敏捷组织设计，实际上这是从组织架构角度所做的流程响应设计。而在实践中，如果想要获得更好的协同响应效果，企业还需要从管理机制角度加以补充，优化企业的组织联动反应机制。

【案例】华为积极打造三层军团作战组织

2019年4月12日，任正非在CNBG（运营商业务部）誓师大会上发表讲话："我们要以客户为中心，为客户创造价值，再从客户那里分配到应有的价值，用于激活奋斗者。改变作战队列的排列方式，形成'弹头+战区支援+战略资源'的队形，让'将军'排在面对客户的最前列，增强对前方项目的决策能力和合同关闭能力；让有经验、有能力、善于'啃骨头'的骨干进入战区支援；让高级精英与低阶少壮派进入战略资源及后备队。"

华为在建设流程化组织过程中，形成了以客户为中心、"弹头+战区支援+战略资源"三层军团作战组织，同时，还基于三层军团各自的责任与权利，有针对性地进行了组织能力建设。这便是华为独具特色的组织联动反应机制。这种机制使华为在面对外部市场时，能快速把握变化，让骨干力量冲锋在前迎战，从而最大限度地保障了华为的流程化组织运作。

优化组织联动反应机制的重点在于：强化关联参与者的市场变化感知能力，使之快速而精准地感知市场动向，并将感知内容快速传递给流程后端；而后端在获得前端反馈信息之后，根据机制要求做出准确反应，有所依据，精准行动。

6.5 项目化运作

项目化运作就是将企业各项业务活动视作项目，而后运用项目管理观念和专业的技术方法进行运作和管理。项目化运作是非常重视和强调协同的管理模式。在如今这个追求效率与成本的时代，项目化运作比常规方法更好、更快地实现目标管理，已经成为一种备受推崇的跨部门、跨专业的协同运作模式。

6.5.1 组建高效运作的项目团队

项目化运作的第一步就是组建高效运作的项目团队。项目团队是根据项目的需要，召集来自不同专业领域的成员，按照特定模式组建成的一个有凝聚力的、目标一致的工作共同体。

从本质上来说，项目团队具有三个典型特征：一是项目团队是最小的组织单元，属于一种业务导向的虚拟团队，这种团队类型我们在前文中已介绍过；二是选择项目团队成员时，要高度重视团队成员之间的互补协调；三是项目团队基于具体业务而形成，其存在是有时效性的。下面我们针对后两个特征，来谈谈组建项目团队的重点。

1. 项目团队成员的选择

"尺有所短，寸有所长。"每个人都有各自的优势和不足。在组建项目团队时，并不一定全部选择高精尖人才，而是吸纳合适的人才，重视人才的搭配、互补、协调，从而形成一种整体最佳的团队运作效果。

【案例】项目团队成员的选择

阿里巴巴公司成功收购雅虎中国公司后，马云向外界发出了招聘中国雅虎 CEO 的消息。消息一发出，就有很多精英人才投了简历，其中就包括谢文。谢文于 1981 年中国人民大学毕业后赴美留学，随后在国外从事投资咨询工作，回国后就任于中公网公司，并担任 CEO 一职。在中公网公司任职期间，他曾独立收购了联众游戏，并将其打造成国内首屈一指的在线游戏网站；后来他出任和讯网公司 CEO，并被业界人士称为"互联网的活地图"。所以，马云看到谢文的简历之后，当即决定把雅虎中国的帅印交到他手上。但是，仅仅过了 42 天，谢文就递交了辞呈。而且，更加令人意想不到的是，很多员工为谢文的离开而鼓掌庆祝。此时，马云才意识到谢文身上的短板：团队内部关系处理不佳。

任何项目团队的组建都应注意这个问题：在选用项目团队成员时，不能单看个体的能力是否突出，还要综合考虑项目对于参与者的要求，了解成员之间的适配性，考量每个人是否能够在团队中施展自己的能力。

2. 项目团队的组建与解散

项目团队是在项目正式启动时组建的，至项目结束即告解散。

项目团队成员因项目而聚集在一起，他们通常是从各部门临时抽调而来的。一些企业会专门收集人员信息，打造项目人员资源池，作为预备队。当项目需求出现时，即可抽调适宜的人员参加项目。而处于预备阶段时，项目人员资源池的成员也可以快速地了解其他成员，以在进入项目后能更快速地融入团队。

项目结束后，项目团队负责人要准备一份完整的项目大家庭档案，与全体团队成员一起整理项目工作过程、归纳经验并总结教训，提高团队成员的能力，为下一次项目启动和团队组建打下基础。

6.5.2 团队内部责任分配与高效协作

项目团队组建完毕之后，要注意对内部责任的划分，以期实现高效合作协调。那么如何划分项目中的权责利呢？企业可以借助项目责任分配矩阵工具（见表6-2），有效地拆解和分配任务，保障项目管理中的计划、组织、领导、协调、控制、评价等环节的顺利推进，很好地分配项目成员的权责利。

表6-2 项目责任分配矩阵

任 务	成员1	成员2	成员3	成员4	成员5
任务1	F	C	P	C	C
任务2	C	F	C	P	C
任务3	C	P	C	C	F
任务4	C	F	C	P	C
…					

注：F——负责；C——参与；P——审批。

项目责任分配矩阵的横栏，可以是参与项目的具体人员，也可以是部门。矩阵的纵列是具体的项目任务，这些项目任务最后的指向是整个项目的完成。每一项任务实际上是整个项目目标的分解，一个项目任务对应一个子目标，最终达成整个项目目标。

项目责任分配矩阵中最重要的是责任的划分，根据不同的责任类别，分为负责、参与、审批三大类责任。其中，任务负责人主要负责分配任务和职责，任务参与者负责承担任务和职责；项目审批人主要负责审批。在"参与"这一大类中，又可以根据企业项目的具体情况做进一步的责任细分，明确流程环节和工作任务的具体责任人。

当然，在分配责任时也要综合考虑项目成员的实际能力、专业知识背景、兴趣点等，让合适的人做合适的事，实现"岗得其人""人适其岗"，避免出现大材小用或难以胜任工作、组织的整体效能降低、项目成员的合作热情受损等情况。

【案例】华为的项目化运作与班长权责分配

2014年，任正非在华为人力资源工作汇报会上详细阐述了"班长的战争"的理念："将来华为的作战方式也应该是综合性的。我们讲班长的战争，强调授权以后，精化前方作战组织，缩小后方机构，加强战略机动部队的建设。划小作战单位，不是指分工很细，而是指通过配备先进武器和提供重型火力支持，小团队的作战实力大大增强。"

"班长的战争"并不是指让班长独当一面、孤军奋战。在这一理念下，班长具有调动资源、及时决策的权利，可以依据项目需求呼唤流程后端的"炮火"支持。从本质上来说，这是在组织全面支持下的项目化运作模式，对班长的赋权正是团队责任合理分配的表现。

在项目化运作模式下，企业需要让责任分配到每个人，而非让责任分配到一个人；责任划分有大有小，责任内容各有侧重，做到"事事有人负责、人人可获支持"，最终保障项目团队的高效协同效果。

6.5.3　打造协作型项目管理模式

面向变化的市场，项目涉及的专业日益广泛，项目本身也从过程单一逐渐变得具有较大的不确定性，项目内部关系日益复杂。这就要求项目管理模式更加侧重于协作，项目参与主体之间能够互通有无、支持配合、团结一致，更高效地推进项目化运作实践。

协作型项目管理模式是以客户为中心、以目标为导向、以计划为基础、以控制为手段的项目管理模式。这种协作型项目管理的最理想状态，就是企业从平台、制度、实际管控角度进行规划，规划项目团队成员之间的协作方式、方法，使之在实践中可以获得同步信息，拉动同步行动，强化团队行动力与凝聚力。

在实践中，在打造协作型项目管理模式时，要关注几个主要内容，如表6-3所示。

表 6-3 协作型项目管理模式的主要内容

主要内容	说明
实时同步与记录的项目信息	保障项目管理整个协作过程中的信息同步,包括项目任务信息、项目进度信息、项目文档信息、项目日程信息、项目成员沟通与讨论信息等
兼顾计划制订与任务执行监控	项目整体工作的分解与计划制订,包括项目阶段与任务层级划分、任务的时间要求,同时,也要关注每个任务的执行情况,备注任务要求与执行记录、可追溯的任务执行沟通和评论、任务实际工时与计划工时对比,并根据情况进行干预
高效的项目汇报机制	可视化的项目和项目进展呈现,使项目负责人一目了然地掌握项目情况,包括看板视图、时间视图、自动化的项目报告、定制的高级分析服务报告等
全员同步的项目文档管理	项目文档统一管理和共享,文档的更新、删除、归档、版本更新等状态信息也在第一时间内共享
可追溯的结构化项目沟通记录	以项目为基础的基于任务、日程、分享和文件等项目过程元素的结构化沟通,确保沟通及时性、沟通内容上下文和场景的可追溯性

对于较大规模的项目,企业可以根据项目整体经营过程进行分解,再对每一阶段分别实施项目化管理,让每一阶段的目标更精准、更具可操作性;规定不同阶段的具体协同内容,使项目参与者高效实现协同作战目标。

此外,企业还要考虑建立有针对性的绩效考核机制,为每个人设置具体可执行的工作目标,以此激活项目团队内部的积极性,保障流程运作的高效率、低成本,直接为企业效益的实现做出贡献。

第 7 章
规章制度建设

规章制度建设就是通过设计规章制度和对应的管控体系，降低例外情况的出现频率，全力保障企业流程运作的规范化。在实践中，企业要从行为要求到效果管控，从合规管理到约束机制，从日常管理到风险防控，系统匹配企业组织架构与业务流程体系，生成具有高可行性的规章制度，推动企业流程体系的规范运作。

7.1 流程系统的规范化设计

围绕流程系统进行规章制度设计，是保障流程规范化运作的基本要求。为了确保流程系统规章制度的高可行性，我们需要对流程设计进行清晰准确的描述，绘制出规范的流程图例，并对流程细节予以标准化、精细化的描述，从而使流程的执行者们能够据之有效、准确地行动。

7.1.1 厘清流程的内在逻辑

在组织运作过程中，流程与流程之间的关联性、环节与环节之间的关联性，从流程输入到流程输出的明确性，都应预先清晰地界定出来。这是因为，流程本身的逻辑与关联，是流程系统的内核；而围绕这些流程制定的规章制度，则成为组织行为的参照和依据。

【案例】富士康的标准化流程体系

富士康以代工生产闻名，它创造了让多家竞争对手在同一家工厂生产取货的奇迹。富士康采用流水线生产，就是人们常说的"一条龙"生产车间，每名员工只负责某一特定工序，甚至只负责某一动作。例如，苹果手机外壳边缘打磨工作，负责这一工序的员工们在工作期间唯一的动作就是盯住生产线上传过来的手机半成品进行打磨加工，其他生产工序上的员工也是如此。

自2012年开始，富士康开始在整个工厂的组装线部署100万台机器人，并计划在十年内取代80%的人力。不过，在市场对产品有强劲需求、企业大规模生产赶订单的情况下，机器人与一线工人仍然需要按照流程要求来推进工作。

有人问："富士康这么多年来坚持标准化，如今该取消了吧？机器人还需要标准化流程体系来约束吗？设定程序就可以了吧？"事实上，这与劳动力类型无关，因为流程之间的内在逻辑是核心，是需要被标准化、被固定下来的部分。无论是选择机器人还是选择人类劳动力，或二者兼容，都需要以流程规范要求作为生产运作的基本参照。

对此，我们只需要参照前文的"流程系统构建"，将流程与流程之间的关系、流程环节之间的关系通过网格形式或结构关联图形式予以罗列即可。作为底层逻辑，其通常不会列示在流程体系文件中。

7.1.2 绘制规范的流程图例

在流程标准化阶段，绘制流程图是一个重要环节。通过绘制规范合理的流程图，可以使流程运作过程透明化，进而促使流程参与者们更好地为流程运作而行动或服务。

在绘制正式的流程图前，企业要统一流程语言，以便内部员工能够快速地理解和运用最终的流程。所谓"统一规范的流程语言"，是指采用业内规定的、统一的流程管理符号，将流程全部记录下来，以便于企业成员之间进行高效沟通，避免因理解障碍出现流程运作遗漏或失误等现象。

在流程图中，不同的符号代表着不同的工作模式，采用清晰、规范的符号进行绘图，可以一目了然地看出有多少个需要进行决策的工作、有多少表单产出等。流程图常用符号使用说明如表7-1所示。

表7-1 流程图常用符号使用说明

符号名称	符号图样	说　　明
流程开端	〈准备〉	（1）用来表示一个流程的开始 （2）有些流程图可以没有此符号，直接从第一个业务开始
工作内容	负责岗位 / 工作内容	（1）在描述一个流程时，使用操作步骤描述工作过程 （2）一般用动宾词组命名流程活动 （3）上方框填入操作此项工作的岗位名称，不是人员姓名。有些流程图会省略岗位名称，仅标记工作内容
文件／表单	文件	（1）工作步骤中直接用到的文件／表单，或工作步骤中产生的文件／表单 （2）此形状不是单独的工作步骤，必须与相应的"工作内容"一起使用
判断／决策	◇判断◇	（1）在需要进行判断决策的时候使用 （2）判断结果统一使用"是"与"否" （3）使用此图形，必须而且只能出现两种决策／判断结果，应该只有一个信息入口和两个信息出口

续表

符号名称	符号图样	说明
信息系统/ 电子存档	数据系统	（1）当一个工作步骤需要借助信息系统完成时，或是完成的工作表单以电子文档的形式存储时使用 （2）此图形不能单独作为独立的工作步骤使用 （3）应用连线附属在"工作内容"或"文件/表单"图形侧下面
连线	（1） （2）	（1）连接两个图形，箭头表示流程进行的方向 （2）线条与图形的连接点应为相同业务方向，不能造成无限循环 （3）同一点上不能同时出现信息流入和信息流出，可以有多个信息流入或多个信息流出 （4）线与线间不能交叉，如果必须交叉，应采用跨越模式，如图样（2）
非电子文档存储	一式三份	（1）当产生的结果需要以非电子形式进行存档时使用 （2）此图形不是独立的工作步骤，必须附属在"文件/表单"侧下面，用连线将此图与所属"文件/表单"图形连接
页码索引		（1）当流程图较长，无法在一页中绘制，需要多页绘制时使用 （2）此图为第一个页面的结尾图，是所连接页面的开始图，用连线与其他图形连接
引用/拆分流程图	流程名称	（1）在流程图中，当需用引用别的流程图时使用，或流程图中某一环节较复杂，可以进一步拆分成子流程图时使用 （2）当使用此图形时，默认所引用的流程图已经完成相应的工作

在绘制流程图之初，要明确流程图绘制的基本目的、作业范围和作业起点等，并列出流程运作过程中的相关内容。然后，借助图形符号描述流程环节与关联，基本描述原则是从左到右，从上到下，同时考虑图形的大小、配置、文字量的平衡等。为了能够清晰、明确地表达流程走向，绘制流程图时应该通过矩阵的方式，在框架内进行相应的绘制。

【案例】企业采购流程图（见图7-1）

在绘制流程图时，还要注意一些事项。比如，描述部门岗位时，当与顾客有关联时必须有"顾客"一栏；每个流程只有一个起点，至少有一个终点，尽量避免多条交叉线；决策符号必须有两条流出线，其他符号只有一条流出线；语言简练，字数不超过八个；在确保能够准确呈现流程顺序的前提下，紧凑排列活动框。

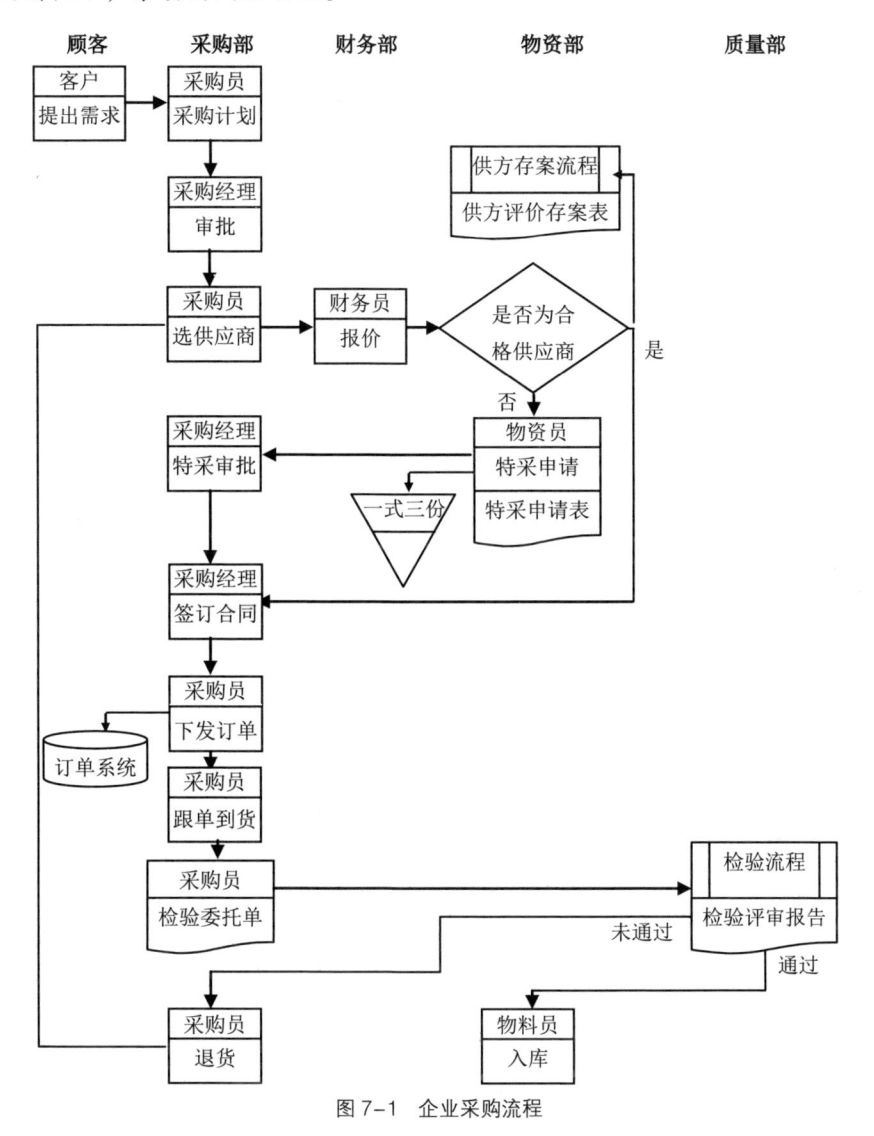

图 7-1　企业采购流程

在流程图绘制完毕后，需要再一次检查整体流程，以进一步确认流程是否完整合理，是否在条件设定时有疏忽和遗漏的现象，是否可以使流程操作者轻而易举地读懂流程图的内容。在检查流程图的时候，应该用书面的方式将图中的流程整理出来，以便能够清晰明了地反映流程是否顺畅、合理。

7.1.3 细化流程运作标准要求

在流程图绘制完毕之后,还要在其基础上,细化流程控制点的运作要求,形成"标准"或"标准书"。它将为流程的具体执行提供参照的依据,同时也便于流程参与者统一认识、高效沟通。这一操作过程被人们称为"标准化"过程。

表 7-2 是针对某企业物料检验流程各节点,制定的物料检验流程工作标准。

表 7-2 某企业物料检验流程工作标准

流程控制点	工作标准
收到"进料通知单"	(1)采购部将供应商发料时间、物料数量等情况通知仓储部门 (2)仓储部门接到"进料通知单"后,及时开具"进料检验接收单",交给质量部门 (3)质量部经理接收"进料检验通知单"后,根据进料先后顺序和生产需求情况安排质检专员开展检验工作
制定检验方案	质量部经理提前做好相关准备工作,具体工作包括查找进料的样件和"质量检验报告",确定进料检验标准、检验指导书、进料抽样检验规定,并制定该批进料的检验方法
执行检验	检验专员根据质量部经理的安排,按进料抽样检验规定和检验方案,到仓储部门的待检验区域执行进料检验工作
填写"进料检验记录表"	检验专员将进料检验结果填入"进料检验记录表"中,在合格物料上填写"合格",不合格物料则要开具"不合格品通知单"
确认"是否合格"并处理	(1)对于合格物料,质检专员应该贴上绿色"允收"标签,然后交给仓储部相关人员办理入库手续 (2)对于不合格物料,质检专员开具"不合格品通知单"和"进料检验记录表",交给质量部经理审核 (3)质量部经理审核"不合格通知单"和"进料检验记录表",根据企业规定的质量允收水平,做出是否允收决定 (4)若允收,质检专员应给物料贴上绿色"允收"标签
填写"进料异常表"	对于不可允收物料,质量部经理填写"进料检验质量异常表",并与生产部召开进料需求决议会议
确认"能否特采"	(1)对于急需物料,应该由采购部提出特采申请,并填写"特采申请单" (2)质量部经理组织人员对物料进行审定,决定是否特采,且对于能够特采的物料,确定特采方式(全检、加工、试产)

续表

流程控制点	工作标准
拒收处理	（1）如果不是紧急需求的物料，由采购部做出拒收处理 （2）根据特采申请结果，对于不可特采的物料，质检专员要及时通知采购部门，做出拒收处理
处理特采物料	根据审定结果，对于特采物料，质检专员要按照特采方式的不同分别处理
入库分发	（1）物料若需"全检"，则所有物料经全检、确认质量符合要求后，由仓储部门办理正常入库手续 （2）物料若需"加工"或"试产"，则暂时由仓储部门办理临时入库手续，并将其存放在临时仓库中，以便与没有质量问题的物料区分开来
录入质量信息管理系统	质检专员将检验结果录入企业的质量信息管理系统中，以便进行供应质量的考核与管理，并将进料检验记录及相关文件分类存档

近年来，很多企业都对流程实施了标准化管理，设计了各种各样的标准文件，以期推进对流程体系的规范化运作。在这方面，丰田汽车公司的实践方法是非常值得借鉴的。

【案例】丰田公司的作业标准设计与管理

在丰田汽车公司，作业标准中的各项组成要素是由现场监督员来决定的。比如，对于车间里各台设备生产一个单位产品需要的作业时间、作业人员完成作业的顺序以及每个作业动作的细节要求，通常是由负责生产的班组长来设计并决定的。在制定出作业标准后，班组长会熟练掌握这个标准，并在现场亲自向作业人员展示，直到作业人员能够完全理解标准并独立操作。丰田认为，只有对现场作业及操作人员非常了解的人员，才是最适合的标准制定者，而组班长无疑是最符合这个要求的人选。

在丰田车间里，监督员会按照规定进行现场巡查。当发现瑕疵品时，监督员会立刻询问作业人员："你是否严格按照标准化要求来执行的？"随后，监督员会要求作业人员按照标准化工作说明表中规定的步骤再操作一遍，并仔细观察和分析问题发生的原因。如果操作人员是完全按照标准作业的，那么就意味着他必须对标准中的细节要求再做修正。而如果发现瑕疵品是因作业人员执行错误所致的，那么这位作业人员会受到相应的惩罚。不过，丰田的所有作业人员都接受过严格的标准化作业训练，必须达到"不看标准文件也能准确无误地执行"方能上岗。所以，因执行错误而产生作业瑕疵的概率非常小。

我们必须认识到，流程活动节点的工作标准，会对流程运作与执行产生极大的影响和效果差异。高质量的流程标准会降低流程岗位对人的依赖性，使人们能够快速地掌握流程管理工作岗位要求；让好的工作技能与经验得到固化和传播；让人们更有条件进行变化点管理，使企业管理体系得到动态维护，保障流程运作效率和质量优化。因此，细化流程活动节点工作标准应被视为流程管理工作的重点之一。

7.2 流程配套体系建设

在业务流程体系的基础上，企业还应设计流程配套体系，辅助流程体系的顺利运作。流程配套体系建设，主要包括设计流程管理制度与表单、设计流程绩效指标体系。此外，还要整合流程标准化文件，使流程环节所需文件都能系统对应、便于使用。

7.2.1 设计流程管理制度与表单

建立了完善的流程体系之后，企业还应设计相应的管理制度和表单，作为配套体系辅助流程体系运作。其中，制度用以解释流程中的重要环节和原则性要求，表单则描述人们在具体执行流程中实际操作情况（见表7-3）。

表7-3 流程管理制度与表单的基本内容

流程管理制度要求与内容	
制度要求	基本内容
制度属性	制度名称、版本号、制度编号等
制度目的	制度描述的主要内容、适用环节
制度适用原则	制度应用和适用原则
制度正文	描述制度的相关规定和细节说明

续表

流程管理制度要求与内容	
制度要求	基本内容
制度附加说明	描述制度归口部门、解释与修订部门、制度试行与正式执行时间
表单属性	归口部门、版本号、表单名称
表单输入	表单填写人的基本信息和主要意见
表单输出	表单审核人的基本意见
填表说明	表单各处的填写方法、填写要求等

在设计流程管理制度与表单时，切忌大搞形式化，输出一大批文本文件却又束之高阁、毫无用武之地，最终沦为纸张工程；要尽可能实现"内容正确精练、表达简明易懂"，这样才能使配套体系得到真正意义上的应用和贯彻执行，切实辅助流程运作。

7.2.2 设计流程绩效指标体系

流程绩效指标是衡量流程目标是否实现的量化指标。指标体系通常与流程评估挂钩，会使流程关联者明确流程运作要求，把握现实与目标之间的差距，推进流程运作获得更理想的效果。

在设计流程绩效指标体系时，要针对不同的组织层次与岗位，设定不同的流程绩效指标。图 7-2 呈现的是依据不同组织层次来设计流程绩效指标体系的基本逻辑架构。

在设计流程绩效指标体系时，通常会涉及过程性指标和结果性指标。过程性指标不需要全部考核，以免增加流程监测的工作量，或使流程执行者产生抵触情绪；结果性指标可以直接和流程责任人、责任部门的绩效考核挂钩。在实践中，这些指标主要有以下几种，如表 7-4 所示。

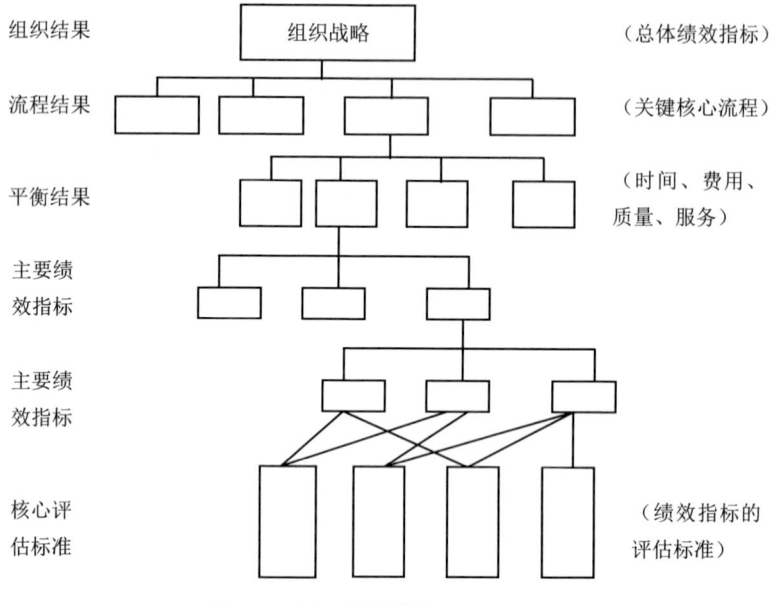

图 7-2 流程关键绩效指标的不同层次

表 7-4 流程绩效指标的主要类型

类 型	常用指标
质量指标	产出特性指标（如产品外观标准）、产出符合性指标（如合格率）、产出稳定性指标（如过程能力）、质量成本、过程性能指标（如首次通过率、返工返修率）
成本指标	业务过程的作业成本指标、物料消耗指标等
时间指标	业务流程周期、关键点响应速度、成果交付时间等
服务指标	客户满意度、投诉通道顺畅度等
技术指标	在流程上引进了哪些先进技术（新技术、新方法和信息化技术等），是否实现了降本增效等目标
资产管理指标	资产有效利用率、库存周转等

设计流程绩效指标体系的价值在于规范流程运作过程和引导个体行为，故而，指标数量不宜太多，其本身要具有可接受性、挑战性，使流程相关者更易接受并努力去达到；指标体系要具有简单性、实用性、系统性，便于企业流程内外有效沟通、顺畅运作与整体平衡。

在流程指标体系设计过程中，还要关注"如何才能让流程变得更好"

这个核心。例如，找出需要紧急优化的流程，记录这个工作流程的表现情况；同时，也要学会在流程记录中发现问题，比如流程表现好或差的时间、影响因素……科学、适用的流程绩效指标体系，可以让流程具备更强大的价值创造能力。

7.2.3 整合流程标准化文件

所有制度表单文件编制完成之后，还要对文件进行整合、分阶处理。一般情况下，流程文件可以分为一阶文件、二阶文件、三阶文件和四阶文件。

1. 一阶文件

一阶文件是纲领性文件，主要有企业的方针、目标和管理体系等内容，对企业整体运作起到指引作用。

2. 二阶文件

二阶文件是程序文件，是从一阶文件的管理重点延伸出来而形成的下一阶文件，被作为各重要作业程序的运作文件，如记录控制程序、内部审核控制程序等。二阶文件描述的是部门和部门之间跨越性操作的流程管理控制文件，其规定了何人、何时、何地、做什么事等具体事项。二阶文件的设计有助于明确职能部门的流程分工与对接要求，并帮助职能部门清晰界定自己的规范目标，也能够为流程人员提供具体操作方面的参照标准。

3. 三阶文件

三阶文件是作业指导书或作业规范，通常只针对单一部门性质的作业，是各重要作业程序的运作文件，被作为员工的作业标准。其内容更为具体、细致，具有很强的指导性和可参照性。三阶文件是在二阶文件基础上细化的。表 7-5 是某总务处的文件目录，呈现出从二阶文件到三阶文件的细化过程。

表 7-5　由二阶文件细化出三阶文件

条　文	二阶文件	三阶文件	负责单位	文件交限期	备　注
4.2.2	质量手册		管理代表	11.5	
4.2.3	付款作业程序书	薪资管理作业规范	出纳组	11.5	
		记账及制作作业规范	出纳组	11.5	
		定期存款作业规范	出纳组	11.6	
		所得税扣款作业规范	出纳组	11.6	
		公文处理作业规范	行政处	11.7	

在表 7-5 中，付款作业程序涉及薪资管理、记账及制作、定期存款、所得税扣款、公文处理等作业项目，因而便分别生成了对应的作业规范。

由于三阶文件的数量较多，所以必须做好文件的编号工作。常见的三阶文件编号格式如图 7-3 所示。

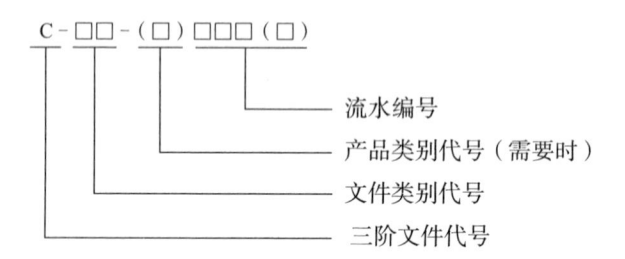

```
C-□□-(□)□□□(□)
            │  │   │
            │  │   └─ 流水编号
            │  └───── 产品类别代号（需要时）
            │
            ├──────── 文件类别代号
            └──────── 三阶文件代号
```

图 7-3　三阶文件编号格式

4. 四阶文件

形成三阶文件之后，即可进行四阶文件的编制。四阶文件一般是在管理体系运行过程中运用的表单，属于操作中使用的工具，没有版次控制的要求。有时，也会将外来标准资料、法规文件等纳入四阶文件中予以管理。

7.3　流程规章制度宣贯与应用

流程规章制度制定之后，企业要对流程规章制度进行系统宣传与讲解，组织流程参与者（流程负责人、流程执行者）进行系统学习，企业成员对规章制度内容要深度理解并灵活应用，这是规章制度建立过程中必不可少的一个环节。

7.3.1 培养规则意识

企业之所以设计流程规章制度，是为了让流程参与者能够按照规章制度要求行事，推动流程运作的规范化。而如果流程参与者以"打折"的态度去履行规则，企业流程运作乃至日常运营都将处于一种隐性的混乱状态中。所以，培养流程参与者的规则意识是至关重要的。

【案例】IBM 公司的守门人

不少企业规定人们必须凭借证件出入，但在实际执行过程中，这个规则多少会被打点折扣。当然，真正执行规则的人也会因此被传为美谈。

一天，美国 IBM 公司董事长沃森带着一位客人参观工厂，走到厂门口时，却被两名警卫拦住："对不起，您不能进去，IBM 的厂区胸牌是浅蓝色的，行政大楼工作人员的胸牌是粉红色的，你们佩戴的粉红色胸牌不可以进入厂区。"董事长助理对警卫解释道："这是 IBM 董事长沃森，难道你不认识吗？我们正在陪重要客人参观，通融一下吧！"警卫说："我们认识沃森董事长，但公司规定警卫人员'只认胸牌不认人'，我们必须按照规定执行。"

一丝不苟地执行规则，有时看起来似乎有些教条主义，但是，为了确保企业流程运作与日常运作的安全性，人们需要对规章、制度、规则认真看待，并一丝不苟地执行。

不过，我也曾听一些流程参与者抱怨道："如果将自己的所有行为都控制在'规则'之内，做起事来就容易被外部因素所束缚，无法在更广阔的空间里发挥自己的能力。"对于这个观点，我持否定观点。我认为，当一个人能够正视规则时，他反而能够做到"从心所欲不逾矩"。有人曾将规则比作建造楼宇的钢筋，而个体行为则如同混凝土、水泥、喷漆、雕饰等填充物。如果填充物离开了钢筋圈定的范围，那么填充物就会跌落在地面上，无法发挥其价值；但是，如果它们始终位于钢筋圈定的范围之内，则可以发挥出最大的功用，共同建造起高楼大厦。

让一切循规而行，在规则之下自主运作，如此才能保障组织流程与企业组织的正常运作。这是规则与规则意识存在的价值所在。

7.3.2 流程规章制度宣贯

在实践中，很多企业都有详尽的制度，但许多员工仍然会不经意地违反流程规章制度的要求。这在很大程度上是因为企业在制度宣传和要求上不甚到位，导致流程参与者没有对规章制度予以足够的重视。可以说，在任何企业中，如果流程参与者形成了良好的规则意识，那么即使他们面对复杂而繁重的业务工作，也能够以认真的态度去高效实现流程目标。

【案例】东芝公司与格利森齿轮公司对流程规则的严格要求

日本东芝公司对超净工作间有着苛刻的净化要求：女员工严禁擦粉，男员工必须刮净胡子。操作时绝对禁止说话、咳嗽、打喷嚏，以防空气震动，扬起尘埃。美国格利森齿轮机床厂也有十分严格的制度：任何人进入车间，都必须佩戴安全眼镜，穿硬质皮鞋并把领带塞在衬衫里面，违反规定者会受到严厉的处罚。

为了更好地培养规则意识、使流程参与者们了解规则，企业应在设计并完善了制度后，及时地组织规章制度的宣讲工作，确保流程参与者能够准确认知制度规则的内容，并在日常实践中让这种认知得到进一步理解和持续强化。

当然，流程规章制度宣贯是一项长期任务，绝非靠一两次宣讲、培训或活动就能达成预期效果的。从实践角度来看，流程规章制度的宣贯工作可以分为两个阶段，逐步深化、内化。

第一阶段：让流程参与者服从规章制度要求

制度具有一定的强制性、规范性和时效性，是人们在一定范围和时限里必须严格遵守的一套规则，流程运作目标将得到最大限度的实现。

在这一阶段，企业可以采取场面宏大、形式多样、带有一定硬性约束的文化宣传贯彻模式。比如，通过宣传栏、培训学习、内网公布、内刊交流等不同形式，宣传流程规章制度的内容，树立制度的权威，强调执行和服从的重要性，甚至可以允许"自上而下强制要求，自下而上被动服从"的情况存在。

第二阶段：打造对规章制度的认同感

如果流程参与者对流程规章制度逐步形成了认同感，那么他们不会再视规章制度为约束，而会认同各种规章制度要求，全力以赴地实现流程运作目标。

在这一阶段，企业可以通过一些方法帮助流程参与者之间建立一种情感上的关联，促使他们对流程规章、制度、文化形成认同感。比如，一条流水线上的作业人员共同获得某项荣誉，让他们感受到流程规章制度给集体目标达成所带来的影响。这是一种有效的方法。

当流程参与者对流程规章制度有所理解与真正接受之后，他们会进入更高的层次——感到"按照流程规章制度来工作是一件自然而然的事情，如果不这么做，就会不舒服"，并在流程制度的基础上呈现出创造性行为。这也是制度宣贯的最高境界——制度变成文化，文化逐步内化。

7.3.3 系统学习与灵活应用

对于流程参与者来说，对流程规章制度进行系统学习并灵活应用，是非常重要的。对此，笔者建议流程参与者能够借助学习闭环原理，通过"学习—思考—输出"，最终对流程规章制度实现从认知到行为的切实转化。

1. 系统学习

在系统学习过程中，流程参与者可以通过文件学习、案例讲解、真实案例研讨等方式，探讨在流程实践中遇到各类典型问题时的解决方法，让流程参与者在思想层面认识到"流程是什么，为什么这样安排，在细节上应该如何控制"。

在实践中，企业可以组织流程参与者，针对流程规范、规章制度等进行集中学习、自主学习或合并学习；以考试的形式进行督导，也可以考代训，帮助流程参与者强化记忆、认知与理解。

2. 灵活应用

灵活应用是指将人脑中的流程知识、规章制度等应用于实践中，而不仅仅停留在认知层面。在实践中，企业要强化场景化学习，当流程参与者的基础培训结束之后，即可由有经验的人员带其在现场实地讲解、展示流程运作过程，分享成功经验。

在实际工作过程中，遇到流程运作难题时，流程参与者之间要共同探讨、分析、研究，这样既可强化对已学习内容的认知，又能补充学习未尽之处。从认知学习到应用实践，又从应用实践到认知学习，由此形成一个知行合一的正向闭环模式。

7.4　建立流程约束机制

在制度约束方面，绝不可姑息例外之事，而要慎始慎初，对小事亦严格抓起。而作为班组长，则必须不断增强制度意识和规则意识，消除"权高于制度、情大于制度、威盛于制度"等特权思想，培养自觉执行制度的习惯，最终把制度转化为行为准则和自觉行为。

7.4.1　以热炉法则保障合规管理

莱蒙特说："世界上的一切都必须按照一定的规矩秩序各就各位。一家企业必须有一套尽可能完善的制度，这样才能保证日常工作有序地开展，各项业务顺利地进行。"为了确保企业成员的合规行为，有时候打造"热炉"也是非常必要的。

这里说的"热炉"，是指针对违规行为的惩处规则——任何人只要一碰到它，就必然遭到"烫"的惩罚。在"热炉"面前，人人平等，人人都要遵规而行，受之约束。

【案例】大野耐一在生产现场打造的"热炉"

20世纪50年代，大野耐一提出：要将工作中发现的劣质产品放在所有人视线所及之处，绝不可隐藏起来。这也是大野为推行精益生产所制定的"规则"。

而当时，人们普遍认为"出现劣质产品就等于技术不过硬"。一旦出现劣质产品，工人们便会习惯性地将其藏匿起来。故而，无论大野怎样强调"不要隐藏劣质产品"，员工们都不会心甘情愿地去做。

一天，大野到工厂视察生产情况，工人们都聚精会神地埋头工作。突然，大野大声喊道："这是怎么回事？"声音大得让所有在场员工都吓了一跳。生产小组长赶忙跑过来，大野指着一些被藏在角落里的不合格半成品大声训斥："为什么要藏起这些不合格品？我已经说过无数次，一旦出现不合格品，就立刻停止生产，并把它们放到通道上，为什么你们不按我的要求去做？"大野气愤地将不合格半成品全部扔到了通道上，反复强调"不要隐藏不合格品，把它们全部放在通道上，让所有人都看见"，并对生产小组长给予了处分，然后转身离去。

当时，工人们尚未真正理解为何要制定这个规则，但是有一点他们心中很清楚：不隐藏劣质产品，这是丰田的规则，是丰田的"热炉"，否则自己将为之付出代价。

在实践中，企业有必要预先打造好一只"热炉"，针对可能出现的违规行为设定明确的惩罚措施。而当企业成员事先了解了规章制度和"热炉"后，他们自然会遵守规则，不会随意触犯规则，以规避或降低自身被"灼伤"的可能性。

7.4.2 客观处理流程违规行为

在打造"热炉"的基础上，企业要尽可能早地发现流程问题，以认真客观的态度处理流程违规行为，避免流程约束成为空谈。在此过程中，企业要注意从以下方面加强管控。

1. 让问题凸显

让问题可见，这是发现问题的态度。世界上没有不出任何问题的工作现场。流程参与者在作业时，应当做到：一旦发现流程中存在问题，立刻中止手头的工作，将所有问题都一目了然地摆在桌面上。这既是一种解决问题的态度，也是解决问题的前提条件。前文中大野耐一的"让所有人都看得见不合格品"，就是一种凸显问题的典型做法。

2. 重视小问题

人们通常认为，必须公开讨论的问题必然都是大问题，于是小问题便被人们忽视了。然而，"千里之堤，溃于蚁穴"，流程上的任何一个环节出现问题，都可能影响整个流程的运作。一些问题虽然看起来较小，却是不容忽视的问题。每一位流程参与者都应重视流程问题，检视各个问题可能在流程运作效率与结果方面造成哪些影响，发现问题的根源，为问题找到解决良策，进而提升流程运作效率。

3. 严格处理违规行为

在处理违规行为时，要在违规行为与惩罚措施之间建立恰当的关联，借助严格惩处来强化流程参与者对违规行为的深度认知。

对于流程违规者，企业可以通过行政或经济手段，加大对相关责任者的处罚力度。例如，视违规行为情节的严重程度，给予批评教育、现金处罚或解雇等形式的惩罚；再如，一人违章，全班培训。此外，企业还可以在网站、论坛、期刊等内部媒体上，开辟反违规工作专栏，对查出的违规行为予以曝光，并定期（按月、季、年）开展违规统计。

7.4.3 遵循公平公正的约束原则

在流程约束机制建设和违规行为处理过程中，企业不宜走走形式、因人而异，而要严格遵循公平公正原则，不偏不倚，一视同仁。这是很多企业成功开展规章制度建设的根源所在。如果制度贯彻时不够公平，实行强权管理，很可能会出现"指鹿为马"的后果；但是如果企业能够秉持公平公正的态度，确保流程参与者对制度有所理解、认同和自我约束，那么将更容易保障企业顺利达成流程目标和经营目标。

【案例】华为以公平公正原则约束个体行为

在华为，每个员工的机会是均等的，团队内部公平竞争、每个人都享受着公平的竞争气氛。

华为在沙特阿拉伯代表处有一个 CSO 团队，就有一个专门负责清单配置工作的本地员工，他有个中文名字叫"大巴"（化名）。2009 年 6 月，该团队需要开具一种到货款的票据，可是，大家从来就没有开过这种票据，加上正赶上代表处业务量很大，人力紧张，主任张达（化名）着实很犯愁。没想到，大巴主动找到了张达，希望能将这项工作承担起来。张达非常高兴，对大巴大加鼓励。

大巴很快忙碌起来，每天都不断地跟客户、市场、供应链、财经等部门沟通，协调业务流程进度。如此一来，张达在星期一交给他的任务，他在星期三就完满地完成了，这也大大超出了团队的预期目标。经历了这件事以后，大巴得到代表处的认可，破例被任命为产品经理。

事实上，规则制度的贯彻公平公正，是每位员工的心理需求，也是企业管理的需要。每个企业员工往往有一定的心理承受限度，而决定这种承受限度的是制度形式和内容的公平性。同时，制度制约下的每个员工也是监督者，如果企业内部缺少公平公正性，那么企业员工往往很难认同这套规章制度。

鉴于此，在流程运作与日常管理过程中，任何企业都应坚持人人平等、公平公正的原则——每个人都要依循流程规则行事，因事而受奖罚。如此才能激活流程运作的活力和企业的生命力，切忌因人而异、助长歪风。

7.5 流程风险防控

在规章制度建设中，流程风险防控是重要的内容。流程风险防控主要从流程运作过程中的异常监测、风险识别以及例外管理入手，将一切正在发生的异常问题或可能发生的风险控制在可控范围内，让例外管理转为例行管理，以期实现流程运作的可控化、秩序化、常态化。

7.5.1 流程运作的可视化设计

对于流程运作过程中的异常问题，可以通过实时监测手段来尽早发现、及时发现。一般而言，企业会通过可视化设计，将隐藏的问题转化为看得见的状态。

【案例】*滑雪场的可视化管理*

一家滑雪场为减少滑雪运动中的危险性（如发生雪崩、滑雪者摔伤等），在现场管理中引入了可视化技术。该滑雪场通过可视化技术，可以将滑雪者在任意时刻的运动路线显示在一张地图上，供救援人员随时掌握情况。通常会让滑雪者随身配备 GPS 装置，通过卫星将滑雪者的实时位置传送到控制中心，利用可视化技术进行实时的三维显示。这样既可以随时将滑雪者的位置以静态地图的方式打印出来，了解滑雪者的运动状态；又可以对整个运动线路进行整体显示，分析滑雪者下滑时的速度以及下滑的时间，从而提高滑雪者的滑雪水平。

可视化具有直观、易读、易识别的特点，通常借助工序卡、指导书、印记、标示牌、电子显示牌、信号灯等来呈现流程异常问题。在有条件的岗位，充分利用视觉信号显示手段，可以迅速而准确地传递信息，没有管理人员现场指挥，同样可以有效地组织生产。

另外，可视化也使工作的透明度提高，操作对象、操作方法、操作数量、操作时间、操作地点等一目了然。在这种状态下，不同人员之间更容易进行恰当的监督和配合，也更容易发现流程运作中是否存在违规操作行为。

例如，在电子显示屏上直接注明工作类型和工作进度状态，人们便可以对生产车间里的情况一目了然，看到当前正在进行的工作类型、工作起始时间、当前所处的状态。同时，也可以了解生产线上何时发生了问题，发现问题和处理问题的责任被落实到何人身上。如此，便可以及时发现异常问题，相关人员也能够尽快赶赴现场，快速解决异常问题，避免发生更大的损失。

7.5.2 准确识别流程风险点

在实践中，可能给流程造成风险的因素非常多。比如，业务流程缺失，业务流程不规范、不健全，个体执行不力，存在外部干扰等，这些都可能给流程运作带来风险或负面影响。

美国 Standish Group（一家专门跟踪 IT 项目运作结果成败的权威机构）曾对 8000 多个项目进行了成功率统计，结果表明：34% 的项目最终彻底失败，超过 50% 的项目不甚成功，而能够勉强达成总目标的项目只有不到 16%。读者朋友们，你们是否认为"从这组统计结果中尚且无法发现项目成功或失败与有无过程监测是否关系紧密"？如果项目最终是以失败告终的，很可能是因项目本身的难度太大而执行人员的能力不足所导致的。后来，华为项目组用实践来阐释了风险监测与识别的重要作用。

【案例】华为的风险监测与识别

在创业早期，华为曾经接手一个合同总金额超过 800 万元的项目。对于当时的华为来说，这是一个非常难得的机会，但是合同约定工期为两个月。而华为人在项目启动后不久，却发现公司承接这个项目隐藏的风险非常大，即便当时参与的人员马不停蹄地开始工作、紧锣密鼓地加快节奏，也无法确保在两个月时间里完成合同约定的工作目标。但是，为了获得客户满意并赢得良好的市场口碑，华为决定与客户重新协调合同期，并硬着头皮将这一单扛了下来。为了完成这个项目，公司支出了 1200 万元的成本，而整个项目竟然用了一年也未能完成初验。

华为早期遇到的这个案例是非常具有典型性的。很多企业在运作过程中，盲目乐观，忽视了隐藏的巨大风险，由此给企业招来了不可估量的危机和损失。因此，企业应该重视流程运作的风险控制。

【案例】华为的流程关键点设置与风险识别

华为公司是非常重视流程风险防控工作的。在明确业务和流程目标之后，华为的流程设计与评审人员会特别分析判断流程各活动环节在执行过程中是否存在以下八类风险：①影响流程目标有效实现的因素；②舞弊；③人工和系统操作错误；④绕过流程；⑤未经审批或不恰当审批的业务活动；⑥信息不准确导致不当的决策；⑦法律法规、合同义务、内部制度的遵从；⑧影响客户满意度而造成的损失。然后，再结合业务实践，判断风险发生的概率及影响程度，识别重要风险，进而确定是否需要设置关键控制点。

在设置关键控制点时，华为会针对风险程度，设计有效的控制活动内容。在这个环节，华为会重点考虑以下八个因素：①控制活动与业务活动相融合；②控制活动的可操作性；③控制活动的成本；④控制活动的专业性；⑤）控制活动的性质（预防性、检测性、纠正性）；⑥控制活动的位置；⑦控制活动的IT化；⑧控制活动的绩效统计、评估。然后，结合控制活动，确定控制的角色、频率、控制活动实施文档等。最后，从"确保实现总流程目的及防范重要风险"的角度，对初步确定的控制点进行比较，选出一些相对重要的控制点作为最终的关键控制点。

接下来，判断所确定的控制点是否完善。对此，华为流程设计与评审人员会针对流程的输入、处理、输出、核对环节，结合审计结果、案例、历史经验，判断控制点的完善程度，重点关注关键控制点对于重大风险的控制效果。

一般而言，流程评审人员会逐步评估"流程控制是否环环相扣""是否能够避免差错延续",还会阅读流程活动说明,并询问以下问题:如何了解此流程是否实际上得到了实施,并证明这一点?而答案则是:有具体控制的相关文档,可以证明其实施的一致性。举例来说,询问"如何知道发票收到后是否都已加盖日期章",如果得到明确的回答"如果文员在录入数据时,未发现发票的接收日期,则返回给核算会计,不予处理",那么,即可判断这个控制点为完善的控制点。

除此之外,流程设计与评审人员还会随着遵从性测试的开发和实施,以及根据日常运作中的优化需求,持续补充或完善关键控制点。

图 7-4 呈现的是华为的资金管理——AR 回款核销流程及关键控制点示意图。

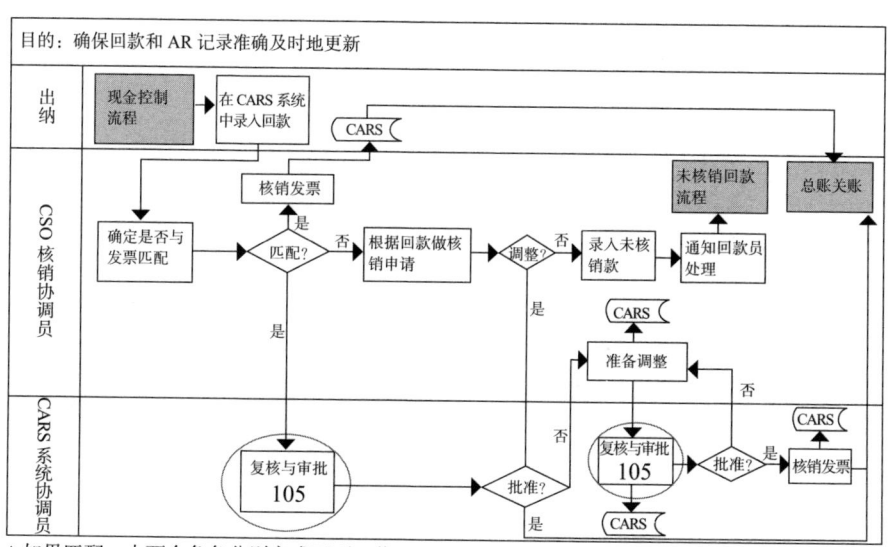

* 如果匹配,由两个角色分别完成两项工作。

图 7-4 AR 回款核销流程及关键控制点示意图

在识别流程风险点之后,流程评审人员发现:该流程存在"操作差错、未有效审批"的风险。这都是在流程运作中需要重点防控的部分,同时也是需要持续完善的关键控制点。

毫无疑问,华为的流程关键点与风险点识别控制是非常细致的。而如果仔细分析则会发现,这套实践是从两个基本维度来展开思考并进行识别的:一是从"流程环节设计是否会给业务带来风险"这个角度展开思考的;

二是从"哪些干扰因素会形成流程障碍，造成业务风险"这个角度展开思考的。

1. 流程环节设计是否会给业务带来风险

围绕这个问题，我们可以延伸思考：哪些流程本身存在设计问题？业务环节之间是否存在安全风险？流程的支持系统之间是否存在安全风险？哪些环节是最为关键的，是应加强管控的？如何探索流程优化的空间和方法？

2. 哪些干扰因素会形成流程障碍，造成业务风险

围绕这个问题，我们可以延伸思考：哪些因素可能造成流程执行的中断或流程进度的延误？

举例来说，如果流程参与者不了解流程及相关细节，或者对流程执行反感，那么他们在流程执行过程中便不会严格参照流程标准操作，自然就不会达成预期效果。所以，人才能力水平欠佳，便成为一种干扰因素，算是流程风险点。

总体而言，在流程的不同阶段和环节里，风险点也是不同的、变化着的。因此，从企业经营的角度来说，企业需要建立一套风险管理机制，在工作中实时监测企业经营状态和外部环境变化，尽早识别流程运作过程中可能存在的潜在风险，未雨绸缪。

7.5.3 将例外管理转为例行管理

如果流程风险未能得到有效控制，就会变成流程运作中的意外情况。对于这种情况，企业往往需要进行例外管理，特事特办。但是，在对意外情况处理完毕后，也要归纳总结处理方法，考虑如何防范例外情况的发生，并纳入规章制度文本中，形成防控举措。

【案例】华为从例外管理到例行管理的实践

李国锋曾经担任华为西非地区部及尼日利亚账实相符变革推行责任

人，他刚刚接手这个艰巨的任务时，尼日利亚中心仓账实准确率位列全球各地区部倒数第一，站点账实准确率只有59%，位列全球各地区部倒数第一。

2015年，李国锋和团队逐步推进账实相符方案的实施，他们面对的400多支施工队伍素质参差不齐，要想保证整齐划一地实施是个难题。于是，整个团队为了统一分包商和项目组操作，提供了为期三周的培训。培训之后，逐渐树立了分包商的信心，提高了工具使用率，方案也终于如期上线。然而，方案上线后却并未彻底解决问题。

一天，李国锋和团队成员通过可视图层工具发现，分包商尚未抵达站点，就在船上完成了签收站点物料的工作。针对虚假签收问题，李国锋立即召开会议，提出让有虚假签收行为的分包商项目经理为大家分享"如何快速提高工具使用率"。于是，这位项目经理开始临场发挥。当他分享结束后，团队成员拿出可视图层工具，当场用证据揭穿了这位虚假签收的项目经理。

此次事件之后，分包商们开始执行到站签收。相比之前，虚假签收情况有所好转，但依然存在分包商在一个站点同时签收多个站点物料的情况。针对这些问题，李国锋团队开发了围栏工具，设置了"签收地址和站点实际地址相差0.5公里时，就无法进行签收"的签收条件。分包商必须按照签收流程一步步进行，才能完成合规签收程序，避免了签收流程流于形式。由此，分包商的虚假签收问题借助流程规范程序得以彻底解决。

就这样，李国锋团队一次次针对问题，提出例行性流程解决方案，用例行流程解决了众多例外事件。至2016年年底，在李国锋团队的努力下，终于实现尼日利亚的中心仓账实准确率100%、站点账实准确率100%、工具运营绩效100%。

在规范流程过程中，首先要清晰界定例行管理和例外管理。例行管理是流程管理的主要内容。而随着流程管理体系的逐渐发展和成熟，一部分例外管理也能梳理出相应的流程，并在不断实践优化中转化为例行管理。表7-6简要阐述了例外管理和例行管理的区别。

表 7-6 例外管理和例行管理的区别

例外管理	例行管理
发生频率较低的事件或过程，难以总结出规律和经验，一旦发生，则会对企业经营过程产生较大影响	在企业经营过程中，发生频率较高的事件或过程，并且这些过程较容易总结出规律
处理规则不能被重复使用，每次要根据具体情况重新设计	总结出的经验知识和规律能够被重复利用
典型的例外过程有两类：项目性工作，新启动的工作模块	例如，报销审批流程等，费用的审批都会有统一的流程，每个岗位审批的内容和方式也是一样的

由表 7-6 可知，例外事件由于发生的次数较少，发生的时间也相对较短，来不及总结过程和经验就要及时进行处理和实施。当例外事件发生的频率提高，或组织内部的流程管理体系逐渐成熟时，企业就要通过将过程中的经验知识和具体活动注意要点进行整合，最终实现项目性例外管理向例行管理转变，同时也有利于降低企业经营与流程运作的成本。

第 8 章
追求经营效率

效率问题往往与组织管理是并存的。凡是有社会组织存在的地方，都会在效率方面有所要求。在现代社会中，经营效率是指各级各类社会组织及其管理人员从事流程运作与日常经营管理等活动中的产出，与其消耗的人力、物力、财力等要素之间的比例关系。经营效率也是评估和检验一个企业（或组织）的流程和制度管理有效性的重要指标和依据。

流程赋能

8.1 经营效率分析

经营效率是指企业以最小的投入获取最大的效益，它以量化的形式来评价企业经营的有效程度。如果我们说一个企业的经营有"效率"，意味着它在"正确地做事"，而且做得很好。

8.1.1 什么是经营效率

经营效率是企业组织所花费的资源与其所产生的结果之间的比例关系。资源的各项花费应当带来相应的正面结果。经营效率也可以用单位时间内所完成的某种活动的数量和质量来表示。

与之对应的是经营效能。经营效能是指企业或组织实现预定目标的实际结果，主要包括企业或组织的产出（数量、质量、速度、客户满意度等），企业或组织对其成员的影响（结果）和所提高的工作能力等方面。

在实践中，一个企业可能实现了经营效能，但未必实现了经营效率。例如，一个企业可以实现目标，却以收入上的净损失为代价。对于这样的企业，由于它实现了设定的目标，所以是有效能的；但由于它没有通过资源使用获得净利，所以不能认为是有效率的。

那么，我们应怎样判断一个企业或组织的经营效率的高低呢？

8.1.2 经营效率与资产管理效率

对于企业来说，无论企业战略如何变化，企业都需要体现其存在价值，完成基本使命，这是其经营效能的体现，也是企业生存和持续经营的前提条件。但是，在保障经营效能的前提下，企业还要考虑持续提高流程运作效率，确保企业在更短的单位时间内获得更多的财务收益，这对经营效率有了要求。

流程运作效率与资产管理效率，是对企业经营效率的基本财务面分析。通常，企业用存货周转率、应收账款周转率、流动资产周转率和总资产周转率等指标，来反映企业经营效率。各财务指标之于经营效率的意义，如表 8-1 所示。

表 8-1 反映企业经营效率的财务指标

财务指标	解释说明	计算公式
存货周转率	是指衡量和评价企业采购库存原料、投入生产、售后回收资金等环节的综合性指标	$存货周转率=\dfrac{销货成本}{平均存货余额}$ $存货周转天数=\dfrac{360}{存货周转次数}$
	存货周转速度越快，存货占用水平越低，存货转换为现金或应收账款的速度就越快	
应收账款周转率	是指年度内应收账款转为现金的平均次数，即应收账款流动的速度	$应收账款周转率=\dfrac{销售收入}{平均应收账款}$ $应收账款周转天数=\dfrac{360}{应收账款周转率}$
	应收账款周转率越高，平均收账期越短，说明企业的应收账款的收回速度越快，资产利用效率越高	
流动资产周转率	是指销售收入与全部流动资产的平均余额的比值	$流动资产周转率=\dfrac{销售收入}{平均流动资产余额}$
	流动资产周转速度快，相当于变相增加了资产投入，有助于提高企业盈利能力	
总资产周转率	是指资产平均总额与销售收入的比值	$总资产周转率=\dfrac{销售收入}{平均资产总额}$
	"平均资产总额"是年初资产总额与年末资产总额的平均数。资产总额的周转速度越快，说明企业的销售能力越强，有利于企业利润绝对额的增加	

这些资产管理指标用于衡量企业运用资产赚取收益的能力。比如，存货周转率指标的好坏反映企业存货管理水平的高低，影响企业的短期偿债能力，由此可以判断企业变现能力。

除此之外，这些财务指标也体现出企业各类流程的运作效率。比如，存货周转率体现出生产流程的运作效率，应收账款周转率体现出财务管理流程的效率。

8.1.3 流程管理与投资回报率

在企业经营效率分析过程中，除了要考虑周转率指标，还有一个重要方面是不容忽视的，那就是投资回报率（ROI）。投资回报是指通过投资而得到的价值，即企业从一项投资活动中得到的经济回报。

投资回报率（ROI）= 年利润或年均利润 / 投资总额 × 100%

企业是营利性组织，投资回报率是企业经营中需要优先考虑的指标之一。在实践中，反映收益能力的指标通常和周转率指标结合在一起使用，用以综合评估一个企业的经营效率。一般而言，企业在单位时间内完成的活动量或工作量越多，投资回报率越高，说明其经营效率越高；反之，则说明其经营效率越低。

而且，流程运作本身也需要资本投入。所以，投资回报率不仅被作为组织战略与经营效率评估的一项重要指标，也被作为流程运作与管理评估的一项重要指标。在实践中，企业可以从不同的流程管理角度来获得更高的投资回报率，如表8-2所示。

表8-2 从不同的流程管理角度来提高投资回报率

流程管理角度		说明
精确无误	流程设计规范化	为流程参与者提供确保遵守预算和计划所需的工具和资源，流程执行更加明确高效
	错误风险最小化	实施更多精细化流程管理（包括较小活动组的环节），有助于降低错误风险，更好地管控风险
	角色和职责明确化	流程参与者明确自己在流程运作中的职责和角色，有助于他们按计划推动流程运作，提高个体行为的精确度
提高利用率	流程细节优化	确定还缺少哪些关键业务及环节，识别并改善薄弱环节
	资源投放集中化	将资源更集中地投放于核心业务，让有限的资源最大限度地发挥价值

在表8-2中，前三条从规范流程管理的角度来防范投资损耗，确保实现投资回报率目标；后二条则从优化流程管理的角度来提高资源利用率，有助于提高投资回报率。认识和有效把控这些可能给企业投资回报率带来

影响的角度和方面，是企业取得短期和长期流程管理成功的重要方面，也是企业进行效率提升的关键着手点。

8.2 组织效率提升

只有明确组织效率现状，才能明确流程优化的方向，进而有针对性地调整组织结构，优化流程中的不足之处，提高流程控制点效率。因此，组织效率分析被视为流程与管理优化的基础。

8.2.1 重视组织效率的影响因素

不同企业的组织效率是不同的。那么，是哪些因素在影响着组织效率呢？在实践中，导致企业组织效率产生差距的因素主要有两个：一是企业外部环境因素，二是企业内部管理因素。外部环境因素与内部管理因素之间相互影响和制约，决定着企业的组织效率。

1. 外部环境因素

外部环境因素主要指企业所处国家的政治法律、区域经济、科学技术、社会文化等外部条件。这些外部条件是客观存在的，不以单个企业意愿发生改变。企业可以主动适应这些环境因素的限制，更智慧地选择企业在行业与行业供应链上的位置，有针对性地对企业组织进行调整与改变，以便获得更好的生存与发展的机会。

外部环境对组织效率有着决定性影响，不过，企业往往很难通过外部环境因素快速改变自身。相对而言，企业内部因素的可控性和操作性更强，更容易在较短的时间内实现企业组织效率的提升。因此，内部管理因素分析也是非常重要的。

2. 内部管理因素

内部管理因素主要涉及组织结构因素、业务流程因素、人员因素等方面。之所以要对这些因素加以分析，主要出于以下原因，如表8-3所示。

表8-3 组织效率的影响因素分析

影响因素	分析说明
组织结构因素	组织结构影响组织沟通效率——组织层级越多、路径越长，组织的效率反而越低。在前文中我们提到了让流程贯穿于组织机构之中，打造流程型组织。而若想让组织效率进一步提高，就必须找准组织优化的角度，做好组织结构的优化工作
业务流程因素	业务流程是影响组织效率的第二大因素。企业是否能够围绕业务流程进行资源配置，是否能够打破运作过程中的障碍与瓶颈，都是影响组织效率的关键因素。因此，在组织结构优化的基础上，探索业务流程的影响范围，摸索流程优化之法，提高流程效率，是提高组织效率的重要方面
人员因素	岗位工作人员是组织效率目标的实践者。无论是对于组织经营还是流程运行，各岗位工作人员的实际能力都直接影响着组织效率。因此，企业为提高组织效率，就有必要实实在在地提高岗位人员的工作能力，使之掌握高效工作方法，必要时也要积极借力智能工具和高科技设备的应用

对外部环境因素进行分析，有助于提升企业的工作效率；对组织结构、业务流程、岗位人员因素等内部管理因素进行研究，有助于改善企业效率的现状。企业可以从上述角度入手，设定细化指标，以得出更为准确的分析结果。

3. 运营效率诊断

为了便于对组织效率做出诊断，企业可以围绕影响因素，结合企业对各方面因素的重视程度，来设计系统的诊断方案。表8-4是某公司设计的运营效率诊断表，供参考。

表8-4 运营效率诊断表

项目	No.	评价项目（每项5分）	得 分
组织结构与模式（20分）	1	各部门基本上由各管理层直接管理	
	2	组织结构扁平化，具有高效的执行力和快速的反应能力	
	3	公司各部门和人员集中办公，部门之间自由交流	
	4	领导者是指导员和培训者，重视问题解决方法和相关培训	

续表

项目	No.	评价项目（每项5分）	得分
变革组织结构（20分）	5	定期从多种渠道收集商业情报，对行业对手进行系统分析	
	6	每半年从技术和市场两个层面，对经营现状进行诊断	
	7	企划部门牵头进行公司战略规划的制定	
	8	建立专门的革新部门，推进经营改善和体制变革	
职能组织效率（20分）	9	采购部门针对公司战略和指标，制定工作方案	
	10	建立战略供应商联盟，通过全面改善，实现采购效率提升	
	11	在财务方面，设有基于现场的制作成本管理与评价	
	12	实现了从主计划到作业计划的标准化转化，且计划与物料控制的整合度较高	
技术组织效率（20分）	13	目标市场产品的开发能力、周期管理、目标成本控制较好	
	14	基于客户、质量、制造、供应商等进行评审与改善	
	15	基于模块化设计实施同步化开发计划	
	16	对产品设计的可制造性进行评审，且质量控制计划的有效性较高	
人力管理与激励（20分）	17	基于公司战略进行培训和实施沟通计划	
	18	定期组织学习改善会、学习研讨会等	
	19	基于现场绩效进行月度评审与绩效沟通	
	20	基于员工满意度管理与改善进行多层级沟通	

表8-4所示的诊断内容，分为组织结构与模式、变革组织结构、职能组织效率、技术组织效率、人力管理与激励五个方面（各项满分皆为20分），再围绕这五个方面进行四个细项分解（每个细项满分为5分），合计为100分。

企业在设计运营效率诊断表时，可以以此为模板，根据本企业关注的方面进行调整，从而形成更契合企业实际情况的诊断表，获得更精准的运营效率诊断结论，进而为后续的运营效率提升提供真实可靠的依据。

8.2.2 探索流程管理与效率提升的方法

面对越来越激烈的市场竞争，规范并优化流程管理，突破流程运作瓶颈，大幅度提升组织效率，几乎已经成为所有企业追求的目标。在这一方面，丰田的精益制造模式、哈默的流程优化理论等，都是人们在流程方面提升组织效率的有效尝试。

【知识】精益制造模式与流程优化

20世纪50年代，日本丰田公司将节拍时间和福特的连续流结合起来，再融合美国零售行业的超市管理方法，形成了一套严谨成熟的"准时生产"体系。在这套体系下，企业采用的是"从后工序到前工序取件"的流程，使推动式生产变成了拉动式生产。

1973年，受到中东战争的影响，世界石油价格高涨，日本经济下降到负增长的状态。1974年5月，日本国内汽车销售量同期比下降了41%，汽车生产厂家也纷纷减收，然而丰田公司却实现了增收。直到此时，丰田生产方式才开始出现在公众视野里。20世纪80年代，日本在制造业市场上的胜利使美国的制造业陷于危机，困惑的美国人开始研究日本生产方面的经验。

1980年，美国福特汽车的亨利·福特退休，考德维尔和彼得森决定大力引进精益生产方式。他们在工厂的生产线上安装了停止按钮，任何工人一旦发现自己收到的或即将送到下一道工序的产品存在质量问题，就可即刻停止生产线。福特发起员工参与EI（工程索引）工程，让员工之间相互交流，管理层也可以从中获取许多有用的信息。至1987年，福特汽车的盈利超过所有欧洲和日本汽车利润的总和。克莱斯勒汽车公司在推行"精益生产"过程中，也取得了极为可观的成果。1994年，开发研制生产新车型所需时间从80年代的60月缩短到31月，缩短周期接近一半；开发费用也大大降低，仅为福特公司同类车型的1/6。

日本和美国的实践经验表明，彻底打破传统的生产流水线和金字塔式传统组织管理模式，推行"精益生产"方式，不失为提高企业经营效率、走出经营困境的一个良策。事实上，多年来，无数企业和理论学者一直在流程管理方面持续不断地研究和探索着新模式和新方法，提出很多值得借鉴的理论和方法。在下文中，我们将从组织效率提升的角度展开系统阐述。

8.2.3 把握组织效率提升的基本原则

在组织效率提升方面，我们通常可以遵循两个简单原则：一是缩短运作路径，二是提高单点运作能力。

缩短运作路径是指让业务流程和职能运作的过程变短。比如，压缩组织结构层级，从 5 级压到 3 级，那么整个组织的上传下达速度自然会变快。再如，合并流程环节或去除不必要的流程环节数量，流程环节从 15 个减到 12 个，那么流程的整体运作速度也会变快。企业可以以"让路径变短"为基本思路，去探索更多实践方法。

提高单点运作能力是指让某个节点的反应速度加快。以流程节拍为例，一般来说，一个流程上的每个环节节拍并不完全一致，其中用时最多的那个环节就是这条流程上的瓶颈。如果能够消除这个瓶颈，协调好流程节奏，那么整条流程的效率就会得到提升。企业还可以从岗位人员工作能力、工作方法乃至运用工具等角度去提高单点实力，从而提高运作与反应速度。

下面，我们针对影响组织效率的企业内部管理要素——组织结构、业务流程、岗位人员管理与岗位设计，来探讨组织效率提升的思路与方法。

8.3 优化组织结构

组织结构是企业经营与发展过程中不可或缺的工具。不恰当的组织结构会使企业流程运作缓慢，经营效率低下，掣肘企业的正常运营。因此，企业在提高经营效率的过程中，必须持续优化组织结构，循序渐进，探索更适合企业的组织结构模式。

8.3.1 探索适合的组织结构模式

一个合理的组织结构，必须拥有配合协调的组织细胞群，这样才能够为实现整个企业的经营效率目标打下基础。一般来说，我们可以通过以下标准，来判断一个企业的组织结构合适与否。

评估标准 1：是否足够精简

组织规模、结构模式足够精简，关键部门的数量并无冗余部分。如果组织结构过于繁杂，那么其在运作过程中必然存在掣肘之处，出现影响企业经营秩序的现象。

评估标准 2：是否各个个体有明确的责任

每个人或小组都非常明确自己的工作内容和目标要求，明确自己所承担的责任，明确自己在某一种状态下如何做出应对或如何寻求帮助。

评估标准 3：是否有助于有效分工协作

企业的各业务单元或个体的实际作业能力要求应非常明确，彼此的协作关系亦非常明确，能够从企业全局的角度出发，相互支持和配合，共同完成任务目标。

评估标准 4：是否有助于人们迅速反应

在协调各组织单位进行整体运作时，能够根据时限要求来提高整体作业效率，迅速完成生产任务和目标。在遇到外部因素变化时，也能够快速采取应变措施，做出有效反应。

【案例】德鲁克关于组织结构的观点与华为公司的"五个有利于"原则

"管理学之父"彼得·德鲁克在《管理的实践》中指出，在建立组织的管理结构时需要同时满足以下三个条件：一是管理结构在组织上必须以绩效为目标；二是组织结构必须尽可能地包含最少的管理层级、最便捷的指挥链。从理论上来说，每个人的管理跨度一般在五六个人较为合适。越到基层，管理的跨度就要越大；越到高层，管理的跨度就要越小；三是组织结构必须能够培养和检验未来的高层管理者。

华为公司基于德鲁克的理论，总结出了组织结构的"五个有利于"原则，并写入了《华为基本法》，作为公司建立组织结构的指导方针。五个有利于原则的具体内容如下：①有利于强化责任，确保公司目标和战略的实现；②有利于简化流程，快速响应客户的需求和市场的变化；③有利于提高协作的效率，降低管理成本；④有利于信息交流，促进创新和优秀人才的脱颖而出；⑤有利于培养未来的领袖人才，使公司可持续成长。在多年发展过程中，华为公司始终确保其组织架构基于客户需求导向。在面对内外部环境变化时，也会严格遵循"五个有利于"指导原则进行调整与优化。

当然，一个企业组织结构设计得是否合理，不能简单地依据上述标准来评价，而要根据每个企业组织的具体情况来具体分析。如果这套组织结构设计无论从当下还是从长远角度来观察都能给企业带来最理想的状态和收益，那么这套组织结构即可被评价为"适合""合理"。这也是企业在组织结构设计和优化时的基本逻辑思路。

8.3.2 组织结构的双向调整

时代在变，需求在变，故而组织结构的调整是需要持续开展的，以期探索到更适合当下的组织结构。对于组织结构的调整，主要从两个方向展开：一个方向是横向调整，增加或减少部门或者团队数量；另一个方向是纵向调整，找准方向，增加或减少组织层级。

1. 组织结构的横向调整

通常情况下，企业应尽可能地减少不必要的部门和人员，以精简为要，但可以根据业务量酌情增加或减少团队数量。这就是组织结构横向调整的基本原则。比如，如果企业订单或项目较多时，宜抽调人员，组织新的临时性项目团队，待业务处理完毕再行解散。这就是增加团队数量，是对组织结构进行临时性的横向调整。

需要注意的是，组织结构的横向调整有时会导致各部门各自为政，出现问题时互相推卸责任，不为其他部门提供服务与帮助。在这样的状况下，企业很难团结一致地持续发展。因而，要极力避免出现这种情况。

2. 组织结构的纵向调整

纵向调整通常是减少组织层级，而不是增加层级。因为，组织结构的层次过多的话，会造成信息传递的层层衰减和失真，造成决策层与执行层之间出现很深的隔阂。而要想提高决策效率，保证执行精准，就需要确保企业层级精简，信息对称。

此外，切忌设计出"面朝董事长，屁股对着客户"的组织结构。如果企业成员每天面朝自己的上级，一切以上级意志为基准，那么企业往往会陷于内部形式主义的泥淖之中，无力快速应对外部需求的变化。所以，纵向调整时的方向选择也是非常重要的。

【案例】美的集团的组织架构调整

美的集团是一家集家用电器、暖通空调、机器人与自动化系统、智能供应链、芯片、电梯等业务为一体的科技集团。为了更好地执行战略和应对业务变化，其长期对组织架构进行积极的调整。

2018年6月，美的集团将烟机、灶具等产品的生产、研发等职能全部并入热水器事业部，由此成立了美的厨房和热水事业部。当时，美的的这次结构调整被视为"美的意图通过调整提升厨电的竞争力"。2018年12月，美的集团以143亿元并购了小天鹅。此次合并后，美的集团事业部从10个减少到8个，原环境电器和清洁电器的研发和制造得以保留，销售部门减员增效。再后来，美的通过整合，让原本较为零散的组织架构更为集中，继续推进"从9个美的到1个美的"一体化改革。

2020年年底，美的集团公布四大战略主轴——科技领先、用户直达、数智驱动、全球突破。当然，这一切都需要借助组织架构作为支撑。因此，美的集团重新规划整体业务结构，推动多品类协同，真正落实事业本部制，将业务调整为家居事业群、机电事业群、暖通与楼宇事业部、机器人与自动化事业部和数字化创新业务五大板块。同时，美的也在积极协调旗下不同事业部之间的一线市场营销推广业务，加速多个品类事业部的一体化整合，以谋求美的集团"一盘棋"的实现。

总体而言，当组织的规模、管理的复杂度、外在经营环境或战略方向发生改变时，组织架构也必须随之做出积极的调整。而对于组织架构的调整——无论是选择横向调整还是选择纵向调整，是多层次结构还是扁平化结构，管理跨度是宽还是窄，这些都是与企业所处的发展阶段、经营战略和能力目标紧密关联的，且要以有利于组织快速反应为核心目标之一。

8.3.3 多种结构模式的灵活应用

组织结构模式根据其发展历程可以分为直线型组织结构、职能型组织结构、矩阵型组织结构、流程型组织结构、无边界组织结构等。但是，单一的组织结构往往不能保障流程运作的便捷迅速。所以，未来的企业组织形态绝不会是单一形态的，而将呈现出相对多样化的形态——矩阵化、流程化、虚拟化，或者各种形态并存于同一个企业组织之内。

如今，很多传统的职能型组织正在改变过去的职能条块分割、对外界环境变化反应缓慢的状况，转向横向矩阵型组织结构，如图 8-1 所示。

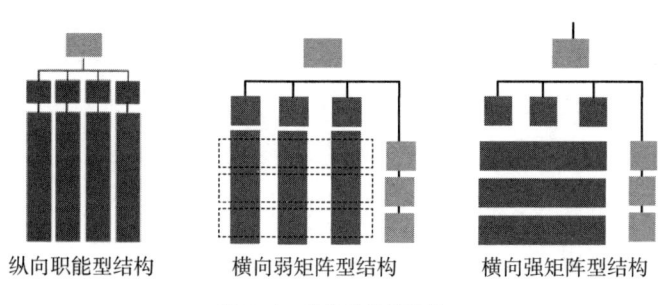

图 8-1　组织结构的变化

这也给我们一个启示：当企业发生重大战略和需求调整时，有必要尝试调整出更适宜的组织结构模式，甚至将多种结构模式予以组合应用，这是一种非常有助于维持企业正常经营和提升组织效率的思路。

目前来说，虚拟型组织也是多种结构模式融合的最佳实践。虚拟型组织结构是指在某个事务或目标突然出现时，将所需人员临时召集起来，待事务或目标完成后即行解散的一种组织，其突出特征是临时性。这种组织结构仅仅具有精干的核心机构，以契约关系的建立和维持为基础，依靠外部机构来开展制造、销售或其他重要业务的经营活动。

【案例】虚拟设计工作室的组织结构设计

一些企业在合作开发某些项目时，常常会抽选具有互补性核心能力的人员进行协同操作，增加临时项目团队或组建PMO（项目管理办公室）等。比如某些汽车制造企业会组建虚拟设计工作室来负责汽车款式的研究与设计。在构建虚拟工作室时，会通过虚拟的形式对两个以上的独立实体进行整合，而这些人员实际上仍然分属于各自不同的研究设计公司。待此次项目结束后，设计工作室宣告解散。而这个短期存在的虚拟设计工作室，实际上融合了至少两种组织结构模式——虚拟型组织结构和原本的组织结构。

在实践中，一些企业因其自身在行业领域中拥有较强的实力，能够对其他组织成员形成较大的影响，故而大大降低了组织协调难度，在生态组织架构中居于主动地位，其经营效率也更容易提高。比如，耐克公司凭借其在设计和营销方面的卓越能力，与负责生产环节的亚洲合作伙伴之间实现紧密的合作，对后者实施有效的控制和协调，由此构成了一个超大的虚拟型组织形态。而从组织结构形态来说，这其实是一种让多个小型组织结构融合在一起的复合生态型组织结构模式。

总体而言，随着时代的发展和需求的变化，企业在未来对组织结构将进行更大程度的颠覆，打破传统的组织结构和组织秩序，进行更新型的组织结构探索与应用。

8.4 提高流程效率

业务流程运作效率直接影响企业经营效率。如果企业外部环境、经营范围和经营策略以及客户等多种因素发生变化，而企业的整体流程难以适应，或流程局部呈现不足之处，那么企业宜进行有针对性的调整和优化，以保障流程效率目标的实现。

8.4.1 流程优化问题分析

流程优化问题分析的重点在于分析流程在效率提升方面是否还存在空间，因为企业进行流程管理的终极目的就是要提升运作效率。特别是在互联网时代，运作效率已经成为企业制胜的关键点。

1. 流程观察与问题汇总

很多流程问题不容易被发现，它们往往被隐藏起来。然而，深入现场观察流程运作情况是一种很好的办法，它通过实地观察流程的运作状态，将流程中的"病灶"找出来，然后"对症下药"，设计出新流程来实现流程管理的目的。

现场流程观察就是进行现场实地考察，搜取第一手的流程运行资料，并按照流程的标准和控制规范等来寻找流程中的不足点，为流程的改进和完善提供依据。在进行现场流程观察时，可参照以下步骤，如表8-5所示。

表8-5 现场流程观察的基本步骤

步 骤	内容说明
确定被观察的对象	按典型性原则，选择被观察的流程对象，以保证流程观察的有效性
确定流程观察的任务	（1）根据全面性和可重复性，确定观察的内容 （2）通过表格等形式，安排内容及进程，做好任务计划，保证观察的高效率
选择适合的观察法	根据对象和内容，选择适合的观察方法；了解仪器的使用、故障排除等技巧，做好充分的准备，防止因意外事件而影响观察工作的开展
进行实地现场观察	按照计划实施观察，完成既定任务。当具体操作中出现意外因素时，可适当地调整计划，及时、客观地记录所观察到的现象
有效处理现场资料	整理观察记录，根据所记录的内容进行归纳性描述，并对数据信息做出定量统计，形成观察结果

为了能够从整体上分析流程中的"病灶"，我们可以按照流程活动顺序，将发现的流程问题依次列在一张表格上，如表8-6所示。

表 8-6　流程问题汇总

序　号	流程活动	时　间	具体工作内容描述	流程问题描述		
^	^	^	^	问题描述	原因分析	重要度
1						
2						
3						
…						

完成对流程的系统描述之后,即可开始对问题进行分析,以求找到产生流程问题的根源,为流程优化工作提供正确的思路。

2. 流程问题分析

流程问题分析的方法有多种,下面介绍一种比较实用的方法,即六何分析法(5W1H 分析法)。

5W1H 分析法是对流程中选定的项目、工序或操作,从对象、目的、地点、时间、人员、方法这六个方面提出问题进行思考。例如,利用 5W1H 分析法对生产流程进行分析时,内容如表 8-7 所示。

表 8-7　5W1H 分析法

事　项	现状如何	为什么	能否改善	如何改善
对象	生产什么	为什么生产这种产品	是否可以生产其他产品	到底该生产什么产品
目的	什么目的	为什么是这种目的	有无别的目的	应该是什么目的
地点	在哪里生产	为什么在那里生产	是否可以在别的地方生产	应该在哪儿生产
时间	什么时候生产	为什么在那时生产,各环节的时间设计是否恰当	能否安排在其他时间生产	应该什么时候生产
人员	由谁负责,是否专事专人	为什么由那个人负责,岗位权责分工是否恰当	能否由其他人负责	应该由谁负责
方法	为什么那样做	为什么使用那种方法	有无其他可替代的方法	应该使用什么方法

【案例】工艺流程的 5W1H 诊断分析

我们以 TP-link478 路由器产品从"烧写 MAC 地址"到"产品装配完成"的工艺流程为例，说明用 5W1H 分析法对流程进行诊断的过程（见图图 8-2）。

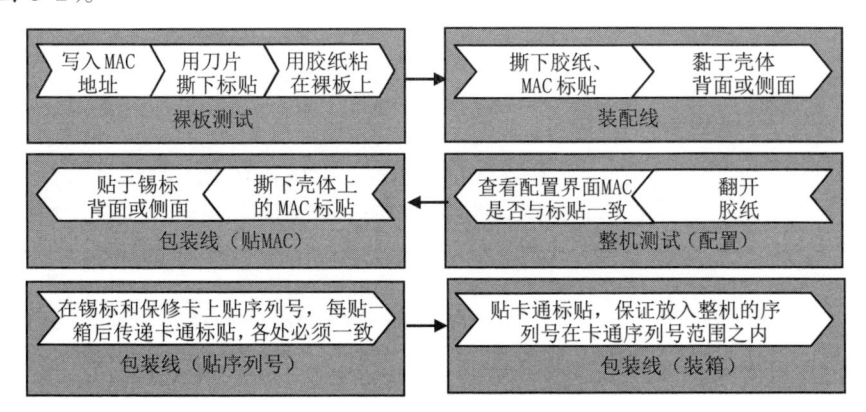

```
[写入MAC地址] → [用刀片撕下标贴] → [用胶纸粘在裸板上]    [撕下胶纸、MAC标贴] → [黏于壳体背面或侧面]
              裸板测试                                              装配线

[贴于锡标背面或侧面] ← [撕下壳体上的MAC标贴]    [查看配置界面MAC是否与标贴一致] ← [翻开胶纸]
       包装线（贴MAC）                                   整机测试（配置）

[在锡标和保修卡上贴序列号，每贴一箱后传递卡通标贴，各处必须一致] → [贴卡通标贴，保证放入整机的序列号在卡通序列号范围之内]
       包装线（贴序列号）                                    包装线（装箱）
```

图 8-2 烧写 MAC 地址流程

如果深入生产流程现场进行研究就会发现，作业中极为容易出现以下两种失误：

（1）在装外壳时，没有将地址撕下，而将其装到了壳体里面。

（2）在撕贴过程中，搞错或弄混地址。

下面，我们用 5W1H 方法对流程进行提问。在原则上，分析人员可针对每道程序，开展六项提问，如表 8-8 所示。

表 8-8　5W1H 提问

提问事项	第一步	第二步	第三步
对象	做什么	提问操作的必要性	能不能改变
目的	因何而做	为什么一定要这么做	能不能予以删除
地点	什么地点	提问操作地点的必要性	是否有更好的地点
时间	什么时间	提问操作时间的必要性	有没有更合适的时间
人员	什么人实施	提问操作人的必要性	是否有更合适的人选
方法	如何实施	提问方法的必要性	是否能改进方法和工具

如结合上述案例，则可进行以下提问，如表 8-9 所示。

表 8-9　5W1H 法的工作程序提问

流程提问	问题答案
生产流程中存在什么问题	外盒上贴的 MAC 地址与软件界面显示的 MAC 地址不对应、MAC 地址写错和标贴丢失
前后段之间为什么有那么多烦琐复杂的程序	因为生产此型号使用的技术不够成熟，软件不支持通过 LAN 口烧写 MAC 地址
现在的技术水平是否能通过 LAN 口来烧写 MAC 地址	目前已经有一部分产品实现了通过 LAN 口烧写 MAC 地址，比如 TL-D301M
既然有产品通过 LAN 口烧写 MAC 地址，那为什么还在装配前烧写地址	因为目前采用的流水线，不只生产 TL-R402M 这一种产品，还生产其他产品，但是其他产品目前还不能实现 LAN 口烧写

在实际分析时，应对以上五个方面按照提问表逐一进行分析。通过分析，即可发现该生产流程的决策点：如生产部通过 LAN 口烧写地址，即可将"烧写"工作安排在装配工序里完成，从而简化生产流程。

流程问题分析是流程优化的必经过程，而不是流程优化的终极目的。在问题分析之后，我们即可针对问题分析结果，制定解决方法，有针对性地展开流程优化的设计与实施工作了。

8.4.2　流程优化的实践方法

在流程优化的实践中，我们需要秉持正确的流程优化思维，选择恰当的优化方法，设计出合理的流程优化方案，如此才能更好地推动流程优化实践，最终切实提高流程效率。流程优化的常用思维方法有 ESEIA 分析法、流程 e 化等。

1. 用 ESEIA 分析法，去除不合理环节

ESEIA 分析法，即由消除（E）、简化（S）、增加（E）、整合（I）和 A（自动化）几个步骤组成。其中，E（消除）是指找出不增值的活动，并彻底消除它；S（简化）是指消除不增值的活动后，还要对必要的活动进行简化；E（增加）是指流程优化不仅要简化流程，还要根据客户或管理的需

要，增加一些能够创造价值的流程活动；I（整合）是指对简化后的活动进行整合，使其更加流畅，易于执行；A（自动化）是指在完成以上步骤后，充分利用信息技术自动化功能，来提高流程处理的速度与质量。

2. 通过流程 e 化，实现流程梳理与再造

所谓流程 e 化是指通过应用现有的 IT，更好地开展流程优化工作，对企业的业务流程进行重新梳理和再造。为了实现流程 e 化目标，企业要设立 ITSM（工厂服务管理）和 ITIL（信息技术基础架构库）。

ITSM（工厂服务管理）是一个由关系和过程所构成的体制，用于指导和控制企业，通过平衡信息技术与过程的风险、增加价值来确保实现企业目标。ITSM 机制以流程为基础，各种活动均应按照流程进行组织，以确保其更加有效地支持企业的业务；同时，以客户为中心，使企业的业务在新的领域内保持优势并保证有明确的评估标准。

ITIL（信息技术基础架构库）则将 IT 部门的活动划分为不同的流程，每个流程包括至少一项 IT 部门的任务，企业通过提供框架使 ITSM 更加有效。ITIL 的主要价值在于能够保证 IT 流程支持企业的流程，以提高企业的业务水平，而且，通过服务平台和变革管理为流程提供可靠的业务支持。

ITIL 的架构如图 8-3 所示。

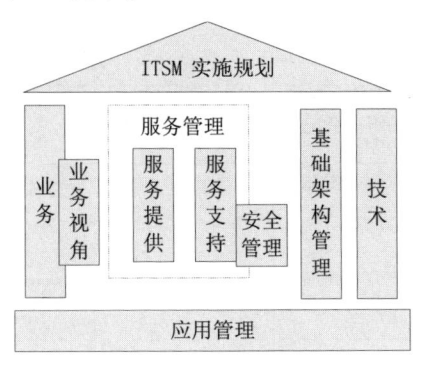

图 8-3　ITIL 的架构

下面，我们以一个案例进行详细说明。

【案例】某公司客服中心通过流程 e 化来实现流程优化

某公司客服中心整改后的业务流程如图 8-4 所示。

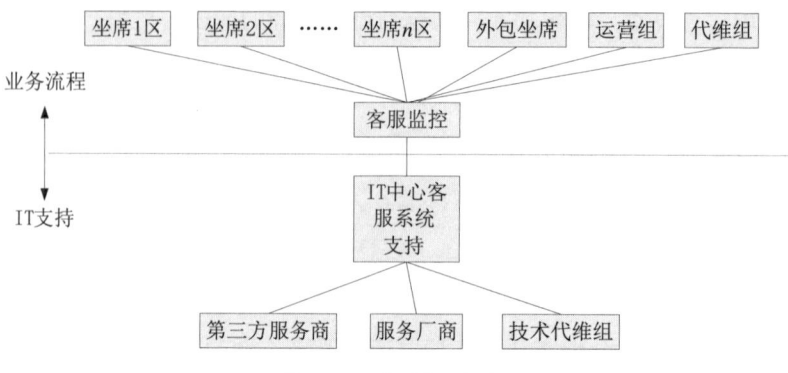

图 8-4　e 化后的业务流程

经过流程 e 化后，该公司客服中心的各项流程指标有了明显改善，如表 8-10 所示。

表 8-10　客服中心流程绩效表现

序号	评估指标	效果 (%)	说　明
1	请求响应率	100	客服现场情况
2	转发失误率	4	—
3	知识库的可用性	35	—
4	客户满意度	96	—
5	平均故障时间	100	—
6	不同等级故障的解决情况	A 级：100 B 级：80	A 级代表较坏影响的故障 B 级代表较小故障
7	代维组处理故障比例	90	代维组指辅助技术团队
8	代维组自主处理	60	—
9	升级故障	20	—
10	方案记录知识库	21	—
11	远程解决	79	—

很明显，企业通过流程 e 化，极好地支持了客服中心的工作流程，使客服中心的流程体系实现了有效优化，客服绩效得到明显的提升。

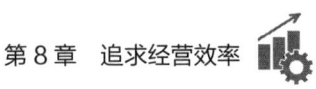

上述流程优化的思维方法是流程优化实践的基本逻辑参考。在流程优化的实践中，还要对流程优化工作的各项活动进行有序安排，为流程优化过程控制与效果控制提供指导。

8.4.3 流程优化的实施过程

企业需要紧紧围绕"提高效率、降低成本、控制风险"等目的，有序推进流程优化过程。一般来说，流程优化可以参照以下几个步骤推进。

1. 流程优化工作的分析与整理

在流程优化过程中，流程优化工作人员需要从多个角度进行系统分析，并做好相关建议的整理工作，如表 8-11 所示。

表 8-11 对流程优化工作的整理重点

整理内容	具体说明
流程关联分析	・收集流程日常运作有关资料和信息，包括该流程在实际运行中存在的缺陷和问题、该流程操作过程中的不便之处； ・分析流程运行与设计者的实际要求是否一致； ・分析该流程在实际运行中的绩效是否得到有效控制； ・分析公司内部和外部哪些因素的变化对该流程的运行造成哪些影响，这些因素是如何影响该流程的运行的
客户对本企业流程的要求与竞争对手的流程绩效分析	・不断收集客户信息，分析客户对该流程运行绩效是否提出了新的要求； ・分析流程所面临的新问题、新困难是否已经对客户需要造成严重影响，在哪些方面影响了客户需要； ・收集分析竞争对手在该流程上的绩效表现是否有了重大改善
分析流程优化的必要性	・分析公司信息系统的变化是否对流程提出了新的要求或为流程优化提供了新的机遇； ・分析是否有必要再优化该流程，如果在初步分析后认为该流程已经不能适用公司发展需要，则重新开始该流程的优化工作

2. 确定流程优化点

首先，对流程现状进行分析与对优化建议加以整理之后，对所有建议进行评估，并确定实际的流程优化点。评估标准应包括该流程优化建议可能带来的裨益、流程优化可能覆盖的范围、实施建议的紧急程度、改进建议的优先级别、将其制度化或实施的难易程度、是否需要实施对外采购，以及在流程优化时推广或部署中可能遭遇的风险和障碍。

其次，流程优化的参与人员针对流程优化清单中的每项建议，制定详细的操作方案，包括优化建议的范围及目标、具体优化方法、调整流程优化计划、实施优化工作所需要的资源及成本支出，等等。

3. 确定流程优化方案

对所有面临优化的流程问题予以讨论，给出有效的解决建议，由流程设计者和操作者对优化后的流程的可行性做出评价。如果可行，则立即参照优化方案执行；如果可行性较低，则进一步改进策略。当然，如果部分操作者对可行性方案不予以肯定，或因主观原因不愿改进，则要多做沟通，从而保证流程优化过程的成功。

4. 实施效果评估并推广

流程优化方案试行之后，须针对该方案预期的目标、范围和收益，由流程管理部门或负责人进行实施效果的评估，判断是否达到预期效果。如果未达到预期效果，则须检讨原因，吸取流程优化失败的教训，为下一步优化工作的开展做好准备；如果改进工作达到预期效果，则从中吸取经验，供以后借鉴。

同时，也要将流程优化内容加以公布。为此，企业需要在公开的流程管理声明中，明确即将实施流程优化的范围、涉及的部门和人员以及需要提供支持和配合的工作项目。然后，将改进后的流程、规范和方法及相关的文档通知企业上下，并对流程参与人员就相关内容进行必要的培训。如果流程或操作设备细节上有所变化，则要迅速组织相关人员进行推广部署。

当然，流程优化工作不是一劳永逸的，流程问题总会层出不穷。这就需要我们持续不断地发现问题，不断地着手新的流程优化，灵活地设计流程优化方案，切实解决层出不穷的流程问题，这样既可以保证流程问题得到及时解决，又可以使流程管理水平得到持续提高。

8.5 提高岗位效率

岗位是流程的节点，岗位效率是影响流程效率的重要方面。提升岗位效率的重点在于提升岗位工作人员本身的能力，比如采用训战结合的培养模式，选用恰当的方法。必要时，岗位工作人员也要学会借助智能工具的力量，来加快反应速度，提高岗位工作效率。

8.5.1 以训战提升工作能力

很多管理者都有着这样的疑问："为什么我的公司也建立了良好的培训方案、培训机制，每个员工也都能积极地参与定期的培训，可偏偏就是起不到任何效果，员工的岗位胜任力还是不足，流程效率还是不高？"实际上，这往往是因为岗位人员的能力提升仅限于"训"——单纯培训，岗位人员只是机械地记忆培训内容，而失于"战"——实践。如此一来，实际工作能力便无从切实提升。因此，要想有效提升岗位能力，就必须做到"训战结合"。

从本质上讲，训战结合其实是一种将静态培训转为"行动学习"的员工能力提升方式，让参训人员真正地将培训中学到的专业技能、流程能力与日常工作相结合，将静态培训转化为"行动中"的学习，将培训变成一个实践与持续学习的过程。

【案例】华为公司的训战结合模式

华为公司的训战结合采取的是循环模式。华为公司通过青训班、FLMP（一线管理者培训项目）等方式，为在职员工赋能，然后再返回岗位"作战"，检验培训成果。华为的赋能和考试以沙盘为中心，凡是准备参加训战培训的人员都要将本业务单位的沙盘带来。例如，华为某国代表处进行训战培训，本代表处要出人参加，准备沙盘；其他准备变革的代表处要想来人学习，也要携带沙盘来。华为的训战培训会增加考试这个环节，以检验学员的理解程度。任正非就此指出："在现实工作中，我们不主张多考试，因为浪费实战时间。但是培训，主张多考试，一个星期至少考三次。培训结束之前，先把你自己的沙盘讲清楚，毕业后带着沙盘回去，一边实践，一边修改，最后看结果。"在培训实战中获得解决问题的能力，这是华为人才培训的主要目标。通过这样的理论培训—实战—理论—实战的循环过程，岗位人员的工作能力得到了真正意义上的提升。

华为公司的一位客户主管张文涛，曾公开表述道："传统的一线客户经理，工作思维是二维的，即客户关系和项目运作。经过'将军池'训战，我理解了商业模式、交易模式、概算以及商业画布里'九宫格'等方法论，系统学习了如何'经营'一个项目，如何和客户做生意。训战让我学到的不仅仅是'做生意的本质和方法就是价值交换'，更是一种独特的视野，能够看透本质的视野。"

可以说，华为公司通过训战结合的模式，快速提升了岗位人员的工作能力，培养了大批能够迅速解决问题的实战性工作人员，使各岗位的工作效率得到更好的提升。

古语有云："纸上得来终觉浅，绝知此事要躬行。"当企业面对"提升岗位工作效率"目标时，绝不能仅仅让岗位工作人员掌握知识和原理，更重要的是要使之获得实实在在的完成岗位工作的能力。

8.5.2　选用精益的工作方法

岗位工作效率的持续提升，需要岗位工作人员秉持精益思维，因应时代和外部环境的变化，选择更为精益的工作方法。因为，思维方法直接影响着个体的行为与最终结果。

1. 持续更新工作方法

工作方法切忌一成不变，而要因应需求，与时俱进。在实践中，岗位工作人员需要建立以下思维模式，持续思考以下问题：

- 目前所选择的方法是否能够适应客户需求的变化？我们具有哪些素质和能力？这些素质和能力是否能够帮助我们提升效率？

- 从企业流程运作模式角度来看，是否仍然存在改善的空间？对哪些方面进行升级是有助于提高岗位工作效率的？
- 针对目前的工作环境，岗位工作人员可以采取什么方法，从而更快速地提升岗位效率？

……

厘清上述问题之后，岗位工作人员继而确定选择哪些适用的工作方法。需要注意的是，对于岗位工作中存在的问题或有待优化的部分，岗位工作人员切忌随意敷衍了事，而要使问题能够得到圆满的解决，使工作效率得到实实在在的提升。

2. 预设最佳的做事方法

在工作中，如果岗位工作人员能够未雨绸缪，预想最佳的做事流程，那么，工作过程中各个环节将被极大优化，失误发生的概率将大大降低。

【案例】持续选择当下的最精益方法

在过去CRM系统尚未得到推广时，很多企业会在为客户发出货物的同时，将所发货物的详细信息一起提供给客户。但是在这种服务模式下，客户在接到货物后往往需要重新填制收货单据，如此一来，便影响了入账重审等后续环节的进度。为了解决这类问题，一些企业构建了电子化的客服流程系统，为客户节省了填单时间，也为己方减少了等待时间。

时至今日，CRM系统的功能应用已经不限于此，而是得到了更多的精益性开发，多主体、一体化、全场景的智能CRM系统平台已然诞生，企业可以与客户和其他关联方、利益方在平台上快速分享与协调关联事项，而对于岗位工作人员来说，也可以实时共享当下状态，向其他岗位提供支持或获取支持，由一个个岗位"点"协同牵动全产业链的效率提升。

可见，如果企业能够选择一种精益的做事方法，那么对于企业管理效率与绩效提升来说是非常有益的。那么，在实践中如何确认工作方法是否足够精益、高效呢？

我们可以预先假设选择这种方法完成岗位工作，然后通过SWOT分析法来分析这种工作方法可能带来的优势、劣势、机会与威胁,如表 8-12 所示。

表 8-12 SWOT 分析

分析方面	说　　明
优势（S）	优势是指在某个生产环节的运作方面,本企业、本部门具有的超越竞争对手的能力或取得最佳效果的特点。例如,当两个人做同一项工作时,如果其中一个人所用时间更短、工作质量更高,则其具有优势
劣势（W）	劣势是指在某个工作岗位上,本企业、本部门、个人所缺少的或难以取得最佳效果的特点
潜在机会（O）	潜在机会是指影响工作效果的重大因素,特别是那些可能赢得优势的方面。潜在机会可能是将某项工作任务与流程前一个环节或后一环节进行整合后获得的机会
外部威胁（T）	在企业内部,有时也会存在一些对岗位工作最优化构成威胁的不利因素。对于这些威胁,要及时确认,并采取相应的行动来抵消或减轻其所产生的影响

当上述四个方面的情况都得到分析之后,再将优势、劣势与机会、威胁相组合,形成 SO、ST、WO、WT 策略,对 SO、ST、WO、WT 策略加以甄别和选择,由此确定企业目前适宜选择的精益工作方法。

可以说,如果岗位工作人员选用了相对更为精益的工作方法,那么必将使之在付出同等资源的情况下,获得更理想的实践结果——岗位效率的提升。

8.5.3 借助智能工具提高效率

随着新兴技术的研发,越来越多的智能工具被运用到企业运营中。充分运用智能工具,成为企业提高效率和节约成本的重要方法。时下,很多技术巨头在各自的细分领域不断深耕,通过人工智能、5G、芯片等软硬件技术,改变着企业日常经营运作的形态表现。

【案例】商汤科技和海康公司的智能设备应用

商汤科技在智能视觉感知和深度学习算法方面皆有较长时间的积累,近年来,已经研发出了高级驾驶辅助系统,仅靠单目摄像头即可满足多种辅助驾驶需求，并且即便在不同天气、光照、区域条件下，其应用也有着极好的表现。目前，商汤科技已经与全球20多家汽车企业结成了良好的合作关系。

海康公司在移动机器人智能设备的研发与应用上较为成熟。移动机器人的一大优点就是：它可以非常轻松地把较重的货物运送到指定位置上，使大量的人力资源得以从枯燥又繁重的运输工作中解放出来。在海康威视的桐庐制造基地，目前已经使用了近1300台移动机器人，仓储作业效率因此直接提高了40%。此外，海康在机器视觉方面的研究也颇有建树。由于机器视觉的精准度远远超过人眼，特别适用于那些高精度的装配加工产业，故而在工厂里，它除了可以用于生产流程的追踪控制，也可以用于对工作效率和质量的提升。

相较于人类而言，目前已进入商业应用阶段的人工智能工具，在重复性工作操作、数据分析与应用等方面呈现出较为明显的优势。这也意味着，将人工智能工具引入岗位工作中，将在降低岗位工作难度、拓展岗位人员的能力边界、提升岗位效率和企业管理水平等方面发挥极大的作用，甚至可以进一步促进企业内外部资源分享与协同机制的建构。不过，对于企业来说，也需要考量和评估当下阶段引入智能工具的成本，保障有较好的效率与成本的综合性价比。

第 9 章
流程绩效管理

圆满实现流程绩效目标，是企业价值管理的内在和前提。为此，企业应重视打造价值创造链管理循环，让流程绩效融入绩效管理体系之中，督促人们严格履行流程责任要求，在流程运作过程中持续创造价值。在此基础上，再围绕流程目标，开展流程绩效评估，并围绕绩效评估结果进行公平公正的价值分配，激励组织持续提升绩效。

9.1 打造价值创造链管理循环

从本质上来说，企业管理体系是一种价值—利润驱动的体系。保障企业获利之源——客户需求的价值，同时又能以合理的利润驱动企业价值创造过程并实现价值目标，是企业高绩效运作的核心所在。

9.1.1 以创造客户价值为导向

华为创始人任正非曾说："从企业活下去的根本来看，企业要有利润，但利润只能从客户那里来。华为的生存本身是靠满足客户需求，提供客户所需的产品和服务并获得合理的回报来支撑的。员工是要给工资的，股东是要给回报的，天底下唯一给华为钱的，只有客户。我们不为客户服务，还能为谁服务？客户是我们生存的唯一理由。"

事实上，任何企业的价值创造，都必然是从创造客户价值开始的。那些成功企业的目标都是为客户创造价值——只有当客户得到益处，他们才会心甘情愿地从口袋里拿出钱来。

为了保障客户价值的实现，企业应当在流程规划与细节设计等诸多方面做出特别要求，以便企业上下能够在行为上追求"客户满意"，并为客户创造预期的价值贡献。

【案例】华为与思科始终坚持以创造客户价值为导向

华为公司在组织和业务管理中始终牢牢抓住客户需求，在终端消费市场上，以消费者满意度第一为目标持续提升产品体验，完善售后服务体系。余承东指出："华为消费者业务的起点和终点，都源自最终消费者。"在一线，华为以铁三角为作战单位，深入各地区倾听客户声音，收集、闭环客户问题，不断提升客户满意度。

思科公司每年都会针对客户进行大规模的满意度调查，调查内容从公司的产品质量到服务质量，一共有60多个评价指标。其中，服务质量的指标是专门针对贴近客户的一线市场人员的。考核方式为5分制。如果客户非常满意，各项平均分为5分，那么这个市场人员就会得到一笔丰厚的奖励；反之，如果客户很不满意，则他会被扣除奖金。这个制度使得思科公司多年坚持为客户创造价值，围绕满足客户需求来展开业务工作。

华为与思科用实践证明：企业要重视满足客户需求，创造客户价值，帮助客户实现商业的成功，以此使企业适应市场竞争和获得持续发展。

9.1.2 以获取合理利润为驱动

企业是营利性组织，一切经营活动都需要考虑投入产出比，获得利润，实现经济效益的综合平衡，否则企业是无法持续经营下去的。可以说，对利润的追求是企业发展的核心驱动力。

在实践中，很多企业认为要追求最大的利润，但这并不是最值得推崇的模式。事实上，获取合理的利润，对企业来说才是最适宜的。

【案例】华为的价值利润观

华为认为，企业要保持合理的利润水平，避免破坏全行业价值体系。任正非解释道："很多行业客户的领导都是职务非常高的人，你和这么高的人交流，学了很多东西，就要交学费。我们搞了二十几年才刚刚明白电信运营商的大致需求。那我们奋斗了25年还没有理解一个客户，你们企业网面对这么多客户又如何理解他？我们理解不了，就要把理解客户需求的成本加到这个客户身上去。""所以，你要把价格卖贵一点，为什么卖那么便宜呢？你把东西卖这么便宜是在捣乱这个世界，是在破坏市场规则。西方公司也要活下来啊，你以为摧毁了西方公司你就安全了？我们把这个价格提高了，那么世界说，华为做了很多买卖，对我们的价格没有威胁，就允许它活下来吧。"

事实上，保障价值目标，保持一定的利润，意味着对多方的让利和协调。保障企业本身的利润获取，意味着企业可以获得继续维持下去的资本；而对于其他竞争伙伴来说，可以避免因过度追求成本控制而约束了高价值输出，更有助于打造优良的市场环境；对于客户来说，可以用相对低的价格获得高价值的产品或服务，这是客户愿意与企业持续合作的重要考量因素。

因此，企业应科学设置利润空间，确定合理的毛利水平。如此一来，既可以保障企业销售收入、现金流和利润的三足鼎立，支持企业长期发展，又可以避免恶化市场环境，遭受同行业者的排挤。可以说，以获得合理利润来驱动价值管理，努力实现价值最大化，会为企业的运作与持续发展留下更大的发展空间。

9.1.3 价值管理的持续循环

从企业长期发展的角度来说，无论是为客户创造价值的导向，还是追求合理利润的驱动，其核心目标皆聚焦于一点：实现企业价值最大化。

对于员工个体来说，他们需要创造价值，实现工作目标。要想促使个人价值最大化，则需要依据其创造的价值，为之进行价值分配，以鼓励其持续创造价值。

而对于企业来说，只有解决好价值创造、价值评价、价值分配这条价值链的连接和平衡，才能促使员工有足够的内驱力去创造价值，构筑员工的动力机制。可以说，全力创造价值、科学评价价值、合理分配价值构成了企业价值管理的核心主线。

当然，价值管理是一项持久的工程，必须建立良好的循环机制才能驱动价值流动，实现企业价值的稳定输出和持续提高。图 9-1 是华为的价值创造链管理循环模型。

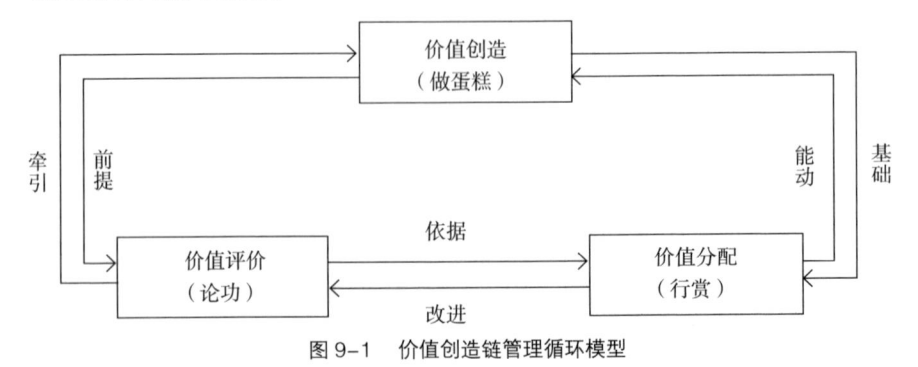

图 9-1 价值创造链管理循环模型

在图 9-1 中，价值创造、价值评价、价值分配构成了价值管理的三个部分，这个循环模式促动着企业价值的持续稳定输出，而蕴藏在这个循环中的一个管控重点就是流程绩效。

我们知道，价值创造是通过有效的流程活动实现的，高绩效的流程创造出高价值。可以说，流程绩效恰恰是价值管理的内核，也是企业价值管理循环的推动力。因此，我们在推动价值创造链管理循环的过程中，要对流程绩效进行循环管理。

比如，让流程绩效融入企业的整体绩效管理体系之中，以制度化模式保障流程绩效的推动；在流程运作中量身定制流程绩效指标，落实流程责任，保障绩效目标落地，让流程能够持续创造价值；在流程运作过程中和结束时，围绕流程目标展开绩效评估，并建立持续改进流程绩效的管理机制；基于流程绩效评价进行价值分配，给流程参与者们以极大的激励，驱动其以更好的状态参与流程运作与改善活动。当上述工作得以循环运作起来，那么企业的流程绩效便可以在日积月累中逐步提升，企业也会离"价值最大化"的目标越来越近。

9.2 让流程绩效融入绩效管理体系

企业需要借助流程绩效实现价值输入与输出。保障流程绩效目标的实现，是企业价值目标的关键所在。所以，我们要让流程绩效融入绩效管理体系，以此强化人们对流程绩效的重视和管控。

9.2.1 架起组织绩效与员工绩效的桥梁

企业价值需要通过组织绩效的圆满实现来获得。而组织绩效是企业员工根据组织目标，在流程绩效要求下通过完成岗位工作而实现的。图 9-2 呈现的是组织、流程、职能部门与人员之间的关联。

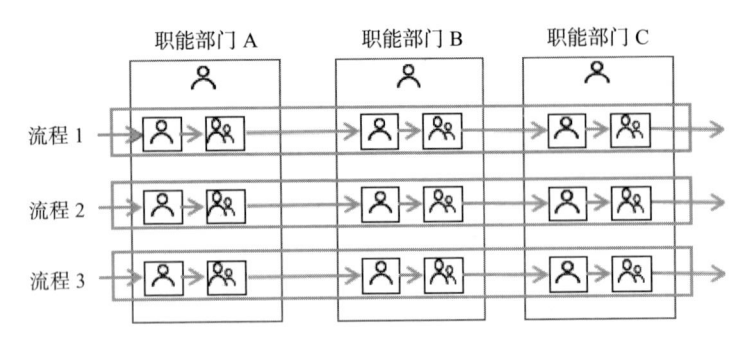

图 9-2　组织、流程、职能部门与人员之间的关联

图 9-2 是一个典型的流程型组织，以跨部门业务流程贯穿整个组织，职能部门的人员在不同的流程中创造价值。从根本上来说，这也呈现了组织绩效的三个层面：组织层绩效、流程层绩效、岗位层绩效，如表 9-1 所示。

表 9-1　组织绩效的三个层面

层面	控制重点或影响因素
组织层绩效	控制重点在于组织与市场关系的梳理、组织职能框架的设计。诸如战略、组织目标、测评指标、组织架构以及资源配置等因素都可能影响组织层绩效
流程层绩效	主要面向跨职能工作的流程。明确流程设计以客户需求为导向，严格贯彻流程要求，且匹配对应的流程目标与测评指标，是保证流程层绩效实现的重点
岗位层绩效	强调的是岗位人员的工作绩效。一般来说，招聘与晋升、岗位职责与标准、反馈、薪酬以及培训等都是影响岗位层绩效的重要因素

在三层绩效中，流程层绩效对组织层绩效与岗位层绩效起到承上启下的作用，是连接组织绩效与员工绩效的桥梁。在设计流程绩效时，企业通常会结合组织绩效目标，建立流程绩效指标；然后，按照流程运作步骤，将绩效目标分解到工作岗位；最后，由负责该岗位的员工来贯彻执行，由此形成员工绩效。简单地说，组织绩效的产出通过流程运作而产生，流程绩效又需要借助不同岗位的工作人员切实履行流程责任来实现。

需要注意的是，流程层绩效虽然是由岗位工作人员执行流程来创造的，但流程系统的设计又是最直接影响绩效表现的因素。因此，流程绩效控制的重点应放在两个方面：一个是确保流程设计本身能够创造高绩效；另一个是确保流程人员能够严格贯彻流程要求。这便给流程绩效管理提出

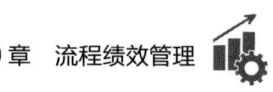

了对应的要求：构建基于流程的绩效管理体系，引导流程行为者的行为；让流程绩效管理制度化，保障流程绩效管理的规范性。

9.2.2　构建基于流程的绩效管理体系

在实践中，很多企业从职能考核的角度设立绩效管理体系，而没有从流程绩效与价值创造的角度去建立、跟踪、考核流程绩效。但从本质上讲，所有绩效都是依附于流程的或者说是在流程中产生的，而流程活动的落实最终必然需要细化到岗位、到个人。

为了保障员工按照流程要求执行，规避岗位上的个体行为问题影响流程绩效，就有必要基于流程来构建绩效管理体系。这要求人们抛弃部门本位主义思想，关注全流程的产出（如过程产出、最终产出）；对流程环节和岗位进行对应的绩效分解。

在绩效管理体系构建的过程中，要特别注意流程绩效管理与个人流程绩效管理各自的侧重点，如表 9-2 所示。

表 9-2　流程绩效管理与个人流程绩效管理的侧重点

管理类型	涉及范围
流程绩效管理	主要涉及对流程的时间（平均时间、最长时间、最短时间，时间的方差等）、流程的成本、流程的质量、流程的稳定性、流程的柔性、流程的精细化等方面的管理
个人流程绩效管理	主要侧重于对个人在流程管理工作方面进行绩效管理，比如相关流程呈现的颗粒度和完成情况，对流程的掌握程度、业务流程的执行程度、流程优化贡献等

在设计绩效管理体系时，要特别注意区分流程绩效管理与个人流程绩效管理的侧重点差异，在流程绩效管理体系定位上做出差异化设计。

一般来说，对流程绩效进行管理时，主要从流程系统角度切入。但是，流程绩效管理体系的建立并不仅仅为了评价流程，更主要的是要促进流程管理体系的有效运行，确保企业战略目标的实现。

如果企业尚处于理念引入和体系建设的阶段，那么企业不宜仅评价流程执行效果，还要考虑那些有利于流程体系建设的绩效管理维度（如流程稳定性和适应性）。如果企业当前比较注重流程的效率，那么绩效评价应该侧重于效率方面。换言之，企业流程管理的成熟度决定了绩效管理体系在当下阶段的定位，而企业面向未来的关注重点则决定着绩效管理的导向。

【案例】A 公司流程绩效管理体系的阶段性演变

2016 年，A 公司着手建立流程管理机制，明确和优化现有流程，以全面提升员工的服务理念和水平。在项目开始之初，该公司设计了考核方案，重在促进流程管理体系的建立。围绕这一目标，公司针对各部门的相关工作配合度和效果进行绩效指标设计，对表现突出者予以重奖。

一年后，A 公司的流程管理工作步入正轨，公司取消了促进体系建立的指标，调整为关键流程运行效果监控、流程优化和服务满意度考核。在这个阶段，公司的绩效管理体系侧重于效率提升。

又过了三年，A 公司的流程效率理念早已深入人心，公司的绩效管理体系开始从效率导向升级为质量导向，并引入端到端流程的理念，提升各部门流程管理的高度，并在考核方案中进行了有针对性的绩效指标设计。

而在对个人流程绩效进行管理时，要注意划分个人流程绩效与成果绩效的权重，使之逐步强化对流程绩效的认知，自觉地参照绩效要求来贯彻执行流程动作，切实履行流程责任，达到岗位绩效要求，企业的流程绩效与价值目标也会随之得以实现。

在一些规模较大的、管理成熟的企业中，打造绩效管理体系往往相对较复杂，需要慎重考虑流程细节与绩效评价的设计，避免因绩效管理指标过多而给员工带来过大的压力和负担，给业务开展和绩效管理工作造成掣肘。

9.2.3　让流程绩效管理制度化

企业如果不能为流程构建一个持续管理的机制，那么它的流程就好比经重构的汽车发动机，因疏于定期测试而很快会报废。而流程管理就是一套措施，确保持续地对核心流程进行监控和优化改进。

"国际流程教父"吉尔里·A. 拉姆勒和艾伦·P. 布拉奇在他们所著的《流程圣经》中指出,在一个已经将流程管理制度化的企业中,每个关键流程都具备以下要素:

- 一张流程图,详细记录了流程各步骤和执行各步骤的职能部门。流程图需要涵盖流程的六个要素,包括输入资源、活动、活动的相互关系、输出结果、价值以及客户。
- 一系列客户驱动的测评指标,这些指标和组织层面的考核指标存在关联性,并且驱动职能部门的指标实现。在一个流程管理已经制度化的组织中,是不会允许职能部门在追求自身绩效目标达成的同时,让其他部门及整个流程受损。
- 一个流程所有者,负责流程的整体绩效,确保流程不会因为跨部门而被割裂、工作被推诿。
- 一个稳定的流程团队,定期开会,对流程绩效进行评审,以针对性地实施流程改进和优化。
- 一个针对所有核心流程的年度BP(业务计划),包括期望的结果、目标、预算、非财务资源需求。
- 持续的流程绩效监控机制,能及时发现流程偏差。
- 流程问题解决及流程机会投资的程序(如根源分析)和实体(如流程小组)。

不少企业或组织为了确保流程符合这些标准,还专门建立了流程认证评定体系,比如美国福特汽车公司。在福特汽车公司,流程要想达到4级中的最高级,就必须满足35项认证标准,包括流程必须有名称,按照零缺陷要求进行评定,等等。特别是流程所有者(Owner)必须对流程评估与认证承担起主要的管理责任。

【案例】通过流程管理制度确保流程被持续管理

A企业是一家信息科技企业,成立时间已经超过15年。在过去一年半时间内,企业的市场份额显著下降,而且内部人员变动频繁、士气消沉。为了解决这些问题,企业高层邀请了一家咨询公司C帮助开展绩效改进项目。

其间，C 公司发现 A 企业的问题之一是对流程缺乏持续监控的机制。对此，C 公司帮助 A 企业建立了流程管理制度，以确保流程被持续管理。以 A 企业的订单处理流程为例，为了确保其被持续管理着，建立了如下管理举措：

- 对流程绩效评级，在客户满意度、成本、记录的清晰度和完整性以及测评指标的质量与数量等方面分设等级，而且每个职能部门对流程的贡献也进行评级。
- 任命流程所有者监督整个流程。
- 建立一个稳定的流程团队，定期开会评审及改进流程绩效。
- 坚持月度常规评审，首先评审流程绩效，其次评审职能绩效。
- 只有当流程目标达成且职能贡献也达标时，才能奖励职能部门的员工。

一般来说，企业需要为流程绩效管理建立一整套的管理制度。比如，日清日结管理制度，针对各种信息、报表、报告的拟制、审核、分发、反馈制度，以及各种例会的程序和决策制度，这些都是用以保障流程运作和追踪流程绩效的管控制度。

当企业的流程管理制度化之后，企业可以通过严格的流程绩效管理，对企业现有流程执行情况以及完善程度进行管理。这样，便可以在企业内部形成"重视流程、使用流程、管理流程"的良好氛围，进而使企业全体员工形成按流程规定进行操作的习惯，推动组织获取高绩效。

9.3 让流程持续创造价值

要想让流程持续创造价值，就必须为流程量身定制一套明确的、精确的、可测量的、相对稳定的绩效指标，并确保每个流程参与者都明确自己的流程责任、绩效指标和目标要求，这是实现流程价值目标的基础性要求。

9.3.1 流程绩效是流程优化的前提

流程绩效是流程优化的前提条件。如果无法衡量流程绩效，就难以对流程进行管理，更无从判断流程是否需要优化和如何优化了。

1. 以流程绩效指标指引和保障流程执行

静态组织不会产生任何价值。企业要想创造价值，就必须确保流程被有效执行。这就需要明确两点要求：一是流程参与者知道该怎么做；二是流程参与者按照要求去做。

对于第一点，主要通过明确的流程绩效指标，为流程参与者提供正确、精准的指引，使之了解流程运作的目标要求、标准规范，行为有所依据，规避或减少行为误差现象。

对于第二点，则要求流程参与者具备达成流程绩效指标要求的能力，毕竟，只有当流程动作在现实中发生了且按照要求做到了，流程才有绩效可言。而且，流程绩效指标的确定，还会使员工行为逐步趋于规范化、标准化，更有利于流程持续稳定地创造价值。

至于流程参与者是否圆满达成流程绩效要求，则是流程评价需要关注的内容，也会成为未来进行流程绩效改进的依据。

2. 从流程运行结果探索流程优化的方向

流程运作的结果，或者说绩效表现，是流程优化的基础和依据。

在企业管理实践中，企业必须主动对相关业务流程的运作状况进行定期或不定期的检查，围绕预先制定的绩效指标要求，形成真实的、系统的流程运作与绩效报告。而如果人们不了解流程绩效，自然也就无法评价相关业务流程的质量和运作状况。如果全体流程参与者未完成流程总目标，流程评价者则无从判断流程运作不力的影响因素和根源，流程优化自然也就无从谈起。

为了确保流程持续输出价值，同时为随后的流程绩效与价值评价提供对应的参考维度，助力流程优化工作的开展，企业必须预先规划流程绩效指标，并使流程参与者愿意圆满达到流程绩效要求。这是必须予以重视并周密考量的方面。

9.3.2 量身定制流程绩效指标

在管理流程过程中，人们需要借助流程绩效指标来指导流程参与者严格落实流程要求，而后通过流程执行结果来评价流程本身的优劣，进而提出对流程改进与优化的方案。因此，建立一套符合流程特性的绩效指标体系是非常必要的。

1. 流程绩效指标体系设计的基本原则

在设计流程绩效指标体系时应遵循一定的原则，如表9-3所示。

表9-3 流程绩效指标体系设计的原则

原 则	具体说明
全流程	从全流程的角度出发，避免统计口径的差别。比如，采购部认为应以物料及时到货率作为绩效指标，而生产部可能因最关键的物料未按时到货而无法正常推进生产流程，所以在对采购部进行绩效指标设计时，应将及时到货率与物料齐套率挂钩
整体性	考虑流程和组织结构的层级性，应按照自上至下的顺序设计，从战略目标开始，分解至公司级绩效目标，再分解至流程、岗位的绩效指标，体现整体性要求
明确性	在定义指标时，应覆盖指标内容、时限约束、应用指标的部门员工、指标评价的范围和尺度。指标内容必须仔细、准确，避免相关人员因歧义而出现解读误差
可衡量性	可以用数量表示，或用行为描述。此两者起码符合其一，方可算"可衡量"指标
可测量性	绩效结果的实时性和客观性是流程绩效管理的关键所在。只有这样，才能及时改进业务中的偏差。一般来说，规模较大的企业，可借助IT进行绩效评价，但总体上，宜考虑设计"测量方便、测量成本不高"的绩效指标
可靠性与稳定性	绩效指标应反复验证，以确保其可靠性。比如，对于指标统计范围不合理、数据真实性不够等问题要及时修正，但绩效指标也要相对稳定，避免受到利益相关者的操纵和影响

2. 流程绩效指标的系统分解过程

了解了流程绩效指标设计的基本要求，那么如何将流程绩效指标逐步分解到个人身上呢？一般来说，企业应面向战略价值目标，对绩效指标进行系统分解，力求承上启下、水平协调，如此才能形成一套科学的、符合上述要求的流程绩效指标体系。

（1）从战略目标开始，对绩效指标进行垂直分解。企业分解战略目标时，通常依循以下逻辑：在开展战略规划、确定战略目标之后，确定实现战略的关键举措和重点工作；然后依据衡量指标集，确定关键绩效指标（KPI），依据战略目标分解，确定组织目标，如图 9-3 所示。

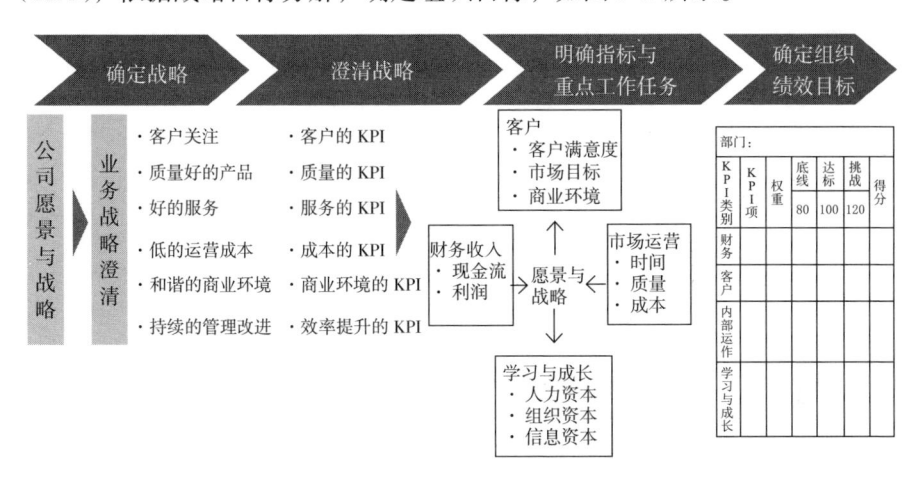

图 9-3　从战略目标到绩效目标的分解过程

资料来源：网络分享 PPT《2015 华为人力资源管理实践》。

图 9-4 是从公司级绩效指标到产品线绩效指标，再到产品开发团队（PDT）级绩效指标的垂直分解的实例。

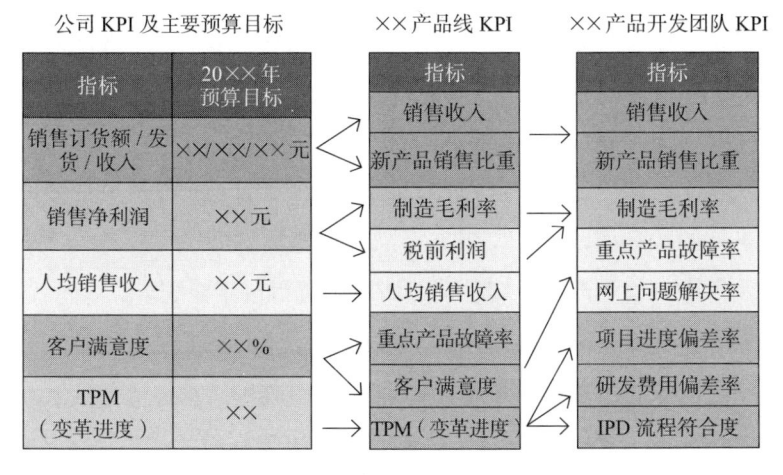

图 9-4　绩效指标的垂直分解过程

资料来源：网络分享 PPT《2015 华为人力资源管理实践》。

（2）面向合作单元，对绩效指标进行水平分解。在公司级绩效指标确定的前提下，横向单元之间的绩效指标也需要进行规划与协调，确保各单元能够有目标地进行流程活动。图 9-5 是对绩效指标进行水平分解的一般过程。

公司 KPI	预算目标
订货额/财务收入（元）	×××/×××
销售净利润（元）	×××
客户满意度	××%
…	…

产品线 KPI
销售收入
新产品销售比重
制造毛利率
税前利润
人均销售收入
重点产品故障率
客户满意度
TPM

地区部 KPI
销售订货
销售收入
市场份额
制造毛利率
税前利润
回款
销售变现天数
人均销售收入
客户满意度

GTS KPI
销售收入
服务成本率
初验按时完成率
回款
DSO
人均销售收入
客户满意度
客户问题解决率
服务销售目标完成率

生产部 KPI
发货额
制造毛利率
初验按时完成率
万元发货制造成本
客户满意度
合同按时齐套到货率
到货质量合格率
制造 TPM

图 9-5　绩效指标的水平分解过程

资料来源：网络分享 PPT《2015 华为人力资源管理实践》。

一般来说，水平分解绩效指标，是针对处理同一流程环节业务的不同部门而进行的。在实践中，要根据不同部门所负责的工作任务，考虑各单元的绩效指标与权重设置，切忌一刀切或设置得过于笼统。

（3）结合流程分级，进行流程绩效体系设计。为了便于管控，我们要将绩效指标的垂直分解与水平分解相结合，将流程活动与流程绩效目标、指标绑定在一起，着力打造一套完善的基于流程分级的绩效体系。图 9-6 阐述了基于流程的绩效体系与指标分解。

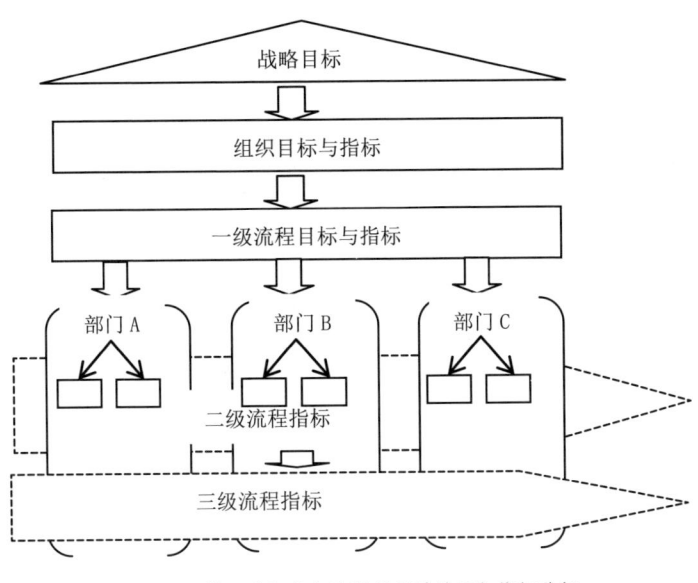

图 9-6　基于分级业务流程的绩效体系与指标分解

由图 9-6 可知，绩效考核体系中战略目标、组织目标直指一级流程目标。如果能够将一级流程目标与指标成功地分解到各级流程上，相当于掌握了各级业务流程的核心，有助于流程价值创造活动达成其预期价值目标。在流程价值创造完成之后，企业又可以依据绩效目标与指标要求，对价值创造活动效果进行系统评估。

需要注意的是，组织在设计流程绩效体系的时候，切忌照搬其他企业的绩效管理体系，而应根据本企业的实际特点，量身定制适合自己的绩效管理体系。

9.3.3　将流程责任与绩效捆绑

笔者在为一家药企做咨询服务时发现了一个问题：不管这家企业的净利润目标是否实现，职能部门所在的流程是否对企业战略执行做出贡献，其所得到的薪酬是一样的。也就是说，流程责任与绩效之间脱钩了。这使得员工逐渐失去了奋斗的热情，使企业失去了活力之源。

对于这个问题，笔者给出的解决方案是：将流程责任与绩效捆绑，以强化流程建设中的责任结果导向，同时培养员工的流程意识。具体而言，这种做法对企业来说有四个好处，如表9-4所示。

表9-4 流程责任与绩效捆绑的好处

好处	具体说明
提升员工的全流程责任意识	让流程中每一个员工不仅关注本岗位的输出，更关注全流程的结果。围绕客户需求以全流程的眼光对市场变化做出快速响应，从而为客户提供满意的产品和服务
强化员工的客户导向意识	使流程中的每个部门、每个员工真正做到以客户为中心，认真、积极地倾听客户的声音，主动把握客户需求，并将其当作开展各项工作的依据，努力向客户交付合格的产品和服务
加强部门与员工的目标导向意识	如果流程化组织中的成员在流程管理过程中，能够站在全局的角度去系统地思考，从流程目标出发去规划流程、优化流程并解决流程中的问题，便可以保证流程中的各个环节能够方向一致，最终保障流程目标的实现
加强团队协同意识	在流程管理工作中，当团队成员都有团队协同意识时，能够破除本位主义，坚持共同的流程管理目标，也使得流程管理工作的难度大大降低

由此可见，企业通过将流程责任与绩效捆绑，不仅能够培养员工的流程意识，还能让企业上下明白只有围绕客户需求做出贡献，流程中的每个部门、员工才能获得奖励，进而激发员工的工作热情，推动组织实现可持续发展。

关于绩效责任制的落实，成效较佳的工具是绩效承诺书。所谓绩效承诺书，就是员工在工作之前，先签订一个关于绩效责任的承诺，以便考核时将其与绩效结果进行对比，并按照相应制度进行奖惩。

【案例】华为以绩效承诺书落实KPI绩效指标

从2003年开始，华为公司以个人绩效承诺的方式落实KPI。当时，任正非指出，华为要通过全面签订高层领导个人绩效承诺书，层层落实各级主管的KPI指标，贯彻责任结果导向，传递市场压力。2005年，华为在EMT决议〔2005〕010号文件中进一步指出："每一层团队共同承担该层的指标，而不是个人指标，体现到个人就是贯彻总责任的具体措施。既责任清晰又要加强协同。"在确保实现个人目标承诺的同时，也强调了整体绩效目标的实现。

在具体执行中，华为以个人绩效承诺书（见表9-5）的形式，以月度、季度为期限，让员工们根据自身能力和其他条件，综合考虑后为自己的 KPI 目标限定一个时间期限，并做出书面承诺，以此激励自己在承诺的期限内完成任务，并请他人进行监督。而华为人力资源管理部门则会将承诺书内容纳入考核中，与考核结果相互印证，并做出相应奖惩，以此引起员工对个人目标与时间规划的足够重视。

表9-5 个人绩效承诺书

工　号：		姓　名：		目标期限：			
KPI指标	权　重	KPI分数	持　平	达　标	挑　战	加权分数

就这样，华为通过签订个人绩效承诺书的方式，在执行之前就落实了个人的绩效责任，直接明确了绩效导向，保证了每个员工都能以最终目标的实现去承担责任和分享利益，由此也避免了责任推诿现象。

这种模式在很多企业中都是比较适用的。在这个过程中，企业依靠个人绩效承诺来完成流程责任的落实，每一项绩效承诺都是与最终的绩效捆绑起来的，然后培育基于责任的绩效能力，评价基于责任的绩效贡献。这样一来，全体流程参与者会基于个人绩效承诺而积极主动地创造价值，企业也由此获得了超级执行力。

9.4 流程绩效与价值评价

客观而准确的流程绩效与价值评价结果是改进流程绩效的依据，也是后续开展价值分配的依据。基于这样的功能，评价还会激发人们的内在使命感，驱动人们创造更大的价值。在流程绩效与价值评价的过程中，除了结合流程绩效指标进行真实的数据监测，还要特别考虑流程绩效评价责任主体、流程绩效评价维度以及流程绩效持续改进三个重要方面。

9.4.1 选择合适的流程绩效评价主体

企业在建立流程绩效体系后，一般是由流程归口负责部门与流程管理部门对流程绩效进行评价的。不过，在具体到评价内容时，则可以更细致地考虑如何选择和安排更合适做流程绩效评价的主体（见表9-6）。

表9-6 流程绩效评价主体的选择

评价内容	评价主体	说明
评价流程运行效果	流程归口负责部门	流程归口负责部门比流程管理部门更熟悉流程运行情况，而且更直接地接触流程运作，故而更容易发现流程问题及其发生原因。因此，由它们来评价是较为合适的
评价流程管理组织的效能	流程管理部门或更高一级组织	此类评价主要针对企业的运作效率、相关管理流程的完善度、管理组织人员的胜任情况等方面。故而，由流程管理部门或更高一级组织作为评价主体是较为适宜的
评价流程优化的效果	流程管理部门	对于倡导流程优化的企业，可以通过设置流程优化方面的指标来进行流程绩效评价。此时，作为评价主体，流程管理部门或流程客户比流程归口负责部门更合适

如果企业已经结合流程运作搭建了IT系统，可以从IT系统中直接获取关联数据信息，那么，评价主体的范围可以设置得略宽泛一些。当然，如果企业条件允许的话，还可以聘请熟悉流程管理的第三方公司来评价流程绩效，既能得出更客观、专业的评价结果，又能了解到标杆企业的先进举措。

9.4.2 围绕流程目标，开展流程绩效评价

流程绩效评价的根本是围绕流程目标的实现度和流程体系水平来进行确认。一般来说，企业可以从四个方面来展开流程绩效评价：一是评价流

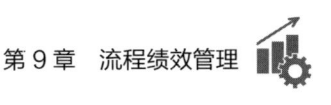

程效能；二是评价流程管理组织效能；三是评价流程优化和管理创新情况；四是评价流程体系与企业成熟度。

1. 评价流程效能

流程是业务和管理的载体，因此，流程效能维度被视为流程绩效评价的重点。通常，可以从三个方面展开评价：整体评价、关键流程评价以及标杆案例分析，如表9-7所示。

表9-7 流程效能评价的三方面

评价方面	说　明
整体评价	通过对各流程领域的重要性、整体绩效表现两个维度的评估，找到当前存在问题的领域；然后，结合企业当前或来年的战略重点，初步确定需要重点关注的流程领域
关键流程评价	通过关键流程评价，可以有效分析具体问题，由此得出的结果可以进一步和整体流程评价的结论相互印证，最终确定要重点关注的流程领域
标杆案例分析	通过标杆案例的分析和宣传，借鉴好的经验，总结教训，同时调动员工参与流程运作与优化的积极性

在这里，关键流程评价是重中之重。关键流程评价可以分两步进行。

一是考察流程实务。企业可以通过真实的流程数据提取和痕迹管理，对流程的规范性、有效性进行判别。比如，流程执行者是否按照流程规范进行流程活动，流程审批环节的时长是多少等。

二是评价流程运作效率，如流程各节点是否在规定时间内按规定要求完成。如果企业打造了端到端流程体系，则在设计指标时要围绕这一点。

2. 评价流程管理组织效能

对于流程管理组织效能的评价，主要从该组织的运作效率是否高效，相关的管理流程是否完善，管理组织的人员是否胜任等方面进行考察。

同时，也要考虑对不同人群评价的侧重点设置，实施差异化评价。任正非在一次讲话中说道："作战类人员要以作战结果来评价；资源类人员以UR（资源使用效率）和项目评价来衡量；能力类人员要体现战略导向，要考试加考核，增加一线评价；管控类人员要通过数字化减少中间传递层，定岗定编，通过考军长等方式识别南郭先生。"我们可以以此延伸设计，针对不同人员的工作性质进行差异化的贡献评价。

比如，对管理人员的评价侧重于战略实现方面，对专家的评价侧重于问题解决方面，对基层人员的评价侧重于执行方面。再如，对于承担经营性责任的人员，要建立长短期价值贡献相结合的评价机制；对于承担职能性责任的人员，要在评价中区分企业经营管控、监督与服务工作所形成的价值贡献。

3. 评价流程优化和管理创新情况

如果企业鼓励部门或员工不断优化流程，可以设置流程优化方面的指标，包含流程优化计划是否按计划推进、优化是否达到预期的效果、配合部门的积极性如何、流程文件是否符合企业要求，等等。如果企业倡导流程优化，则可以对部门/员工提出的流程优化点的数量和质量等展开评价。

4. 评价流程体系与企业成熟度

对于这项评价，笔者建议引入流程再造创始人迈克尔·哈默教授创建的 PEMM（流程与企业成熟度模型）（见表9-8和表9-9）。企业可以参照 PEMM 中的因素，对照企业实际情况，来评价企业的流程与企业成熟度等级水平，确认企业流程中的短板环节以及是否具备有利于流程发展的能力，把握本企业流程管理的提升空间。

表 9-8 流程成熟度模型

使能器与变量		P-1	P-2	P-3	P-4
流程设计	目标	不是基于端对端的流程设计的。职能经理主要利用传统的设计作为职能改善的前提	基于端对端的流程设计，以优化流程绩效	流程适合企业本身的系统和其他企业的流程并达到优化企业绩效的目标	适合客户和供应商的流程并达到优化企业间绩效的目标

第 9 章 流程绩效管理

续表

使能器与变量		等级 P-1	P-2	P-3	P-4
流程设计	流程间联系	已识别流程的输入、输出、供应商和客户	流程客户的需求被认知并得到一致认可	本流程的拥有者和其他流程的拥有者就流程界面建立了共有的绩效期望	本流程的拥有者和客户及供应商流程的拥有者就流程界面建立了共有的绩效期望
	文件	流程记录主要在部门内进行，但同时也关注到企业内参与流程执行的各部门之间的关联	端对端的流程设计文件	流程文件描述了与其他流程的界面、期望并与企业系统和数据架构的流程相连接	以电子方式表达流程元件，支持绩效和管理并对环境变化和流程重新配置进行分析
流程操作者	知识	能讲出他所执行的流程名称并识别流程绩效的关键指标	能全面地描述流程，知道他的工作是如何影响客户和流程中的其他人员的，知道流程所要求的绩效标准和实际的绩效水平	基本熟悉基本的商业概念和企业绩效的驱动因素并能描述他的工作是如何影响其他流程和企业绩效的	熟悉企业所处的行业及态势，并能描述他的工作是如何影响企业间的绩效的
	技能	具备问题解决技巧和流程改善技能	具备团队精神和自我管理能力	具备业务决策能力	具备变革管理和变革实施的技能
	行为	对流程有一定的忠诚，但更多是对职能的忠诚	尝试按流程设计正确的执行过程，并以能使其他流程执行人员有效执行流程的方式工作	努力确保实现企业目标所需要的流程结果	寻找流程变革的迹象并提出流程改造建议
	身份	非正式的主管流程改善的个人或群体	企业领导创造正式的流程拥有者角色并任命资深诚信的高级经理为流程拥有者	流程在流程拥有者的时间分配、意识共享和个人目标中置于第一优先的位置	是企业决策的最核心人员之一

续表

使能器与变量		等级 P-1	P-2	P-3	P-4
流程拥有者	活动	识别并以文件规范流程，与所有操作者沟通，发起小规模的变更项目	能清晰地表达流程绩效目标和未来远景，发起再设计和改革活动，计划并确保按设计的流程实施	和其他流程拥有者集成流程以达成企业目标	制定流程的滚动战略，参与企业级的战略规划，与同事一起为客户和供应商工作，发起企业间的流程再设计
	权利	宣传流程，但只能鼓励职能经理进行变革	组建流程再造小组，并实施新的流程设计，对流程的技术开发预算也有一定的控制权	控制支持流程的IT系统和任何改变流程的项目，对人员任命、评估、流程预算等有影响力	控制流程预算并对人员任命、评估具有强有力的影响力
基础设施	信息系统	破碎的、传统的、支持流程的IT系统	IT系统由职能模块构成，以支持流程	用流程理念设计的、遵循企业标准的、支持流程的集成IT系统	遵循行业标准的、由标准组件架构的、应用于企业间沟通的、支持流程的IT体系
	人力资源	职能经理因部门的优秀和解决流程连接中部门的问题而获得报酬	流程设计驱动角色定义、工作描述、胜任能力。以流程文件为基础进行工作培训	员工聘用、发展、报酬、奖赏体系注重流程的需要，并与企业的需求平衡	员工聘用、发展、报酬、奖赏体系注重企业内和企业间的合作、学习和组织变革
测评	定义	流程有一些基本的成本、品质的测评	有源于客户需求的端对端的流程测评	有源于企业目标的流程和跨流程测评	有源于跨企业目标的流程测评
	用途	经理通过流程测评跟踪绩效，识别绩效不好的根本原因并驱动部门改善	经理通过与标杆、最佳表现、客户需求的比较来设定绩效目标	经理将流程测评作为对流程操作者的认知和激励手段，建立基于测评的报表并用于日常的流程管理	经理定期回顾和更新测评和目标，并将其用于战略规划

注：流程成熟度的级别，取决于使能器中得分最低的变量。
资料来源：哈默. 流程再造新工具：PEMM框架[J]. 陈桂华, 译. 哈佛商业评论, 2007（10）: 18-19.

表 9-9 企业成熟度模型

变量 \ 等级		E1	E2	E3	E4
领导力	了解	高管层意识到有必要改善运营绩效，但对业务流程的作用认识有限	至少有一位高管深入了解业务流程概念，知道企业可以如何利用业务流程提高绩效，以及流程实施会涉及哪些方面	高管层从流程角度审视企业，并为企业及其流程制定了愿景	高管层从流程角度来审视自己的工作，并将流程管理视为管理企业的一种方式，而不仅仅是一个项目
	协调	由中层管理人员来领导流程项目	由高管来领导流程项目，并对其负责	高管层对流程项目的看法高度一致，企业各层面都有许多员工协助推动流程再造	企业各级员工都对流程管理表现出极大的热忱，并在流程再造中发挥领导作用
	行为	由一位高管支持并适当参与流程改进	由一位高管从客户利益出发，公开设定长期的流程绩效目标，并准备好投入资源，进行深度改革，排除障碍，以达成这些目标	高管层以团队形式开展工作，通过流程来管理企业，并积极参与流程项目	高管层成员以流程方式来开展自己的工作，以流程作为战略规划的重心，并在高绩效流程的基础上发现新的商业机会
	风格	高管层开始由自上而下的层级管理风格，向开发、合作的风格转变	领导流程项目的高管层深信变革的必要性，并将流程作为变革的关键工具	高管层将控制权和职权授予流程负责人和执行者	高管层通过愿景和影响力，而不是命令和控制来发挥其领导力
	团队合作	团队合作只见于项目组中，其他场合很少见到，并非常规性活动	企业内普遍采用跨职能项目小组实施改进项目	团队合作是流程执行者的惯用方式，在管理者中也是司空见惯的	与客户和供应商进行团队合作已经屡见不鲜
	客户至上	员工普遍意识到客户至上的重要性，但对于其内在含义却不甚了解，在如何满足客户要求的问题上，也存在不确定的意见和分歧	员工认识到，他的工作目的是创造卓越的客户价值	员工认识到，客户需要连贯的卓越服务和无缝式服务体验	员工致力于与交易伙伴进行合作，以满足客户的需求

续表

变量	等级	E1	E2	E3	E4
文化	责任	由管理者对结果负责	一线员工开始对结果负责	员工觉得自己对企业的经营结果负有责任	在服务客户和持续提升绩效上，员工有一种使命感
文化	对变革的态度	企业内部逐渐接受进行适度变革的必要性	员工准备好对工作方式进行重大变革	员工准备好迎接重大的多层面变革	员工认识到变革是不可避免的，并认为这是一种正常现象
专业技能	员工	只有一小群人深知流程的作用	有一群专家拥有流程再造和实施、项目管理、沟通，以及变革管理等方面的技能	有一群专家拥有大规模变革和企业转型方面的技能	整个企业有大量员工拥有流程再造和实施、项目管理、计划管理和变革管理等方面的技能，企业还建立了一个发展和保持该技能的正式流程
专业技能	方法	企业使用一种或多种方法解决流程执行问题，并渐进地改善流程	流程再造小组拥有基本的流程再造方法	企业建立了一个正式的、标准化的流程再造模型，并将其与流程改进的标准程序进行整合	流程管理和流程再造已成为企业的核心能力，并已纳入一个正式的系统中，该系统包括企业环境分析、变革规划、变革实施，以及以流程为中心的创新
治理	流程模式	企业确定了一些业务流程	企业开发了完整的流程模式，并得到了高层的认可	企业流程模式已传达到整个企业，用于排定项目的优先顺序，并与企业层面的技术和数据架构进行连接	企业扩展其流程模型，与客户和供应商的流程相连接，并在流程模式的基础上制定战略

续表

变量 \ 等级		E1	E2	E3	E4
治理	责任	部门经理对绩效负责,项目经理对改进项目负责	流程负责人对单个流程负责,指导委员会对企业流程的整体进展负责	流程负责人对企业绩效也负有责任	流程委员会是最高管理机构,流程执行者也对企业绩效负责,企业与客户和供应商共同组建指导委员会,以推动跨企业的流程变革
	整合	一个或多个群体倡导和支持各种不同的运营改进方法	有一个非正式的协调机构负责必要的项目管理,指导委员会负责为流程再造项目配置资源	有一个正式的项目管理办公室,由首席流程官领导,负责整合协调所有流程项目,有一个流程委员会负责管理流程整合问题。企业从全局角度管理和部署所有的流程改进方法和工具	流程负责人与客户及供应商企业的流程负责人合作,以推动跨企业流程的整合

资料来源:哈默. 流程再造新工具:PEMM 框架[J]. 陈桂华, 译. 哈佛商业评论, 2007(10):18-19.

总体而言,PEMM 的使用不限于某一行业,具有一定的普适性。当然,企业也可以结合这个模型,进行更具有针对性的评价体系设计,实施多种形式的评价。

9.4.3　建立流程绩效持续改进机制

没有一个企业希望自己的流程绩效和管理水平是停滞不前的。毕竟,外部环境在变,企业内部也存在诸多变动因素。即便是已经达到行业领先的企业,如果长期停滞不前,也意味着"经营危机"会随时爆发;更遑论那些原本就在流程绩效管理方面存在不足的企业了。所以,对于任何一个企业来说，在流程绩效管理上都应保持"持续追求改进"的态度。

1. 系统规划流程绩效改进工作的开展

当流程绩效评价结果输出后，企业就了解了流程有待改善的方面和在资源匹配上的不足之处。此时，企业应建立一套系统的流程绩效改进机制，来保障流程绩效改进目标的持续稳步实现。

首先，明确界定流程绩效改进的目标。通过对流程绩效结果的分析，判断问题根源出处：是源于流程设计本身，还是流程管理？针对流程绩效问题发生的不同根源，设计出不同的改进思路。

其次，对流程绩效改进工作所涉及的各项活动进行计划，要尽可能做好具体安排，同时也为后续项目进度的衡量和控制提供基准。比如，明确需要对哪些方面加以改进，具体需要做哪些工作，需要配置的资源、费用和时间是多少，以及工作任务的分派方案。

最后，实施流程绩效改进的闭环与循环管理。流程绩效改进工作切忌半途而废或不了了之，这样只会让流程绩效问题始终得不到解决，甚至使流程绩效问题愈演愈烈。让每个流程绩效问题得到解决，画上一个圆满的句号，这是实现流程绩效改进的关键。当然，有的流程绩效问题需要进行多轮改善，才能得到彻底解决，这就需要企业实施流程绩效改进的循环提升模式，如此也能实现企业流程水平的持续提高，推动企业流程体系与管理体系的迭代升级。

在此过程中，企业还要注意对流程绩效改进项目的建议者、参与者设计有效的激励措施。比如，根据改进方案的可行性与最终改进效果进行物质奖励或精神奖励，培育企业内部的积极改进氛围，这也是流程绩效改进机制建设过程中不可忽视的方面。

2. 对流程绩效改进目标做好取舍或排序

大量的流程改进项目实施中存在一个普遍的问题：不懂得取舍和匹配。

成功的流程改进项目有许多制约因素，而关键制约因素只有两个：时间和投入。流程改进工作周期延误必然严重削弱管理层对流程改进成功的信心。许多企业管理者对流程改进所耗用的投入斤斤计较，却希望流程改进带来超额的效果。这种心态往往导致流程绩效改进最终失败。

事实上，对流程绩效改进付出不同程度的投入，流程绩效改进所取得的效果也就会截然不同。笔者总结了很多企业流程绩效改进失败的经验教训，得出这样一个等边三角形规律：随着投入量的减少，流程绩效改进的质量和目标也会随之降低，如图9-7所示。

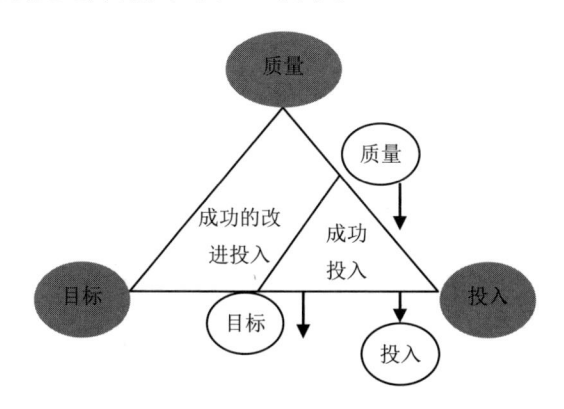

图9-7 流程绩效改进项目的等边三角形规律

当用于改进的投入量被压缩时，改进目标和预期质量也须随之做出调整，否则无法重新得到等边三角形，也就意味着无法成功实现改进目标。比如，如果将流程改进的费用压缩2/3，可能意味着将一套价值45万元的平台设备换成15万元的平台设备。而缺乏匹配的资源支持，则意味着企业在其他方面要付出对应的代价，成功的概率便随之降低。

对流程绩效改进目标的取舍标准是投入价值。面对有限的资源投入和流程绩效改进期限，企业必须针对投入价值的大小和实现的可能性加以分析，进行必要的取舍，确定对流程中的哪些问题实施改进或优先改进，如此才能保障整个流程绩效改进的持续推进和最终成功。

9.5 流程绩效与价值分配

在流程绩效与价值管理体系中，价值分配是继流程价值评价之后的重要环节。在企业实践中，价值分配通常侧重于对那些在流程执行和价值创造上表现优秀的人员予以激励。所以，在分配价值时，应力求向奋斗者倾斜，集体导向冲锋；合理分配价值，多劳多得，肯定流程参与者的价值贡献；通过差异化价值分配机制来拉大员工之间的收入差距，确保价值分配发挥出更好的激励效果，继而推动下一轮的流程绩效改进与价值管理循环。

9.5.1 价值分配向奋斗者倾斜，导向冲锋

很多优秀企业都会将评价结果应用于企业成员的价值分配上，包括企业成员的奖金分配、晋升、股权授予、降职以及淘汰等。具体表现在月度奖金的分配、年度奖金的分配、绩效工资的确认、年薪上限的确认、晋级资格的确认、晋等资格的确认、晋职资格的确认、培训资格的确认和其他资格的确认等诸多方面。但是，价值分配并不仅仅是对流程价值创造者的行为肯定，同时还要呈现出企业倡导的价值观，产生"引导员工积极冲锋、创造价值贡献"的导向作用。

【案例】华为基于价值评价结果进行 ABCD 四级价值分配

华为公司设置了 ABCD 四个价值评价标准，然后根据员工的价值贡献差异，分别采取对应的奖惩措施。

A 级，属于卓越级标准，该标准按照业界最佳来设定。华为规定，在没有成为业界最佳前，员工当年的绩效应以业界最佳为标准，等同或超过同行业员工的最高贡献，即可得 A。华为成为业界最佳以后，员工的价值贡献则必须超过前一年最佳基线标准的 10%，才能得 A。而对于 A 级员工，华为的奖金、晋升机会等待遇都会向其倾斜。

B 级，属于达标标准。能够在考核中得 B 的员工，大部分都是基于上一年的"标杆水平"略有提高的，但必须要有所提升。任正非反复强调：不能因照顾某些"能力不足"的人设置"低一些"的标准。

C 级，属于不可妥协标准。该标准是华为根据工作目标而设定的，与个人能力的高低无关，企业要想实现经营的最低目标，该岗位上的员工就

必须达到这一标准。华为员工如果在连续两次考评中得到 C，就要被轮岗换位。更重要的是，C 级员工是没有年终奖金和期权等奖励的，而任正非等华为高管都曾有过在考评中得 C 的经历。

D 级，属于淘汰标准。凡是在绩效考评中得 D 的华为员工，无论其资历、背景如何，都必将经历末位淘汰。

华为通过这种明确的分级方式，让员工明确企业倡导的"以奋斗者为本"的价值观，以此激励员工努力贯彻流程运作要求，用价值贡献来证明自己。

在提供企业咨询服务过程中，笔者经常听闻一些企业管理者对华为奋斗文化的推崇，鼓励员工说："好好干，以后给你分奖金 / 股权。"然而，员工并不清楚自己的努力最终产生什么价值，也不知道自己所在的团队将会如何分配奖金。所以，管理者们只能继续感叹自己的企业内部活力不足。

对于这种现象，一个理想的解决方式就是设立奖金包。在流程型组织中进行价值分配时，宜从两个方面进行把控：

（1）衡量部门或临时团队的价值贡献大小，以此确定奖金包的额度。如果价值贡献大，则设置较大的奖金包。

（2）明确分配规则，应根据每一项活动在流程运作中的工作量和难度等来分配权重，再根据岗位员工的日常绩效水平，为绩优人员、普通员工、绩差人员分配合适的奖金。从最终分配结果来看，三类人员的比例应似纺锤体的形态，如图 9-8 所示。

图 9-8　三类人员比例的纺锤体形态

价值分配的重点在于：让价值分配向绩效表现优秀的奋斗型人员倾

斜，普通人员次之，绩效表现差的人员再次之。如此，才能引导所有人积极冲锋，努力完成流程要求并创造出更多价值。

9.5.2 推行获取分享制，多劳多得

对于价值分配，笔者非常推崇华为公司提出的价值分配思路：坚持获取分享制，确保"多劳多得"。2014年9月，任正非在华为激励导向和激励原则汇报会上发表讲话，提出"获取分享制应成为公司价值分配的基本理念"，并高度评价道："获取分享制一出现，这两年利润增长很快，大家的积极性和干劲也起来了。"可见，这种价值分配机制对于人员的激励效果是非常有效的。那么，什么是获取分享制呢？

在获取分享制模式下，作战部门和人员从自己直接创造的经营结果中获得收益，后台支撑部门通过为作战部门提供服务分享利益。在这种情况下，人们所得是由组织和个人绩效共同决定的，每个人的奖金根据个人绩效结果的不同而有所差异。当然，企业往往针对不同类型的人员，设计了长短期激励方案，故而在推行获取分享制时，也需要慎重考虑到是否满足激励导向的需求。

【案例】华为公司内部的长短期激励模式

任正非在《关于人力资源管理纲要2.0修订与研讨的讲话纪要》中对长短期激励进行了解释："长期激励的分配要重点瞄准中基层员工中持续优秀的、有使命感的那一部分人，这些人是未来主官、高级专家、高级职员的基础。我们要鼓励这一部分人，而不能撒胡椒面。

短期激励机制为3∶1（劳动所得与资本所得为3∶1），是根据经验得到的，将来可以订正一个可能更合理的系数。要针对基层、中层、高层，市场、研发、职能，作战与支撑等不同人群的贡献性质和激励诉求，来差异化薪酬结构中长期与短期的构成比重。"

一般而言，长期激励机制要导向持续奋斗，让优秀人才保持创造价值的动力；短期激励机制则导向能力，激励人们创造更多绩效。二者应交替

均衡，按贡献分配、按劳动结果积累，让企业内部人员明确并积极实现自己的未来奋斗目标。

而对于不同成熟度的业务，也要采取差异化的获取分享制。一般来说，对于成熟的业务，可以采取追加奖励、战略奖励等措施，让多多创收的岗位工作得到及时的回报，但也要规避出现因盲目追求短期收益而弄虚作假的情况。而对于成长期和发展初期的业务，则可结合业务自身特点来设计获取分享机制，让企业资源和激励资源向其有所倾斜，鼓励优秀人才积极参与此类业务的开拓与发展。

9.5.3 拉开员工之间的收入差距

每个人、每个部门、每个企业做出的价值贡献是不一样的，是一种客观上的"不平衡"状态。而一些企业为了让内部看似和谐，选择"一刀切""和稀泥"的做法。这种做法往往导致那些创造价值的员工心生不满，企业发展也会陷入僵局。

要想解决这个问题，企业应根据业务需求，坚持结果导向，实现价值分配的差异化。对于需要发挥个人作用的业务，企业分配时要敢于拉开差距，打破平衡，向做出突出贡献的"优秀人才""超优人才"倾斜，使之感受到企业对其所创造价值贡献的认可与肯定。

【案例】华为追求差异化的价值分配模式

多年来，华为公司始终坚持"以奋斗者为本，向优秀员工倾斜"的价值分配原则，设计了虚拟饱和配股法，用差异化分配模式来鞭策员工持续奋斗。

2010年年初，华为首次公布华为年报，并在年报中披露了企业的虚拟股权结构：深圳市华为投资控股有限公司工会委员会持有华为98.58%股份，这部分股份被多达64.69%的华为员工通过工会委员会共同持有；任正非本人仅持股1.42%。至2020年，创始人任正非的个人持股比例甚至调至0.88%。

近年来，华为公司的员工奖金几乎年年都会成为社会关注的热点新闻。2019年，虽然华为遭遇美国禁令，导致部分产业链出现断供问题，然而，在全体人员的齐心努力下，华为仍然创造出8500亿元的销售收入。为了鼓励这些为华为创造佳绩的奋斗者们，华为发放奖金20亿元。2021年，华为轮值董事长胡厚崑宣布：华为2020年持续实施股票分红，预计每股1.86元。如果按照2018年年报提及的总股数222亿股来粗略计算，此次分红总额可能达到400亿元以上。

华为希望将利润收益回报给真正的奋斗者。因此，华为公司明确区分奋斗者和不奋斗者、优秀奋斗者与普通奋斗者。然后，给优秀奋斗者饱和配股，给一般奋斗者限额配股，给不奋斗者零配股。这种模式使得华为公司留住了一批又一批卓有成效的奋斗者，并且不断通过积极的价值引导，鼓励更多普通员工积极加入奋斗者的行列中，为企业持续创造更大价值。

除了根据员工个体或团队的价值创造表现来分配价值，企业也要注意，要将分配差异化程度与不同业务、不同员工群体的贡献特性相匹配，力求真正激励有贡献、有能力的员工，激励全员持续进步，为企业创造更多的价值。

而对于那些需要发挥团队力量的业务，则要注意强调发挥团队协作精神，结合最终价值成果来统筹价值分配计划，在"拉开内部差距"的基础上实施恰当的灰度管理措施，避免不必要的组织内耗，促使人们愿意以集体为单位去实现企业价值创造目标。

第 10 章
熵减：激活组织

规范的流程与系统的制度建设是企业流程优化与规范管控的基础，但是一旦流程与制度的规范化管理过度、系统封闭，就可能导致组织僵化现象的出现。为了避免这个问题，企业需要打造耗散结构，采取熵减措施，让流程和组织更柔性、更灵活。

10.1 熵增定律与熵减活动

在一个封闭的系统中,一切有序的事物最终都会走向无序状态,而后达到静止状态,或者说因不适应外界环境而消失。这就是熵增和熵死的现象。在企业中也存在着这种现象:一个故步自封、循规蹈矩的企业,会因熵增而积弊过重,逐步走向消亡。因此,企业管理的核心就是缓解熵增、促进熵减。

10.1.1 熵增定律

熵是什么?熵是指在一个系统内分子的热运动,总是从集中、有序的排列状态转向分散混乱的无序状态。它是用来度量一个系统内在混乱程度的指标。一般而言,熵值大,意味着系统运作无序;熵值小,则意味着系统运作有序。

【知识】熵增定律

所谓"熵增",是指熵不断增加的过程。熵增定律是德国物理学家鲁道夫·克劳修斯提出的。他认为:"在一个封闭的系统内,热量总是从高温物体流向低温物体,从有序走向无序。如果没有外界向这个系统输入能量的话,那么熵增的过程是不可逆的,最终会达到熵的最大状态,系统陷入混沌无序。"简言之,熵增定律是指在一个孤立系统里,如果没有外力做功,其总混乱度(熵)会不断增大。

如果把熵应用于企业管理中,你会发现:企业管理的重点就是解决熵增问题。假如企业没能解决熵增问题,任由熵值从低到高,那么企业会逐步混乱并最终失去发展动力,走向衰亡。

【知识】消亡的企业大多死于熵增

据美国《财富》杂志报道,世界500强企业平均寿命为40～42年。在美国的企业中,大约有62%的企业寿命不超过5年,中小企业的寿命不到7年,仅仅只有约2%的企业存活达到50年。在1900年美国排名前25

的公司，到20世纪60年代，只剩下2家。在1961年财富500强中排名前25的公司，如今只剩6家。

中国企业调查显示，新创公司的寿命往往不到2年，一大半的企业活不过5年，经营年限超过20年的民营企业屈指可数。中国人民大学教授彭剑锋教授指出，这些企业大多是死于熵增。

既然企业熵增必将导致企业走向死亡，那么企业应如何判断自身是否开始存在熵增现象呢？举例来说，如果企业存在组织懈怠、流程僵化等现象，如果员工个体贪图享乐、缺乏责任感，那么就可以判断该企业存在熵增现象。这些现象会导致组织活力和创造力不断下降，因此人们也把这种现象概括为"熵死"。

而对于企业来说，要想让自身继续存在下去，并获得更好的发展，就必须选择有效的策略和方法去对抗熵增，持续强化企业的生命力。

10.1.2　熵减与耗散结构

奥地利物理学家薛定谔说："生命需要通过不断抵消其生活中产生的正熵，使自己维持在一个稳定而低的熵水平。生命以负熵为生。"要想有效对抗熵增，企业就需要从反方向去找方法——熵减。

【案例】华为极力打造耗散结构

为了对抗熵增，使自己维持在一个稳定而低的熵水平，华为表示要将公司发展成为具有开放、不平衡、非线性特征的耗散结构。

在2011年华为市场大会上，任正非提到了耗散结构，并对其进行了解释："什么是耗散结构？你每天去跑步锻炼身体，就是耗散结构。为什么呢？你身体的能量多了，把它耗散了，就变成肌肉、变成有力的血液循环了。能量消耗掉，不会有糖尿病，也不会肥胖，身体苗条，人变漂亮了，这就是最简单的耗散结构。那我们为什么需要耗散结构呢？

大家说，我们非常忠诚于这家公司，其实就是公司付的钱太多了，不一定能持续。因此，我们把这种对公司的热爱耗散掉，用奋斗者和流程优化来巩固。奋斗者是先付出后得到的，这与先得到再忠诚，有一定的区别，这样就进步了一点。我们要通过把潜在的能量耗散掉，从而形成新的势能……你们吃了太多牛肉，不去跑步，你们就成了美国大胖子。你们吃了很多牛肉，去跑步，你们就成了刘翔。都是吃了牛肉，耗散和不耗散是有区别的。"

耗散结构是华为公司推崇的组织形式，也是华为反复强调自我批判、每隔数年一次大变革、设计"从零起飞奖"的根本原因。

2013年1月14日，华为公司召开2013年市场大会。此次大会不仅为优秀员工颁发了奖状，还设置了一个非常特殊的奖项，名叫"从零起飞奖"。这个奖项是为相关团队负责人因前一年业绩未达标而使得该年的年终奖金为零颁发的。2012年年初，公司各团队负责人做出承诺："不达底线目标，团队负责人零奖金"。在此次会议上，主持人宣布了获奖人员名单，并宣布他们2012年的年终奖金为"零"。按制度规定，连轮值CEO郭平、CFO孟晚舟，以及胡厚崑、徐直军、任正非和孙亚芳，在这一年都是没有年终奖金的。

华为的"从零起飞奖"是其耗散结构的一个直接呈现。华为通过人们的主动或被动清零，激励着人们胸怀抱负，努力前行，避免因贪图安逸导致企业停滞不前，防止因组织"黑洞"而吞噬华为的活力。而从认识和理解"熵"，到用耗散结构避免熵死，使企业始终处于稳定与不稳定、平衡与不平衡间的交替状态，是华为公司30年来保持活力和战斗力的关键因素。

对于绝大多数企业来说，耗散结构同样可以是它们解决熵增问题的绝佳方案。企业要建立耗散结构，对外开放，与外部交换物质和能量；把企业里面那些衰败为熵的东西全部排出系统，做好流程体系优化与迭代；吸收新鲜血液、活性因子，比如先进的思想理念、新的优秀人才等，吐故纳新。如此，企业才能不断激发内部活力，提升发展势能，延长组织寿命。

10.1.3 打造活力引擎模型

为了应对企业增减问题，很多企业家、专家、学者都进行了探索和研讨。在《熵减：华为活力之源》一书中，公开了华为应对熵增问题的活力引擎模型，如图10-1所示。这个模型被很多业内人士视为"熵增的解药"。

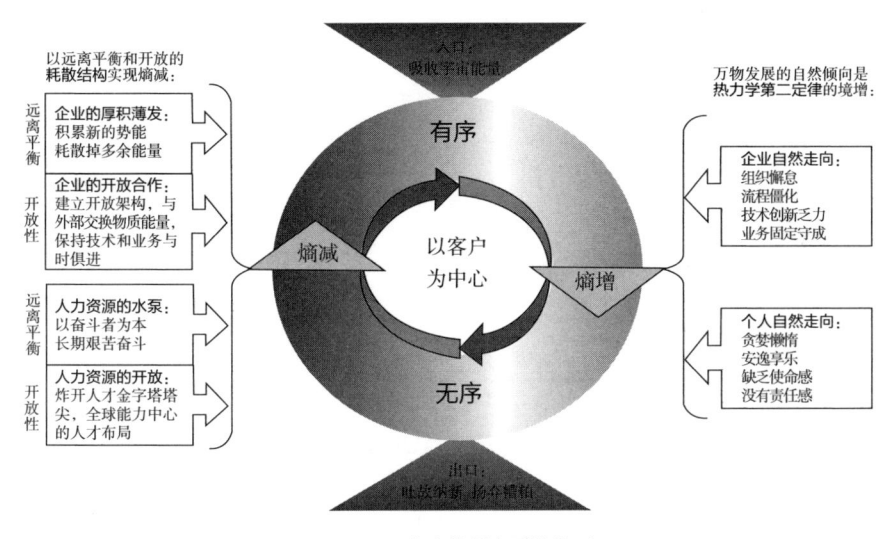

图 10-1 华为的活力引擎模型

资料来源：华为大学. 熵减：华为活力之源[M]. 北京：中信出版社，2019.

从活力引擎模型中可以看到，华为的耗散结构与入口、出口设计，对公司和个人发生着对应的作用。从公司层面来看，华为借助公司的厚积薄发和开放合作这两大举措，解决"组织惰怠、流程僵化、技术创新乏力、业务固化守成"等企业熵增问题。从个人层面来看，华为从人力资源管理角度激发个体生命的活力，这一举措解决的是"个人贪婪懒惰、安逸享乐、缺乏使命感、没有责任感"等熵增问题。

从整个生命体的角度来看，一方面，华为通过公司的厚积薄发、人力资源的水泵，打造出一个远离平衡的耗散结构，以逆向模式推动公司从无序到有序转变；另一方面，华为通过公司的开放合作、人力资源的开放，实现了耗散结构的开放性，从入口"吸收宇宙能量"和出口"吐故纳新，扬弃糟粕",为公司的有序发展积蓄更多动能。

当然,这个活力引擎模型不仅适用于华为,对于其他企业来说也是非常具有借鉴意义的。活力引擎模型的重点在于入口与出口的设计与打通。入口在于通过开放合作,保持组织的开放性,以此获得新能量的注入,让企业内部获得持续而充足的动能。而出口设计的重点在于识别和扬弃糟粕,去除熵增部分,在流程体系、人才能力等方面探索优化、迭代、升级之路。

对于企业来说,规范入口与出口的基本要求,打通二者之间的路径,针对熵增去做好熵减工作,让企业内部始终流动着更新的能量,这样有助于激活组织,增强企业的生命力。

10.2 保持组织的开放性

要给企业做熵减,就必须保持组织的开放性。任正非曾说过:"创新的源泉来自宇宙。我们要有开放合作的思想,多和业界交朋友、多喝咖啡,多支持科学家的研究,吸取宇宙能量。"以开放的姿态,从外部吸收更多新能量,这是激活企业组织内部能量的动力。

10.2.1 建立开放集成的组织模式

在这个技术与社会快速变化的社会,企业要想持续发展,就必须全面开放。企业在发展过程中要做好自己的优势板块,其他部分则要加强与其他伙伴的合作,共享资源,从而构建起真正属于自己的战略力量,获得更大的经济效益,实现多方共赢。

【案例】华为公司的全面开放与被集成组织规划

任正非说:"一杯咖啡吸收宇宙能量。"这是一种全面开放的思维。2013年,任正非在无线业务汇报会议上指出:"华为要打破自己的优势,形成新的优势。我们不主动打破自己的优势,别人早晚也会来打破。我们在学术会议上要多和爱立信、阿朗、诺西……交流，并在标准和产业政策上与它们形成战略伙伴，就能应对快速变化的世界。"

华为将这种企业与企业之间强强联合的开放组织模式定义为一个新的概念——被集成组织。在被集成组织模式下，华为永远不会成为合作者的竞争对手，特别是在行业领域，华为绝不轻易涉足他人的业务领域，而双方之间的合作也只限定在技术、方案及服务层面上。

2012年7月26日，在北京举行的SAP中国商业同略会上，华为与SAP公司签署了合作协议，正式成为全球性技术合作伙伴。这意味着，华为永远不会进入SAP的领域，而双方则在包括研发合作、技术整合与技术支持、建立互操作性测试中心、构建有竞争力的企业应用解决方案以及全球共同销售和营销活动等方面，开展深度合作——双方不是竞争对手，而是合力共进的双赢关系。而在此过程中，华为充当着被集成组织的角色。

2019年，华为在全球已拥有28 000多家合作伙伴，其中销售伙伴22 000多家、解决方案伙伴1200多家、服务伙伴4200多家、人才联盟1000多家以及投融资伙伴80多家。面向2020年，华为企业业务生态系统中将增加"产业伙伴"（Industry Partner）这一新成员，包括元器件伙伴、技术组件伙伴等。对于这些合作伙伴，华为保持支持和使能力度，让它们在商业咨询/网络设计、行业应用开发、联合方案孵化、解决方案集成、工程实施、售后服务、投/融资、运营、人才培养以及标准制定等方面发挥更大的作用，最终实现与伙伴共同成长。

这种开放与集成，使得企业与合作伙伴之间形成阳光、透明、简单的合作状态，以及健康、利益共享的生态环境。当然，对于企业来说，如何定位自身的集成或被集成角色，以及彼此之间集成的广度与深度，面向各关联利益方开放至何种程度，是值得深思的重要主题。

10.2.2 与外部合作，交换能量

对于企业来说，开放并不是一个单纯的动作；更重要的是，企业在开

放过程中与外部建立合作关系，互换能量，实现双方的能量增持与共同成长。

【案例】高乐公司通过与外部合作来促进发展

自 2014 年年初，高乐股份依托主营业务玩具生产，逐步向教育产业扩展；而后通过智能玩具、幼童教育、在线平台、动漫玩具衍生品等，在婴童产业市场进行大力拓展，努力打造婴童产业链闭环模式。

2015 年，高乐股份与幽联技术合资设立了子公司。幽联技术公司掌握着机器人与人工智能技术，并研发出世界上第一台可工程化的人工智能机器人。高乐股份与之合作的目的，便是推动公司从传统玩具转向智能化玩具生产。目前，公司婴童产业链的建设正在稳步推进。

2017 年，高乐股份又与迪士尼签订了"许可协议"，迪士尼允许高乐公司在特定期限内在特定玩具类产品上使用迪士尼原型和商标，并授权公司在特定的渠道销售许可产品，由此大大促进了公司玩具系列的开发和渠道拓展，进一步提升了公司品牌和影响力。

在上述案例中，乐高公司通过与幽联技术、迪士尼等公司的合作，自身的能量大增，有能力接触和覆盖更宽的业务板块，实现了自己与合作企业共赢和进步。

【案例】华为公司的竞合模式

任正非曾这样说道："华为的发展壮大，不可能只有喜欢我们的人，还有恨我们的人，因为我们可能导致了很多个小公司没饭吃。我们要改变这个现状，要开放、合作，实现共赢。前 20 年我们把朋友变成了敌人，后 20 年我们要把敌人变成朋友。当我们在这个产业链上拉着一群朋友时，我们就只有胜利一条路了。"

在主动开放的意识下，华为的组织模式和活动规划也开始发生变化。2005 年，任正非决定将"与竞争对手合作"放到改变华为未来发展的高度上，与很多竞争对手建立了伙伴关系。比如，与德州仪器、IBM、英特尔等公司建立联合实验室，在多地设立研究所；与西门子、赛门铁克等公司成立合资公司，以推进双方的优势互补。

在当今世界，新技术日新月异，市场更是复杂多变，任何企业不可能一切事务都从头开始做，也没有独霸天下的本事。相反，只有强强联合，交换能量，企业的竞争实力才能越来越强。

企业要学会联合所有可能的资源，拓展企业经营的范围。企业的出发点不应局限于本企业的进步，而应通过产业整体的力量带动企业的发展。在实践中，可表现为着力拓展全产业链能力，打造产业闭环模式，实现产业群体的共赢式发展。

10.2.3 实现全球能力的系统布局

组织的开放范围并不局限于本国或本地区，而应当面向更广阔的区域——全球化。对此，华为轮值董事长胡厚崑曾表示："全球化不仅仅意味着运营的全球化、投资的全球化，更需要建立一种新的商业理念。这种理念是将全球市场视为一个单一市场，像在单一市场一样构建全球的价值链，并将全球的优质资源都整合到这个价值链里面，使每一个单一节点上创造的价值都有可能在全球范围内被分享。"

事实上，企业确实应努力与全球范围的优秀公司进行分工与合作，在能力允许的情况下，对全球合作伙伴的能力进行高度整合，全面促进彼此在全球范围内的共赢，让局部能力整合成全球价值。

【案例】华为的全球能力布局

如果单建一个能力中心，但当地的社区和人才缺少氛围，那么这个能力中心是无法真正实现开放的，也无法实现全球化运作。所以，企业要"利用全球能力和资源，做全球生意"。在全球能力布局思路上，不盲目追求"为我所有"，而要多层次构建"为我所知、为我所用、为我所有"的能力组合。

截至2021年，华为公司拥有36个全球联合创新中心、15个研究院所，其中，国内共有9个研究所。它打造出这个全球化创新平台，使几乎全球的客户都可以借助这个平台，在最短的时间内了解到一系列来自全球的最近期的创新成果。这就是华为全球能力的实践和成功。

企业在进行全球能力布局时，可以从很多方面切入，比如人才、物资等。不过，在布局时必须聚焦于企业的核心战略方向、主要业务，最大限度地发挥自己的优势资源和能力，同时关注合作方的优势资源和能力，确认各方优势资源与能力是否能够得到最大化发挥。只有当企业的能力布局处于科学合理的状态，它才能帮助企业在全球价值链运作中取得预期的收益。企业切忌盲目追求布局的广泛性。

10.3 流程优化与体系迭代

企业业务流程必须持续更新，流程体系必须与时俱进，如此才能让价值创造过程呈现出更为有序的生命力，让企业流程管理水平阶梯式上升，以此规避企业出现熵增的现象。

10.3.1 强化流程责任人的革新意识

流程优化是一项复杂、长久而艰巨的工程，仅仅经过一两次大刀阔斧的改革是不可能完成的。若要将优化的成果保持下去并能够在此基础上不断完善，就必须强化流程责任人的革新意识。

1. 认识到革新意识的重要性

企业流程责任人必须拥有坚定的变革意志和决心。如果流程责任人没有勇气去面对变革，主动去尝试变革，那么，这个组织必然会被时代所淘汰。这并不是危言耸听，而是历史发展的必然趋势。

【案例】IBM与华为对革新都报以重视的态度

IBM在2014年对48个国家的企业进行了一项名为"成功变革之路"的调研，其间共做了1390次访谈以及在线调研。经过统计分析，发现在企业成功变革的重要因素排名中，排名第一的是高层领导对变革的支持力度。

华为在1999年开始推行IPD变革时，曾专门成立变革指导委员会，其中成员多达20多位，都是来自当时华为一级部门的一把手。时任董事长孙亚芳担任变革委员会主任，任正非和IBM的项目负责人担任顾问。任正非更是在华为内部多次发表讲话，强调IPD变革的重要性。正是在高层领导的大力支持下，华为的IPD变革取得了显著成果，产品研发的质量得到极大提升，产品故障率不断降低，客户满意度持续提升。

可见，在所有流程责任人推行流程优化的过程中，来自高层领导的充分支持与关注是尤为重要的。否则，很容易导致流程优化工作半途而废或者因逐渐偏离目标而无法取得真正的优化效果。

2. 建立全员参与流程优化工作的文化

一个企业的文化决定着企业的发展方向，不论人员交替还是时代更新，企业文化都会被持续传递下去。因此，只有把流程优化思维融入企业文化中，才能保证流程优化持续进行。在实践中，企业可以采用张贴宣传标语、定期竞赛、举办改善会议、公示与奖励优化结果等方式，建立追求优化与进步的企业文化。

【案例】通用电气公司的流程优化实践

通用电气（GE）公司首创了"无边界"概念，并将精简原则应用于商务流程的优化过程中，持续探索高效工作模式。杰克·韦尔奇当时设想的"无边界组织"是这样的：各个职能部门之间毫无障碍，工程部门、生产部门、营销部门以及其他部门之间能够自由沟通，工作任务、工作程序以及工作进程都处于全透明状态。

为了改善当时商务流程的运转效率，加快信息流动，提高决策效率，通用电气建立了群策群力、最佳实践、内部学习等工作模式，发动全员智慧，全面探索流程优化模式，力求流程提质增效。经过优化后的商务流程激发了通用电气的产品创造力，1981—1987年，通用电气每年新产品数量的平均增长率为2%，1988—1990年新产品数量增长速度翻倍，高达4%。

企业要鼓励全体员工积极投入流程优化的工作中，创造出使全体员工广泛参与的内部环境，帮助员工养成善于思考、乐于动脑的工作态度，使他们的聪明才智得到充分发挥，并保证各条流程处于最优化、最具有竞争力的状态。在不断优化流程的过程中，企业上下也会看到点滴优化集合表现出的显著成效，进而有信心持续推进流程优化工作的开展，为企业创造出更多的贡献。

10.3.2　组织流程的持续优化

无论一条流程多么优秀，只要它在经过标准化环节之后一动不动，那么它就会逐渐僵化起来。这样的流程之于企业组织来说就是熵增的表现。流程本身并不具备自主优化功能，这就需要企业能够从持续经营与高效运作的角度，对组织流程进行持续优化，以规避熵增现象。

1. 流程优化的重要性

一般来说，当企业外部竞争环境发生变化（如竞争对手在质量、成本、服务、速度等方面不断改进和提高）、外部技术环境发生变化、企业经营策略发生变化或者协作伙伴的技术条件发生变化时，企业的流程与规范也要迅速调整，做出有针对性的应对。

【案例】华为的业务奇迹与组织流程变革的关系

1998年以来，华为在流程、组织和IT方面开展了一系列重要的管理变革，主要目的在于提升对客户需求的理解能力与交付能力。其中，基于端到端的流程，华为持续实施了一系列的变革项目。而后，华为逐年推动以客户需求为主线的流程框架变革，流程广度逐渐覆盖到全业务领域，层级分明，细化到可执行、严格、有序、简单。

华为的组织流程在持续变革，如今已支撑了华为在全球170多个国家和地区的产品和解决方案交付活动，牵引着来自全球19.7万名员工协同工作，合力助推华为在国际范围内快速成长。多年来，华为公司保持着稳定增收状态。

2020年，华为全球销售收入8914亿元，同比增长3.8%；净利润646

亿元，同比增长 3.2%；经营活动现金流 352 亿元，基本符合预期。可以说，华为如今取得的业务奇迹，与它多年来持续进行组织流程变革是息息相关的。

【案例】腾讯开放平台的流程优化实践

2012 年，腾讯开放平台推出了新的应用接入流程。在新流程下，只要各类应用满足了所有条件，即可一次审核通过，上线运营，而无须经过多次审核。同时，在上线前所有资料都是可以修改的。在新流程下，应用上线的时间从过去的 10 天缩短到仅 1 天。此外，腾讯开放平台还改善了支付接入合作流程、开发者扶持措施等。多年来，腾讯开放平台始终以服务第三方开发者为宗旨，持续优化流程与合作方式，故而成为诸多互联网创业者应用接入的不二选择，由此也开启了合作共赢的互联网新生态模式。

可以说，流程优化对于任何企业的影响意义都是非常大的。一个成功的企业若不能长期持续地进行流程优化，必然将走入困境，无法实现永续经营，甚至有可能走入毁灭的险地。

2. 流程优化的驱动原则

流程优化受四大驱动：问题驱动、经验驱动、PDCA 驱动和 ESIA 驱动，如图 10-2 所示。

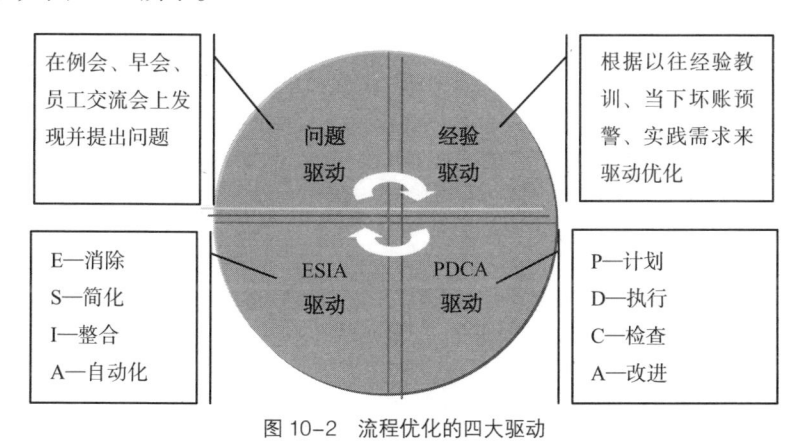

图 10-2 流程优化的四大驱动

以问题驱动为例，可以在例会上提出问题，分析问题的本质，如果确认问题的根源在于流程设计或者可以通过流程优化来规避问题再次发生，则可着手实施流程优化。

笔者团队曾服务过一家地产公司，在调研的时候，发现它前端的置业顾问和后端的按揭专员矛盾重重，虽然前端签下了购房意向合同，但后端的签约专员和按揭专员非常痛苦。因为银行按揭需要的各种资料，前端的置业顾问没有这个意识，面对资料不齐的客户，他们都是先签约再说。在他们看来按揭是售后的工作，资料不齐后面可以慢慢补。

后端把关有两个人：一个是签约专员，他要负责全程把关，收集各种归档资料；另一个是按揭专员，他要负责预收款的到账。前端的置业顾问把关不严，后端的两个人就反反复复地和客户沟通索要各种资料，最后造成很多客户对公司有了误解，两个服务人员也身心疲惫。

笔者将销售经理和售后经理拉到一起解释了这个问题的严重性，如果解决不好，严重影响公司口碑，前后端人员一定要达成共识，将回款压力从源头解决。为了不给后端挖坑，我们在销售过程中设计了一户一袋资料收集流程，将这部分工作前置。对置业顾问进行严格的规范训练，要求他们在面签这一环节与客户沟通到位，把资料收齐，避免给后期造成障碍。

通过这样的流程优化，销售和售后也不再打架了，客户的签约满意度反而有了提升。

在实践中，流程优化可以从很多方面入手，除了流程环节调整，流程权限调整也是流程优化的一个重点。表 10-1 是一个权限调整的示例。

表 10-1 流程优化中的权限调整

调整方面	权限调整内容
权限数量	161 个审批权限（183 个反馈审批）缩减为 80 个审批权限（含反馈审批），权限缩减 76%
业务权	（1）合同审批金额：400 万元以上调整为 2000 万元以上 （2）保留对重大业务类的 10 个审批权 （3）转出权限：专营/主营产品申请的审批、国内外展会的参展申请审批、产品客户争议处理、平面媒体推广申请、错单处理方案等
财务权	（1）货款付款/退款审批金额：200 万元以上调整为 1000 万元以上 （2）保留对重大财务决策的 28 个审批权，如超过预算 10% 以上的资金调动、投资融资决策、20 万元以上的采购/基建费用等 （3）转出权限：海外运营款、信用证开证、网络推广费、认证费等

在表 10-1 中，流程环节设计并未发生太大变化，仅对权限数量和权限内容做出了调整，却可以有效地提高组织运作效率。虽然每次改变看似细微，但最终会实现惊人的改变和升级。

所以，流程优化是值得我们去多角度探索、研究和考量的，而且是一个永无止境的过程。面对激烈的市场竞争，如果企业把日常运营工作的重点放在持续优化流程细节与提升流程管理水平上，便可以使企业的流程更具有应变力，持续地满足企业业务需要，使企业朝着更好的方向发展。

10.3.3 把控流程体系的迭代效率

流程体系迭代实质上也是一个熵减的过程。每一次迭代实际上都是把那些积攒的熵清理掉的过程，而这样的循环又是无止境的，一个环节、一个环节往上走，由此形成了一次次迭代。

1. 平衡流程体系的规范与迭代

从方法论的角度来说，流程体系迭代过程是一个 PDCA 循环与 SDCA 循环交互的过程：流程体系的标准化设计→流程体系的执行→流程体系的检查→流程体系的改进……如此持续循环。

SDCA 循环与 PDCA 循环是有所区别又有所关联的，如图 10-3 所示。

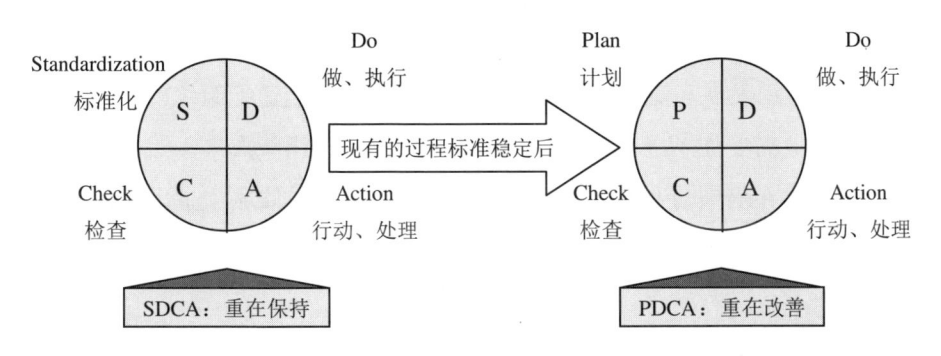

图 10-3 SDCA 与 PDCA 的区别与联系

流程体系标准化过程实际上就是 SDCA 循环的过程，而 PDCA 循环的过程则是推动体系优化与迭代的过程。在实践中，任何企业的流程体系迭代都必然经过这两个循环，在一次次震荡与稳定过程中，企业流程体系水平得以持续提高。

2. 保持流程体系迭代的理性态度

企业要将流程体系优化与迭代视为一项长期工作。当然，企业资源是相对有限的，故而在流程体系迭代过程中也应保持理性态度，界定流程优化的边界，以免欲速而不达。

在企业实践中，很多因素会影响企业流程优化与体系迭代的推进，比如企业上下对流程的认知和理念、企业当下的管理水平、经营者的观念、员工的技能水平；企业业务内容与流程复杂程度、流程管理宽度与管理难度、企业的优势资源与短板等。这些因素要求企业在开展流程优化和体系迭代工作时，必须保持适宜的广度、深度，区分类别，逐步推进。

此外，企业切忌盲目追求一步到位地解决全部流程问题，或妄图设计出一个绝对完美的流程体系。事实上，流程体系迭代的目标应设计得更现实一些，在微小进步的基础上逐步提升，通过对流程体系的局部优化而完成一次次流程体系迭代。

10.4 组织优化与人才适配

基于组织发展和流程迭代的需要，人才能力要能适配组织能力。在这方面，企业需要注意三个重点：一是人才能力适配组织发展；二是循环赋能，让人才在培训与业务作战过程中持续成长；三是跟不上业务发展和管理进步的人要淘汰掉。

10.4.1 人才能力的持续升级

在自我提升之前，我们要系统了解自己的能力状态，特别是在个体能力不能切实满足目标需求、存在明显的能力短板或能力成长速度严重滞后的时候，我们必须主动采取行动。我们需要对个体实际能力情况做出评测，了解实际能力与预期能力之间的差距，确认自己的能力长板与短板，设定具有针对性的个体能力提升计划，保障自我投资的效能。

1. 纵向强化能力，成为业界专家

纵向强化能力是指对能力水平的深度加以强化。直白地说，就是选定一个领域，不断提升能力水平，直至精通该领域。这是纵向强化能力的基本路径与目标。

【知识】一万小时定律

马尔科姆·葛拉威尔曾在《异类》一书中提出了"一万小时定律"，就是不管人们做什么事情，只要他能够坚持一万小时，那么他基本上可以成为该领域的专家。这说明，人们在学习过程中，要想完美掌握某项复杂技能，实际上存在着一个练习的最小临界量。研究者就练习时长，给出这个神奇的临界量——一万小时。而任何一位世界级的专家，无论是作家、运动员，还是钢琴师等，其在专业领域上的训练大多不会低于这个数字。这也意味着，当我们专注于某一类能力的研究和训练时，我们在这方面的领悟会深刻，能力提升速度会加快。

在促进自我能力专精化的过程中，我们可以设定多个能力级别，审视自己当下的能力水平，逐步设定可实现的晋级目标，深入研究、勤心耕耘，那么我们所产生的领悟和进步将是不容小觑的。

2. 横向拓展能力，调整个人短板

能力横向拓展是指扩大个体能力覆盖的领域，拓展自己掌握的技能面。但是，在现代社会，随着社会分工的日益精细化，各个环节都在追求专精，所以，在横向拓展时必须专于某一领域，达到专业水平。在此基础上，再去进行多能发展。

2009年，出访美国归来的任正非在与华为核心工程队相关人员座谈时强调："过去我们的干部都是'直线'型成长，对于横向的业务什么都不明白，所以，现在我们要加快干部的'之'字形发展。我们强调猛将必发于卒伍，宰相必取于州郡。当然我们会优先从这些实践人员中选拔。今天我们同时将各部门一些优秀的苗子，放到最艰苦地区、最艰苦岗位去磨炼意志，放到最复杂、最困难的环境中，锻炼他们的能力，促进他们的成长，加强组织的选拔。想当将军的人必须走这条路，这就是我们组建这个队伍的目的。"其实，他在此处强调的就是企业领导干部一定要持续拓展自己的横向能力。

值得注意的是，横向拓展能力是建立在原能力的基础上，以之为原点，向周边领域或上下游环节拓展的。比如丰田"多能工培养"模式就是依循横向能力强化的基本思路。横向能力强化的最大用途在于它可以借助多能工的多样技能及时让他们顶岗补位，避免因某个环节的人力不足而导致整体效能下降，最终损失效益。

3. 自主协调，敢于拥抱变化

每个人的能力是具有一定的时效性的。人才之所以被视为人才，企业或客户之所以愿意为之付费，是因为其才能契合当下需求，且存在一定的稀缺性。但是，这并不意味着他们的才学永远契合当下需求和未来需求。所以，我们在进行自我投资时应该面向未来，有持久收益的考量。

如果当下的情况已经发生改变，自己的能力已经不再适应时代需求，则要敢于面对自己的落后，积极探求改变的方向。华为创始人任正非曾说过："真正的自我成长，就是要敢于面对变化，拥抱变化，并不断打破成规，自我革新。无论将来会产生多少风波，我们也要努力去拥抱时代变化。"每个人都要把自身置于这个不断变化的时代浪潮中，竭尽所能地向前划桨，如此才有机会成为更好的自己，达成自己想要达成的目标。

10.4.2 训战结合与循环赋能

"流水不腐，户枢不蠹。"意思是，水要经常流动才可保持新鲜，门轴要经常转动才不会腐蚀生锈。企业同样如此，只有保持对人才的循环赋能，使之能力足以支持和配合企业的持续发展，企业的生命力才会更加持久。

1. 组织校企合作育人，打造未来种子

培养人才并不是无目的的，而是要确保所培养的人才能够契合企业需要，也就是说要按需培养。而且，不仅要培养契合当下需求的人才，还要培养契合未来发展需要的人才，为企业建立一支既有实力又有潜力的人才队伍。

【案例】校企合作培育人才

2011年，天津现代职业技术学院与海鸥表业集团在原有联合培养高级技术工人的基础上，开启了"现代学徒制"的人才培养模式。学院和海鸥公司在共同调研与梳理国内外制表与维修所要求的知识、技能与职业素质的基础上，融合职业资格标准以及公司员工培训与等级认定有关内容，形成"一体化人才培养方案"。在海鸥集团，学生有专门的手表装配维修实训基地和自动车加工实训基地；在学校，海鸥有一名副总工程师和三名高级技师常驻，与学校专业教师共同教学。

华为一直持续致力于为业务所在国培养数字化人才。从2008年开始，华为陆续推出多种人才教育项目，累计投入超过1.5亿美元。2020年，华为在全球开展了650多项公益活动，"未来种子"项目累计惠及130个国家和地区近9000名优秀学子，为培养未来的ICT行业精英播下了火种。2020年，华为发布了"华为ICT学院2.0"计划，旨在通过与全球高校合作，致力于在未来5年培养200万名ICT人才。

在这种校企合作的人才培养模式下，企业可以深层次、全方位参与人才培养的过程，甚至亲自参与具体的教学实践环节，按照企业的真实需求去培养人才。这种从人才入职之前预先着手人才赋能的方法，可以更有效地打通人才瓶颈，实现人才精准适配。

2. 坚持轮岗管理，推动循环赋能

轮岗是企业人才循环赋能的最基本方式。一般来说，企业可以通过以下几个方式来实行轮岗制：委任职责更大的新岗位、牵头扭转一个新的业务局面、领导启动一个新的业务、负责一个具有重大影响力的项目、委派去国外工作。这些项目均涉及重大的角色转换，可以使企业管理者和员工的能力迅速得到提升。很多成功的公司如 IBM、华为公司等，都已经在公司内部实施了轮岗管理。

【案例】华为的轮岗管理与轮值 CEO 制、轮值董事长制

1996 年年初，华为正式开始实行轮岗制，著名的"市场部集体辞职"事件，就是轮岗制的开端。除了少数几人，高管层也几乎全部加入了轮换的队伍中。再后来，华为还设计了轮值 CEO 制度，从华为内部培养最合适的接班人。

华为的轮值 CEO 制度是由 EMT（经营管理团队）演变而来的。2003 年下半年，基于建立集体决策机制和培养接班人的双重考虑，任正非在 IBM 顾问的帮助之下建立了 EMT，由八位 EMT 成员集体决策，轮流出任主席，每人半年。八年之后，随着华为接班人问题的受关注度日益提升，同时也因为华为在管理上的不断摸索、改善，轮值 CEO 制度正式诞生：由三位副董事长——郭平、胡厚崑、徐直军轮流担任首席执行官一职，每六个月轮换一次，同时任正非保留华为 CEO 职务，对董事会的决定有否决权。

轮岗与轮值模式就是把工作任务交给不同的人，由不同的人轮流在岗学习与实践，支撑企业流程运作和日常经营。对于企业来说，这种训战模式既能充分发挥集体的智慧，减少个人专断、失误带来的公司僵化，又能避免将权力高度集中在一个人手中带给企业的风险，不失为一种明智的决策模式。而对于个人来说，轮岗与轮值模式可以获得更多学习与实践的机会，在真实场景中获得更强大的能力；同时又能在轮流中形成竞争感，使每个参与轮岗与轮值的人才更努力地呈现自己的能力，为企业创造更大的价值。

10.4.3 主动淘汰不进步者

除了从人才能力提升角度去保障人才的适配性，企业也需要主动淘汰那些在人才赋能过程中未能进步的人员。在坚持优胜劣汰的过程中，企业要表现出严肃的"劣汰"态度,让员工意识到,必须保持危机感,如果不能实现任务目标就会被淘汰掉。

【案例】麦肯锡的"up or out"

麦肯锡公司有一条制度称为"up or out",意为"得不到晋升与发展的人,就得离开"。其理论基础就是末位淘汰制度。麦肯锡认为,只有优胜劣汰,才可为客户提供最优质的服务。

在麦肯锡,每年有20%的员工离开,也就是说在一起进入麦肯锡的100人中,经过四年之后,只剩下20人。这些员工中,一半是主动离开的,另一半则是被公司劝退的。麦肯锡针对不同的咨询人员具有不同的要求,但有两点是一致的:第一,如果一名咨询师在绩效考核中连续处于后5%,公司会劝其离开;第二,如果一名咨询师长期没有长进的话,公司也会劝其离开。

在这一制度下,麦肯锡员工由此形成了一种自觉学习的氛围,经过持续的学习,他们接受新知识的能力不断提升,业务能力也越来越强。

坚持淘汰机制的优秀企业还有不少。比如,市值刚刚破万亿元的亚马逊,其员工数量约20万人。而在每次绩效考核之后,位于后10%的人都有可能面临淘汰。再如,华为公司每年都在招聘新员工,至2020年年底全球员工总数已达19.7万人,来自全球162个国家和地区;但是,华为仍然在每年保持着5%的自然淘汰率,连续在绩效考评中排名在后5%的员工和干部都要被淘汰掉,以此严格避免企业内部存在浑水摸鱼的不奋斗者。

事实上,无论对于企业还是员工,主动淘汰不进步者都是一件有益的事。对于企业而言,主动推行淘汰机制,能迫使企业各个部门开始考虑效率问题,从系统、组织角度考虑业务重叠造成的资源浪费,并进行重新整合,实现责任落地。对于员工而言,危机感和责任感也会在此过程中被植入头脑中,从而促使他们更积极地自我提升、承担岗位责任,自觉适应公司文化、节奏,使自身能力与企业组织更为适配,由此进一步推动企业运作与管控的良性循环。从这两个角度来说，企业主动淘汰不进步者，是一种激活组织、提高企业组织和个人的绩效的有效举措。

参考文献

[1] 陈立云，金国华. 跟我们做流程管理 [M]. 北京：北京大学出版社，2019.

[2] 王玉荣，葛新红. 流程管理 [M]. 5 版. 北京：北京大学出版社，2016.

[3] 弗朗茨，柯克莫. 埃森哲顾问教你做流程管理 [M]. 谭静，叶硕，贾俊岩．译. 北京：机械工业出版社，2020.

[4] 施炜. 管理架构师 [M]. 北京：中国人民大学出版社，2020.

[5] 海姆. 重新定义流程 [M]. 楚建伟，译. 北京：中国人民大学出版社，2017.

[6] 水藏玺. 不懂流程再造，怎么做管理 [M]. 北京：中国纺织出版社，2019.

[7] 水藏玺. 业务流程再造 [M]. 5 版. 北京：中国经济出版社，2019.

[8] 黄卫伟. 以奋斗者为本 [M]. 北京：中信出版社，2014.

[9] 黄卫伟. 以客户为中心 [M]. 北京：中信出版集团，2016.

[10] 金国华，谢林君. 图说流程管理 [M]. 北京：北京大学出版社，2013.

[11] 陈立云，罗均丽. 跟我们学建流程体系 [M]. 北京：中华工商联合出版社，2014.

[12] 王磊等. 流程管理风暴：EBPM 方法论及其应用 [M]. 北京：机械工业出版社，2019.

[13] 阿什肯纳斯，等. 无边界组织 [M]. 2 版. 姜文波，等，译. 北京：机械工业出版社，2016.

[14] 韦尔奇，等. 商业的本质 [M]. 蒋宗强，译. 北京：中信出版社，2016.

[15] 杨国安，尤里奇. 组织革新：构建市场化生态组织的路线图 [M]. 北京：中信出版社，2019.

[16] 鲍玉成. 流程让管理更高效：流程管理全套方案制作、设计与优化 [M]. 北京：化学工业出版社，2021.

[17] 胡伟. 华为流程变革：责权利梳理与流程体系建设 [M]. 北京：电子工业出版社，2018.

[18] 丁伟华，孙雨佳. 炸开金字塔：华为组织变革与人才发展 [M]. 北京：机械工业出版社，2018.

[19] 哈默，赫什曼. 端到端流程：为客户创造真正的价值 [M]. 方也可，译. 北京：机械工业出版社，2019.

[20] 尤里奇，等. 赢在组织：从人才争夺到组织发展 [M]. 孙冰，等，译. 北京：机械工业出版社，2019.

[21] 任卓巨. 华为项目管理法 [M]. 北京：电子工业出版社，2018.

[22] 刘凤军. 流程与战略协同过最佳实践 [M]. 北京：知识产权出版社，2015.
[23] 华为大学. 熵减：华为活力之源 [M]. 北京：中信出版社，2019.
[24] 拉姆勒，布拉奇. 流程圣经 [M]. 王翔，杜颖，译. 北京：东方出版社，2014.
[25] 哈默. 流程再造新工具：PEMM 框架 [J]. 陈桂华，译. 哈佛商业评论，2007（10）：18-19.